科学界的八卦新闻

从科学界摘录一些故事、理论、发现与奇闻写成的图文杂集

[英]西蒙·弗林 编著
(Simon Flynn)

陈宏柢 译

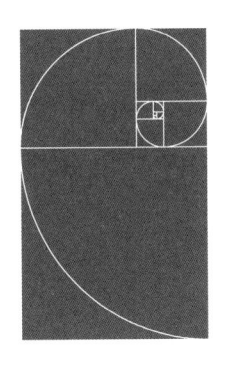

科学普及出版社
·北京·

图书在版编目（CIP）数据

科学界的八卦新闻：从科学界摘录一些故事、理论、发现与奇闻写成的图文杂集 /（英）西蒙·弗林编著；陈宏枑译 . -- 北京：科学普及出版社，2024.8

书名原文：THE CURIOUS WORLD OF SCIENCE

ISBN 978-7-110-10645-7

Ⅰ.①科… Ⅱ.①西… ②陈… Ⅲ.①科学知识—普及读物 Ⅳ.① Z228

中国国家版本馆 CIP 数据核字（2023）第 217680 号

著作权合同登记号　图字：01-2024-0033
Copyright © UniPress Books 2022
This translation originally published in English in 2022 is published by arrangement with UniPress Books Limited.
本书原版由英国联合出版公司于 2022 年以英文出版。
本书中文简体版权归属于中国科学技术出版社有限公司。

策划编辑	高立波	
责任编辑	夏凤金	
封面设计	北京潜龙	
正文设计	中文天地	
责任校对	焦　宁	
责任印制	徐　飞	

出　　版	科学普及出版社
发　　行	中国科学技术出版社有限公司
地　　址	北京市海淀区中关村南大街 16 号
邮　　编	100081
发行电话	010-62173865
传　　真	010-62173081
网　　址	http://www.cspbooks.com.cn
开　　本	787mm×1092mm　1/16
字　　数	266 千字
印　　张	14
版　　次	2024 年 8 月第 1 版
印　　次	2024 年 8 月第 1 次印刷
印　　刷	北京博海升彩色印刷有限公司
书　　号	ISBN 978-7-110-10645-7 / Z·268
定　　价	118.00 元

（凡购买本社图书，如有缺页、倒页、脱页者，本社销售中心负责调换）

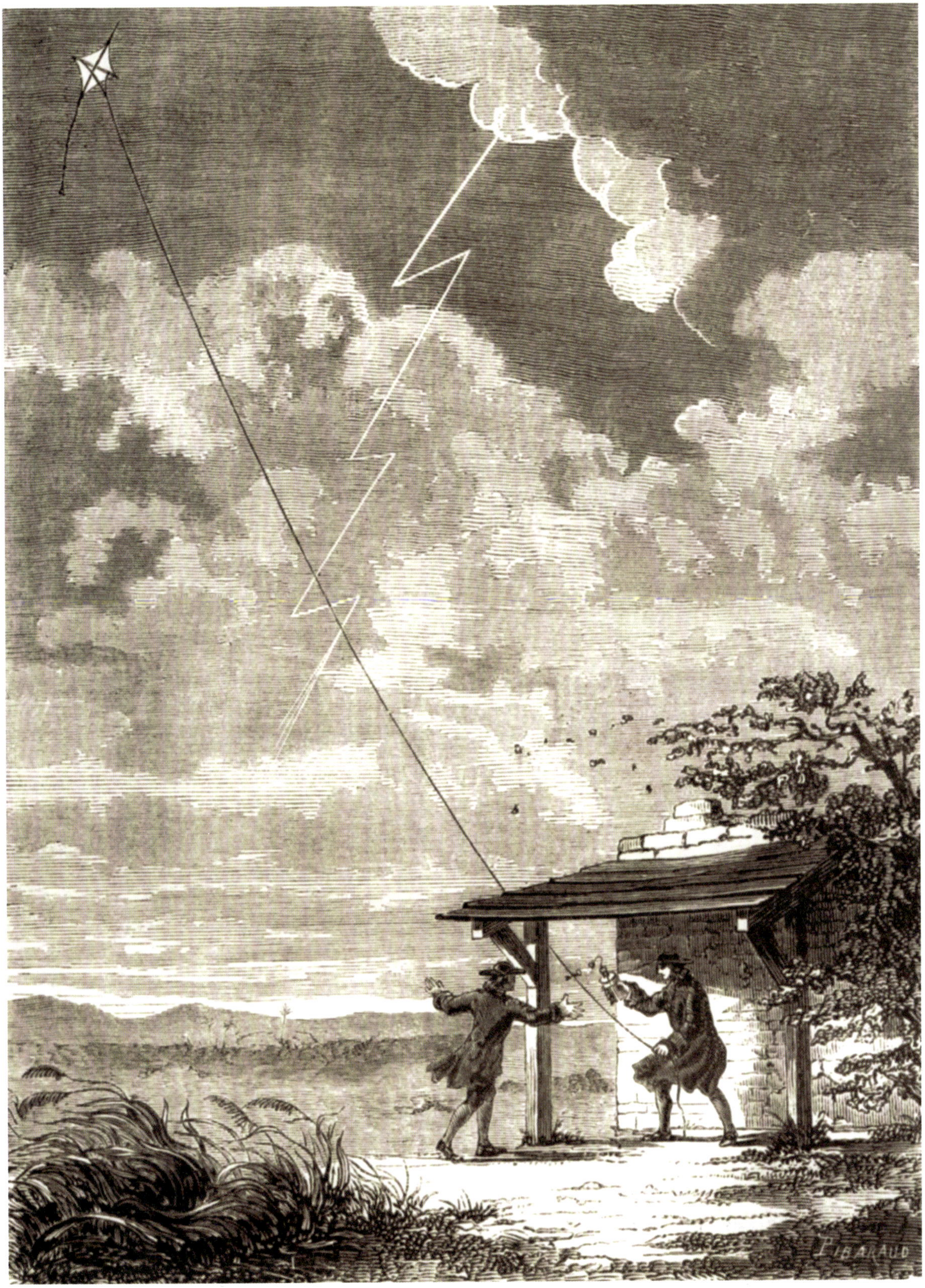

前言 | INTRODUCTION

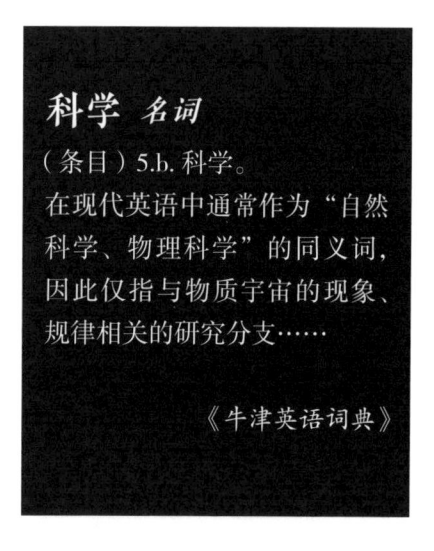

> **科学** *名词*
>
> （条目）5.b. 科学。
> 在现代英语中通常作为"自然科学、物理科学"的同义词，因此仅指与物质宇宙的现象、规律相关的研究分支……
>
> 《牛津英语词典》

为方便读者获取特定类型的信息，本书的每个条目前都设有图标，以标注相关的主题领域。

- 测量、分类方法
- 科学理论、发现
- 数学、公式
- 传记、史话
- 表单、奇闻轶事
- 文化、趣话

科学

看到这个词，你脑海中会浮现出什么？两百多年前，伟大的德国作家席勒和歌德在他们的诗集《格言诗》（*Xenien*）中给出了相当巧妙的描述（虽然听起来有点傻）：

> 对一个人来说，科学是一位高高在上的天国女神；对另一个人来说，科学是一头为他们提供黄油的牛。

你可能想再读一遍。这句话似乎在说，我们可以关注科学可以达成的强大目的（我想黄油是此处最恰当的隐喻），也可以尽可能地以精神上的审美眼光来看待科学。至少在席勒和歌德的眼中，人们对科学的态度往往取决于他们所关心的那一面。那为何不将两方面同时考虑进去呢？为什么不承认科学如此特别，其中一个原因正是它能面面俱到呢？

不过，科学不止这两方面。科学不仅仅是定律、理论、公式、流程和实验。从本质上讲，科学是一种人类活动。如果没有那些非凡的天才致力于揭示自然界运行的原理，又将其应用而造福于后人，哪里还有我们？——这是本书的最后一个反问句，我保证。

这本杂集旨在展示科学的林林总总，其中很大的篇幅用于介绍一些不加掩饰又特立独行的人。伟大的故事和感人的轶事都是人类自己谱写出来的。也因如此，埃拉斯托·姆彭巴（Erasto Mpemba）的故事——一个非洲的小男孩在理解的过程中追根究底（后来有一种物理效应以他的名字命名），还有英国博物学家查尔斯·达尔文（Charles Darwin）关于婚姻的利与弊的笔记，都是本书中我最喜欢的部分。

虽然这本书是一本杂集，但仍有些主题和思想在其中遥相呼应，其中之一就是数学。可能你已经注意到了，在前言的开头，科学的定义以"……"结尾，这是因为我稍微动了些手脚——原文后来写道："……有时具有将理论数学排除在外的言外之意。"然而，我坚定地支持13世纪的英国哲学家罗杰·培根（Roger Bacon）的观点："数学是科学的大门和钥匙。"因此，本书的内容包括数学。至少我很坦诚。

艺术，特别是诗歌，是本书中相当重要的一个非科学领域。通常，人们认为与科学相比，任何形式的艺术表达都拥有超越物质的力量。我不确定这种看法对于科学来说是否公正。但我相信，以欣赏的眼光看待人类在这两个领域内的努力都只会是有益的，因为每个领域都诞生了不小的奇迹。因此，正如作家们常听到的"要展示，而不是讲述"。本书收录的一些内容是科学与艺术两种文化的重叠，比如"诗人科学家"（见第67页）和瑞典裔美籍作家西夫·塞德林（Siv Cedering）的诗歌《卡罗琳·赫歇尔的来信》（见第122页），意图便在于此。

于是，我们来到了本书的最后一个大主题。杰出的新西兰短篇小说家凯瑟琳·曼斯菲尔德（Katherine Mansfield）曾写道："学会自嘲非常重要。"对此，我十分同意。就像盒子的填充物里藏着的零星笑话，让人忍俊不禁一样，科学从业者微妙的幽默感体现在"杜绝一氧化二氢"和"在化学的结合中"等条目中，巧妙地展现了科学轻松的一面。毕竟，如法国作家科莱特[①]所说："生活不可能完全没有幽默感。"

科学可以使人们的生活更加丰富，无论是精神上还是物质上。不管科学是好是坏，本书的内容都是对科学的礼赞。希望大家能够喜欢。

附注

可能有的读者已经有段时间没从事过科学研究或读过任何与科学有关的内容了，我为此提供了几页简短的教科书式的附录（见第214页），希望能让大家回想起一些在学校学过的科学知识，从而在阅读本书时派上用场。别担心，读完之后不会有考试的。

西蒙·弗林

[①] 科莱特，指西多妮-加布里埃尔·科莱特（Sidonie-Gabrielle Colette，1873—1951），法国20世纪著名女作家，女性主义者。代表作有《吉吉》和《克洛蒂娜》系列。——译者注。若无特殊说明，本文脚注均为译者注，下文不再一一注明。

目录 | CONTENTS

"科学赞" ⋯⋯⋯⋯⋯⋯⋯⋯⋯⋯⋯⋯⋯⋯⋯ 8	"一本了不起的书，肯定会引起轰动" ⋯⋯ 50
他们都怎么研究？⋯⋯⋯⋯⋯⋯⋯⋯⋯⋯⋯ 9	真相终将大白于天下——终将 ⋯⋯⋯⋯ 52
恭喜! 你的奖品是⋯⋯⋯⋯⋯⋯⋯⋯⋯⋯ 10	"无尽之形最美" ⋯⋯⋯⋯⋯⋯⋯⋯⋯⋯ 53
结婚，还是单身？这是个问题 ⋯⋯⋯⋯ 12	你和15岁的学生相比谁更聪明？
一摩尔是多少？⋯⋯⋯⋯⋯⋯⋯⋯⋯⋯⋯ 13	——来自1858年的15岁学生 ⋯⋯⋯ 54
事物的真实尺度(放大来看) ⋯⋯⋯⋯⋯ 14	少许钒就够了 ⋯⋯⋯⋯⋯⋯⋯⋯⋯⋯⋯ 56
ABC有多简单，Al、Be、Cs就有多简单 ⋯ 16	从分类学上讲 ⋯⋯⋯⋯⋯⋯⋯⋯⋯⋯⋯ 57
满屋猴子 ⋯⋯⋯⋯⋯⋯⋯⋯⋯⋯⋯⋯⋯⋯ 18	生物多样性面临危机 ⋯⋯⋯⋯⋯⋯⋯⋯ 58
大道至简 ⋯⋯⋯⋯⋯⋯⋯⋯⋯⋯⋯⋯⋯⋯ 22	五次大灭绝 ⋯⋯⋯⋯⋯⋯⋯⋯⋯⋯⋯⋯ 59
为数字命名 ⋯⋯⋯⋯⋯⋯⋯⋯⋯⋯⋯⋯ 24	进化模式 ⋯⋯⋯⋯⋯⋯⋯⋯⋯⋯⋯⋯⋯ 60
数学之美 ⋯⋯⋯⋯⋯⋯⋯⋯⋯⋯⋯⋯⋯⋯ 25	都灵撞击危险等级 ⋯⋯⋯⋯⋯⋯⋯⋯⋯ 62
"在化学的结合中" ⋯⋯⋯⋯⋯⋯⋯⋯⋯ 26	众所周知 ⋯⋯⋯⋯⋯⋯⋯⋯⋯⋯⋯⋯⋯ 64
逢二进一 ⋯⋯⋯⋯⋯⋯⋯⋯⋯⋯⋯⋯⋯⋯ 28	价值1100万美元的书 ⋯⋯⋯⋯⋯⋯⋯ 66
直至可测的无穷大及更大 ⋯⋯⋯⋯⋯⋯ 29	引人发笑 ⋯⋯⋯⋯⋯⋯⋯⋯⋯⋯⋯⋯⋯ 67
地动山摇 ⋯⋯⋯⋯⋯⋯⋯⋯⋯⋯⋯⋯⋯⋯ 30	左旋右旋，对对错错 ⋯⋯⋯⋯⋯⋯⋯⋯ 68
获奖者是 ⋯⋯⋯⋯⋯⋯⋯⋯⋯⋯⋯⋯⋯⋯ 32	能量的思考 ⋯⋯⋯⋯⋯⋯⋯⋯⋯⋯⋯⋯ 70
地质时钟 ⋯⋯⋯⋯⋯⋯⋯⋯⋯⋯⋯⋯⋯⋯ 33	涉猎广泛的社会成员 ⋯⋯⋯⋯⋯⋯⋯⋯ 72
"一对肢状玄武岩柱" ⋯⋯⋯⋯⋯⋯⋯⋯ 34	你知道你赢不了 ⋯⋯⋯⋯⋯⋯⋯⋯⋯⋯ 74
"啊，死神，你的毒刺在哪里？" ⋯⋯⋯ 36	冷热之问 ⋯⋯⋯⋯⋯⋯⋯⋯⋯⋯⋯⋯⋯ 76
字母分数乘三! ⋯⋯⋯⋯⋯⋯⋯⋯⋯⋯⋯ 37	杯水入海 ⋯⋯⋯⋯⋯⋯⋯⋯⋯⋯⋯⋯⋯ 78
衡量酸碱度 ⋯⋯⋯⋯⋯⋯⋯⋯⋯⋯⋯⋯ 38	沉默的另一面 ⋯⋯⋯⋯⋯⋯⋯⋯⋯⋯⋯ 80
天然指示剂 ⋯⋯⋯⋯⋯⋯⋯⋯⋯⋯⋯⋯ 39	所有问题的答案 ⋯⋯⋯⋯⋯⋯⋯⋯⋯⋯ 81
好多日食 ⋯⋯⋯⋯⋯⋯⋯⋯⋯⋯⋯⋯⋯⋯ 40	让人眼前一亮的讲座 ⋯⋯⋯⋯⋯⋯⋯⋯ 82
我虔诚地认识到了自己所犯的错误 ⋯⋯ 42	基因不以数量论成败 ⋯⋯⋯⋯⋯⋯⋯⋯ 84
兔子、兔子、兔子-兔子、兔子-兔子-兔子、	亚当与夏娃 ⋯⋯⋯⋯⋯⋯⋯⋯⋯⋯⋯⋯ 85
兔子-兔子-兔子-兔子-兔子 ⋯⋯⋯⋯ 46	种类繁多 ⋯⋯⋯⋯⋯⋯⋯⋯⋯⋯⋯⋯⋯ 86
杜绝一氧化二氢! ⋯⋯⋯⋯⋯⋯⋯⋯⋯⋯ 48	打开世界之门的钥匙 ⋯⋯⋯⋯⋯⋯⋯⋯ 90

元素周期蜗牛	92
把科学唱出来	94
光年之外	96
拆解彩虹	97
新亚特兰蒂斯	98
耳环中由无数世界组成的世界	102
划伤表面	104
一律二名	105
喝点别的	106
数字筛法入门	107
体内生电	108
行行好,把证明过程写出来吧	112
臭气熏天	114
堕落与色情	116
天体音乐	118
未受颂扬的科学女英雄	120
黑体研究	124
失去"冥"分	126
在太空中留下踪迹	128
事物的真实尺度（缩小来看）	130
先天与后天	132
一道明亮如初的普世之光	134
为彩虹添色	136
新的射线	138
科技百年标志	139
巧克力、微波炉和尺子	140
"像一只无法安定的天鹅"	142
相对而论	144
热门读物	148
打破常规	150
左、右、左、右	152
进化——发生于家族之中	153
空气中有电	154
检测辐射量	156
产生放射性的途径	158

变成核反应堆的体育馆	159
与上帝无关的三位一体	160
冷血无情	161
滋生的不仅是想法	162
从希腊粒子到葡萄干布丁等模型	164
放猫出包	168
"无名"科学家	170
亦假亦真	172
π 的历史	176
印第安纳州的 π	178
情系豌豆的修道士	179
认识一下汤姆·特雷斯科普和他的朋友	180
一位科学新人的罪过	182
猴子审判	184
若地球足以为百万人提供衣食,会怎样?	186
5、4、3、2、1……发射升空!	190
忽冷忽热	192
实际要比所见多	194
妥协于节拍	198
机器与人肩并肩	199
首先,不要伤害	200
"重""大"事项	202
本周的阅读任务如下	204
群贤毕至的下午茶	205
一笔不为人知的债务	206
元素的颜色	208
史上最伟大的十个公式——由尼加拉瓜邮政评选	210

附录　214

推荐阅读　218

索引　220

图片来源　223

"科学赞"

内心坚毅，胸怀坦荡

将《科学赞》(Hymn to Science)一诗作为本书的开篇再合适不过了。《科学赞》于1739年首次发表于《绅士杂志》(The Gentleman's Magazine)上，作者马克·阿肯赛德(Mark Akenside)[1]当时只有17岁，是纽卡斯尔市一位屠夫的儿子。也就是在这一时期，阿肯赛德决定接受医学培训，改变了自己之前要作新教牧师的想法。阿肯赛德很快便成了爱丁堡医学会的成员，并在20多年之后担任了英王乔治三世之妻——夏洛特皇后的御医。阿肯赛德毕生致力于诗歌创作，不断打磨自己最著名的作品《想象的乐趣》(The Pleasures of the Imagination)。英国伟大的文学家约翰逊博士[2]曾将这一作品评价为"诗出天才，妙语如珠"。

科学赞[3]（节选）

科学！你是一道热情的光，
你的源头是思想的太阳，
自由、慷慨，又精良！

你从天而降，为人间带来宝藏，
照亮了每一个迷茫的思想，
为我疲乏的头脑将祝福送上。

但要先用你那所向披靡的光，
将我眼前的幻影扫荡，
那些影子是你拙劣的模仿。
注解者的己见，诡辩家的虚妄，
偏执者的吵嚷，
还有修道士的玄想。

哦！我在你魅力的影响之下
内心坚毅，胸怀坦荡，
为了你，我愿将一切献上。
不被随性的激情误导，
坚定不移，
迈向理性指引的方向。

你让我习得奥秘的真相，
让数字、图形、运动的规律
于我面前不再隐藏。
这些规律都应验于伟大的自然景象，
将地球环绕，在天空翱翔，
揭开鬼斧神工的力量。

科学的探索愈加高尚，
人类的内心躁动繁忙，
要在每一处迷宫中游荡。
探寻灵光来自何方，
捕捉萌发的思想，
观察它们的一切动向。

人类的宏伟磅礴的思想，
最初也不过是几眼小泉，
它无边无际地流淌，
将永恒的踪迹寻访，
跃入无垠的空间，
探寻一切的真相。

---

[1] 马克·阿肯赛德（1721—1770），英国诗人及内科医生，于1753年取得英国剑桥大学医学学位，同年当选为英国皇家学会院士。其诗歌作品收录于罗宾·迪克斯（Robin Dix）编著的《马克·阿肯赛德诗集》中。1740年加入爱丁堡医学会，1761年成为夏洛特后的御医。
[2] 指塞缪尔·约翰逊（Samuel Johnson, 1709—1784），常称作约翰逊博士，英国著名散文家、辞书学家、诗人，是英语历史中最具影响力的字典之一——《约翰逊字典》的编纂者，并由此获得了"博士"的头衔。
[3] 若无特殊说明，本书所录诗歌、歌词等均为译者自译，下文不再一一注明。

他们都怎么研究？

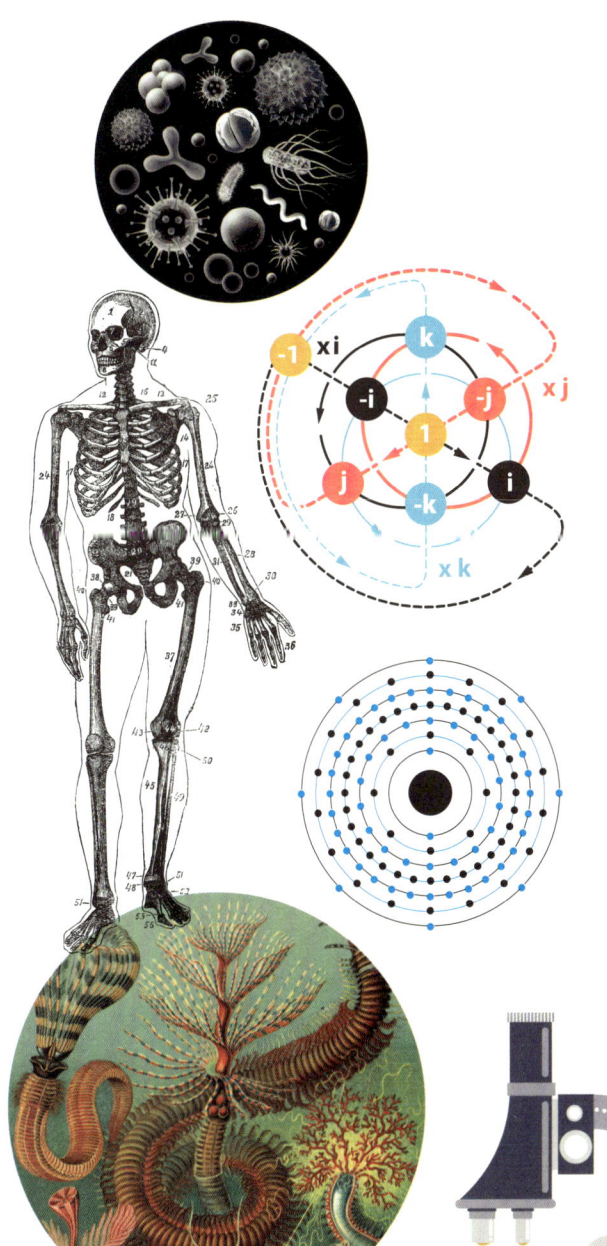

在晚上研究，在桌上研究

他们都怎么**研究**？
天文学家在晚上**研究**，
数学家用数字**研究**，
生物学家在实地调查时**研究**，
化学家周期性地在实验台上**研究**，
地质学家在褶皱的地层中**研究**，
古生物学家在土里**研究**，
计算机科学家一位一位地**研究**，
电气工程师**研究**得噼啪作响，
物理学家用力**研究**，
地震学家一**研究**，地动山摇，
动物学家用动物**研究**，
量子物理学家在不确定[①]的情况下**研究**，
高分子化学家用链子[②]**研究**，
宇宙学家**研究**得震古烁今，
理论家在纸上**研究**，
遗传学家在基因里**研究**，
统计学家凭99%的置信度来**研究**，
行星科学家一边凝视着天王星一边**研究**，
哲学家只是思考着来**研究**。

---

① 指量子力学中著名的不确定性原理（Uncertainty Principle），也称"测不准原理"。
② 指高分子链，单体通过聚合反应连接而成的链状分子。

本词引自"木星科学网"，翻译时做了一定调整。

恭喜！你的奖品是……

解开概率谜题

本条目要介绍的概率谜题最早出现于1975年，是美国统计学家史蒂夫·塞尔文（Steve Selvin）在一封寄给《美国统计学家》杂志的信中提出的。他受到加拿大主持人蒙蒂·霍尔（Monty Hall）主持的美国电视游戏节目《我们来做个交易吧》(Let's Make a Deal)的启发，因此将这一概率谜题命名为蒙蒂·霍尔问题[1]。

设想你正在参与一个游戏节目，而且已经闯进了最后一关，离大奖豪华轿车仅一步之遥。主持人向你展示了三扇门，编号为1~3。其中一扇门的后面是一辆豪华轿车，另外两扇门的后面各有一只山羊。你先选择其中一扇门。在开门之前，事先已经知道奖品位置的主持人会打开剩下两扇门中有山羊的一扇，展示门后的山羊。随后主持人问你：你是否要改变选择，不选之前的门，改选另一扇没打开的门。问题就在于，换一扇门是否对你有好处。

凭直觉，我们都会觉得换不换完全没有任何区别。但实际上，答案是"换"，你绝对应该换一扇。如果改变选择，你赢得轿车的概率将变成2/3，而如果你坚持原来的选择，概率只有1/3。你不信？背后的数学原理是这样的：

假设你选了1号门，我们现在可以列出奖品可能的排列顺序（如果山羊也算奖品的话）。

由此可见，如果你一开始选择的门的后面是一只山羊（你选了1号门，而1号门后是山羊，表示排列的顺序为B或C），那么换一扇门肯定会选中轿车，因为蒙蒂·霍尔会打开另一扇后面有山羊的门。在三种可能的排列顺序中，有两种顺序，你会因为改变选择而赢得轿车。在三种情况中，只有一种情况，你要坚持原来的选择才能赢得轿车。以顺序A为例，如果先选的是1号门，那你要坚持自己的选择赢得轿车。而如果先选了2号门或3号门，那就要改变选择才能赢得轿车。看明白了吗？

1990年，美国的《大观》杂志刊登了有关该问题的一种论述，引起了近万人的投诉。他们都认为杂志搞错了，换门没有任何好处。

> 对他来说，统计数据的作用就像路灯对醉汉的作用一样——不是用来探路，而是能让自己站得住脚。
>
> 安德鲁·兰（Andrew Lang, 1844—1912），苏格兰知识分子及作家

---

[1] 也称"三门问题"或"车羊问题"。

蒙蒂·霍尔问题

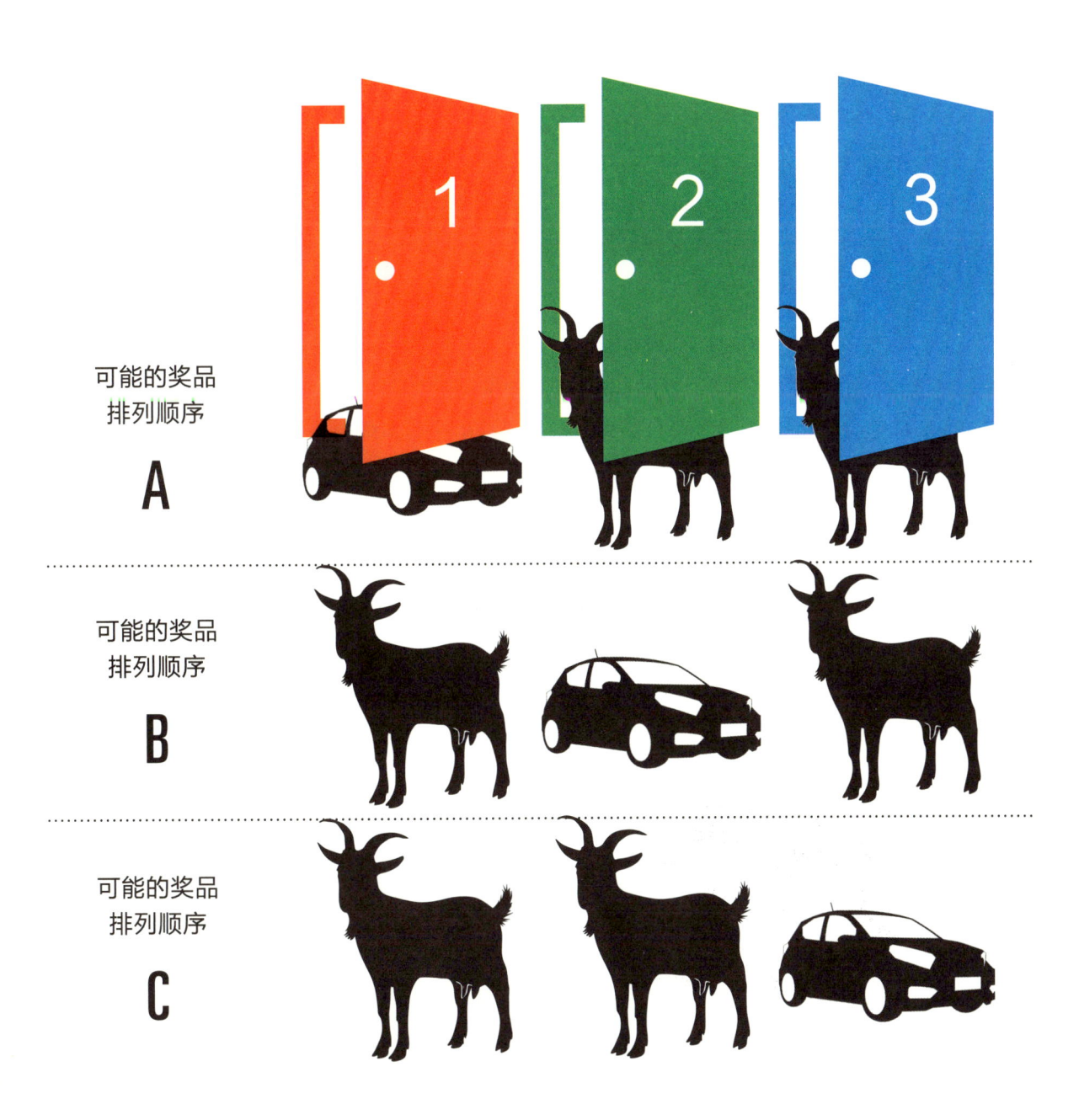

可能的奖品
排列顺序

A

可能的奖品
排列顺序

B

可能的奖品
排列顺序

C

结婚，还是单身？
这是个问题

达尔文关于结婚的两难抉择

1838年夏天，时年29岁的英国博物学家达尔文发现自己陷入了困境：应不应该结婚？若要结婚，应该何时结婚？为了能让自己做出决定，他在一张纸上列出了结婚的利与弊。同时，正如人们所料，作为一个通过检验自己的论证和论据而革命性地提出了进化论的人，达尔文确实切中了问题的核心。

这正是问题所在。

结婚

生儿育女——忠贞不渝的长期伴侣（也是年老时的知己）——相爱、一起玩乐的对象——至少比养条狗强——有家，有人顾家——可以享受音乐，可以和女人闲聊——这些对健康有好处——但会耽误不少时间。

天啊，假如自己像一只工蜂一样庸庸碌碌地过完一生，除此之外一无所有，想想就难以忍受——不，不行——想象自己每一天都在伦敦的一间烟雾缭绕的脏房子里度过——只要想想漂亮温柔的妻子坐在沙发上，炉火正旺，读上一本好书，也许还有动人的音乐——把这幅画面和大万宝路街①的昏暗现实比一比。

单身

可以想去哪儿就去哪儿——可以融入社会，也可以远离社会——可以去俱乐部和聪明的人交谈——不用被迫走亲访友，不必为鸡毛蒜皮的事情妥协——生儿育女费钱费心——夫妻可能会吵架——晚上没有读书的时间——婚后发福、懒懒散散——焦虑和责任——买书和其他东西的钱就少了——孩子一多就必须挣钱养家糊口（而过度工作又会有害健康）。

也许我的妻子不喜欢伦敦，所以一纸婚姻会把我贬为懒惰又散漫的傻瓜。

达尔文的最终结论是……？
结婚——结婚——结婚（证毕）

1838年11月11日，达尔文向他的表姐艾玛·韦奇伍德（Emma Wedgwood）求婚。他在日记中写道："碌碌终日，惟念今朝！"两个半月后，他们于1839年1月29日喜结连理。

---
① 达尔文于1837—1838年居住于此。

一摩尔是多少？

奇怪的阿伏伽德罗常量

在英语中，"mole"有许多含义：可以指鼹鼠，它是一种小型哺乳动物，大部分时间在地下活动，也会冷不丁地吓到世界各地的园丁；也可以指痣，是皮肤上长出的东西，一般为色素痣；还可以指渗透在别国潜伏下来的间谍；但其最重要的一个含义，也是本页所使用的含义——摩尔，是化学中的一个测量单位。在拉丁语中，"moles"的意思是"堆"或"质量"。

一摩尔的物质中有 6.02×10^{23} 个该物质的粒子。例如，一摩尔纯水包含 6.02×10^{23} 个水（H_2O）分子，而一摩尔黄金由 6.02×10^{23} 个金（Au）原子组成。这个奇怪的数字称作"阿伏伽德罗常量"或"阿伏伽德罗常数"，以意大利律师阿莫迪欧·阿伏伽德罗（Amedeo Avogadro, 1776—1856）的名字命名而来。阿伏伽德罗确定了在相同的温度和压力下，同等体积的所有气体具有相同数量的粒子。在室温和室压下，任一摩尔气体的体积为2.4万立方厘米。

举个例子，以便更好地理解阿伏伽德罗常量有多大：一摩尔水大约有一小口。如果要把一摩尔所含的分子数给数出来，每秒数一个，所需的时间是宇宙诞生至今所经历的时间的100万倍（宇宙的年龄大约是138亿年，约等于 4×10^{17} 秒）。

网站 what-if.xkcd.com 曾试着解答这样一个问题："如果你在某处聚集了一摩尔鼹鼠，会发生什么？"网站能够确定的结论之一是：这么多鼹鼠的体积比月球稍大一点。我强烈推荐读者上网阅读他们解答的全文。

事物的真实尺度
（放大来看）

一尺之捶，日取其半，万世不竭

下面这张图对一些非常小的事物进行了尺寸上的比较。你可能听说过这些单位：10^0m=1米；10^{-3}m=1毫米（mm）；10^{-6}m=1微米（μm）；10^{-9}m=1纳米（nm）。

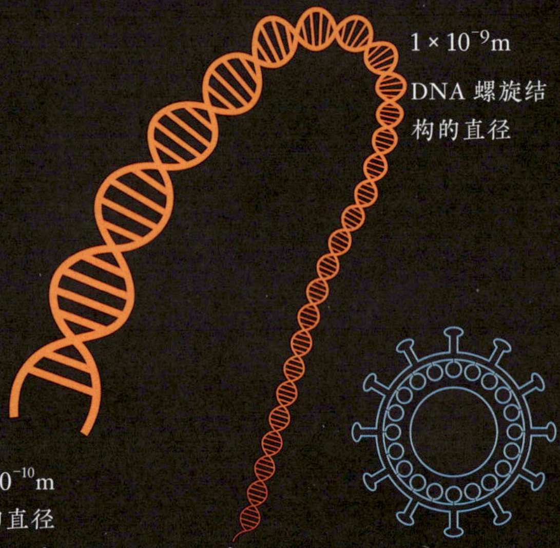

1×10^{-15}m
质子的直径

1×10^{-10}m
氢原子的直径

1×10^{-9}m
DNA 螺旋结构的直径

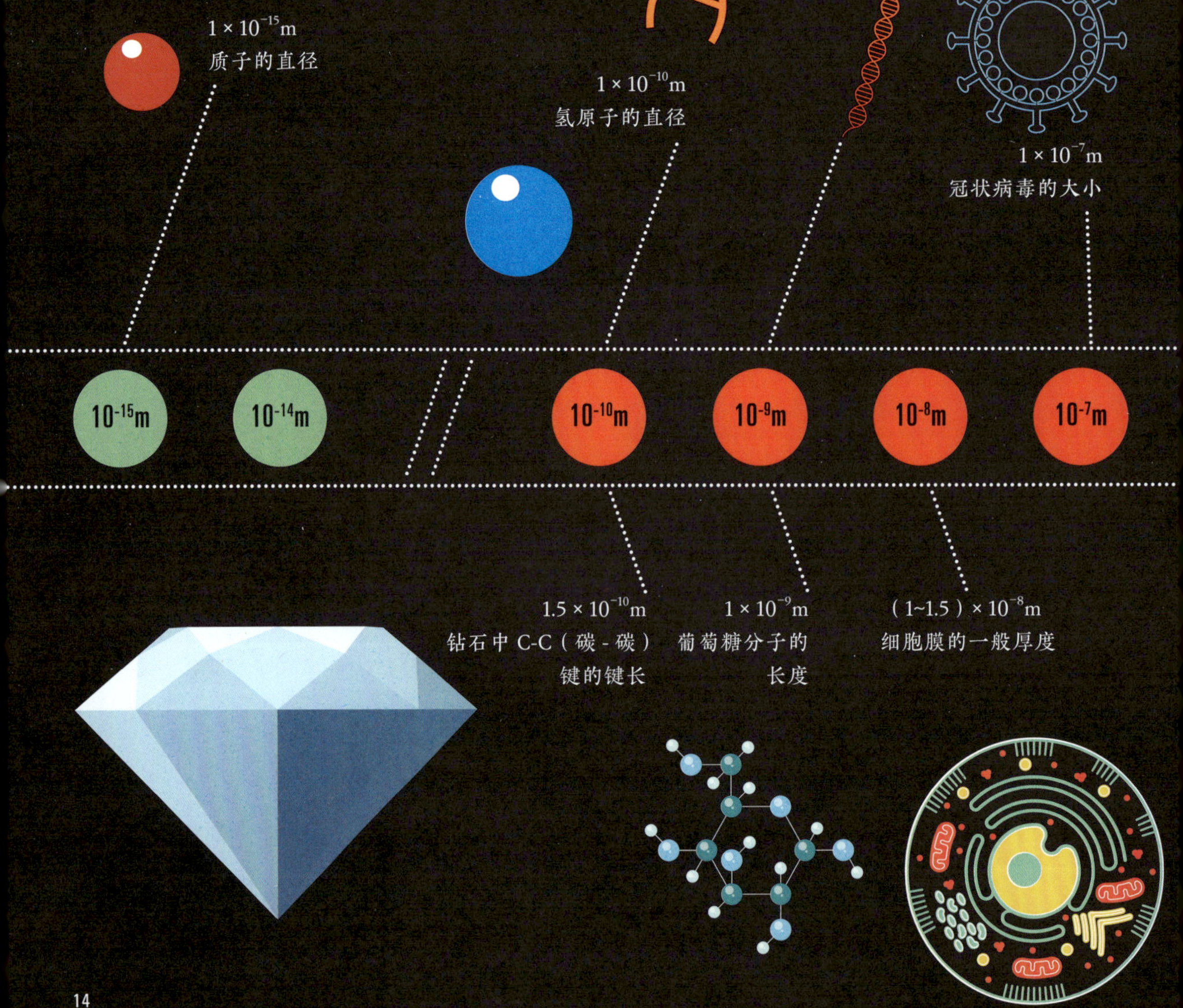

1×10^{-7}m
冠状病毒的大小

10^{-15}m　10^{-14}m　10^{-10}m　10^{-9}m　10^{-8}m　10^{-7}m

1.5×10^{-10}m
钻石中 C-C（碳-碳）键的键长

1×10^{-9}m
葡萄糖分子的长度

$(1 \sim 1.5) \times 10^{-8}$m
细胞膜的一般厚度

2.2×10^{-1} m
符合国际足联标准的足球直径

5×10^{-7} m
绿光的波长

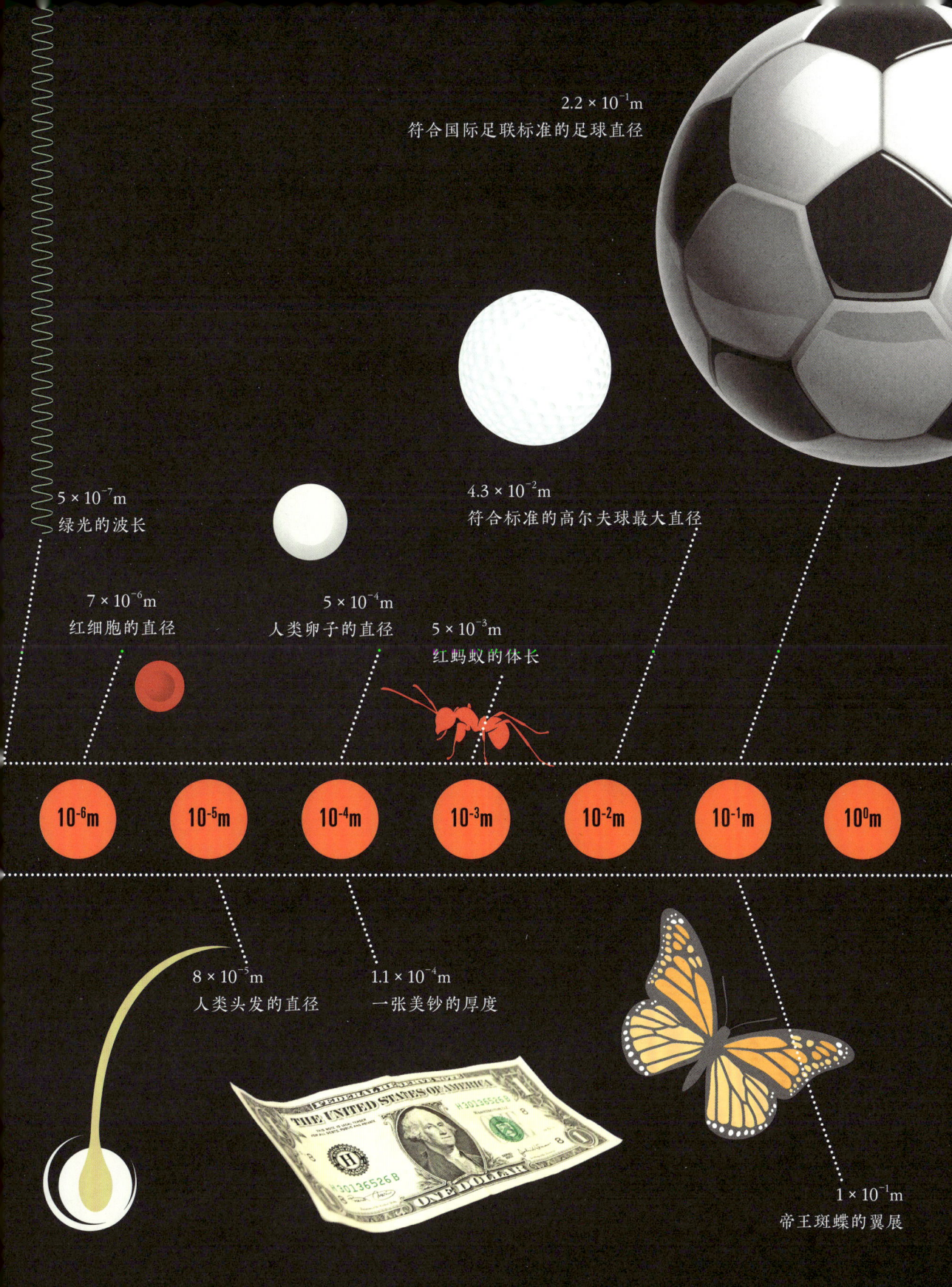

4.3×10^{-2} m
符合标准的高尔夫球最大直径

7×10^{-6} m
红细胞的直径

5×10^{-4} m
人类卵子的直径

5×10^{-3} m
红蚂蚁的体长

10^{-6}m 10^{-5}m 10^{-4}m 10^{-3}m 10^{-2}m 10^{-1}m 10^{0}m

8×10^{-5} m
人类头发的直径

1.1×10^{-4} m
一张美钞的厚度

1×10^{-1} m
帝王斑蝶的翼展

ABC 有多简单，Al、Be、Cs 就有多简单

把元素周期表唱出来

很多流行歌曲的灵感源自爱情、伤感，还有爱情……哦，我刚才说过爱情了吗？但只有一首歌能称其灵感来自元素周期表这样不同寻常的崇拜对象。

汤姆·莱勒（Tom Lehrer），1928 年出生于纽约，是已经退出乐坛的讽刺歌曲创作者，在 20 世纪 50 年代和 60 年代发行了许多畅销的专辑。他刚好也是杰出的数学家和讲师。他的歌曲《元素》（The Elements）是以当时元素周期表中的 102 种元素为词，以吉尔伯特与沙利文[①]的喜歌剧《彭赞斯的海盗》（The Pirates of Penzance）中的《少将之歌》[②]为曲创作而来。在网上可以找到不同人演唱的版本，包括哈利·波特的扮演者丹尼尔·拉德克里夫（Daniel Radcliffe）演唱的版本。不过，最好的版本无疑是莱勒本人演唱的现场版。

汤姆·莱勒

[①] 吉尔伯特与沙利文，是维多利亚时代的幽默剧作家威廉·施文克·吉尔伯特（William Schwenck Gilbert）与英国作曲家阿瑟·沙利文（Arthur Sullivan）的组合，1871 年至 1896 年的 25 年间，他们共同创作了 14 部喜歌剧。
[②] 歌曲的原名为《我是现代少将的典范》，常引称为《少将之歌》或《现代少将之歌》。这首歌曲曲调轻快、歌词绕口，表演难度较大；而化学元素的英文名称也很长，很难用如此快的速度唱出来，这就使得莱勒现场演唱的《元素》极富观赏性。

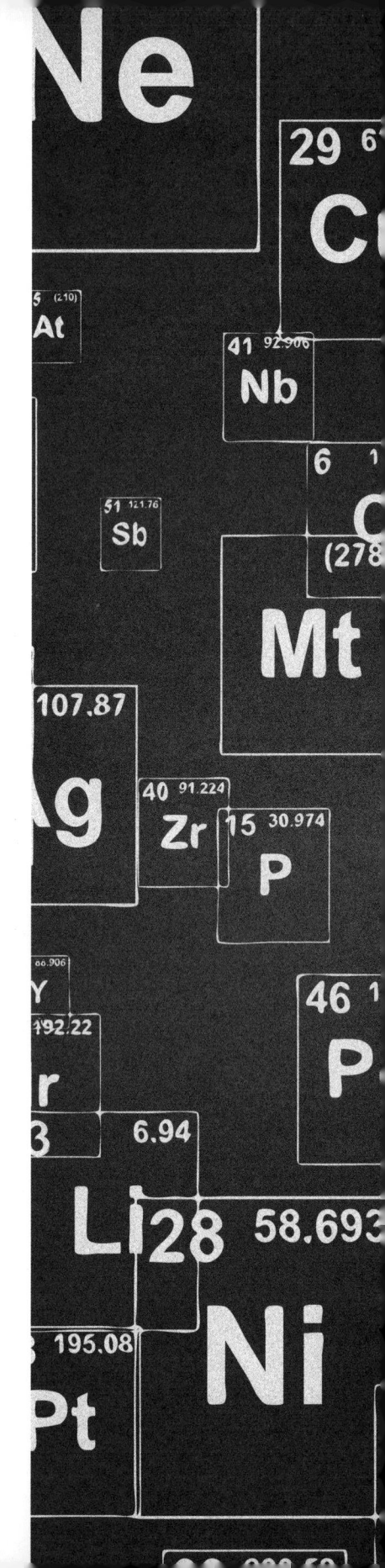

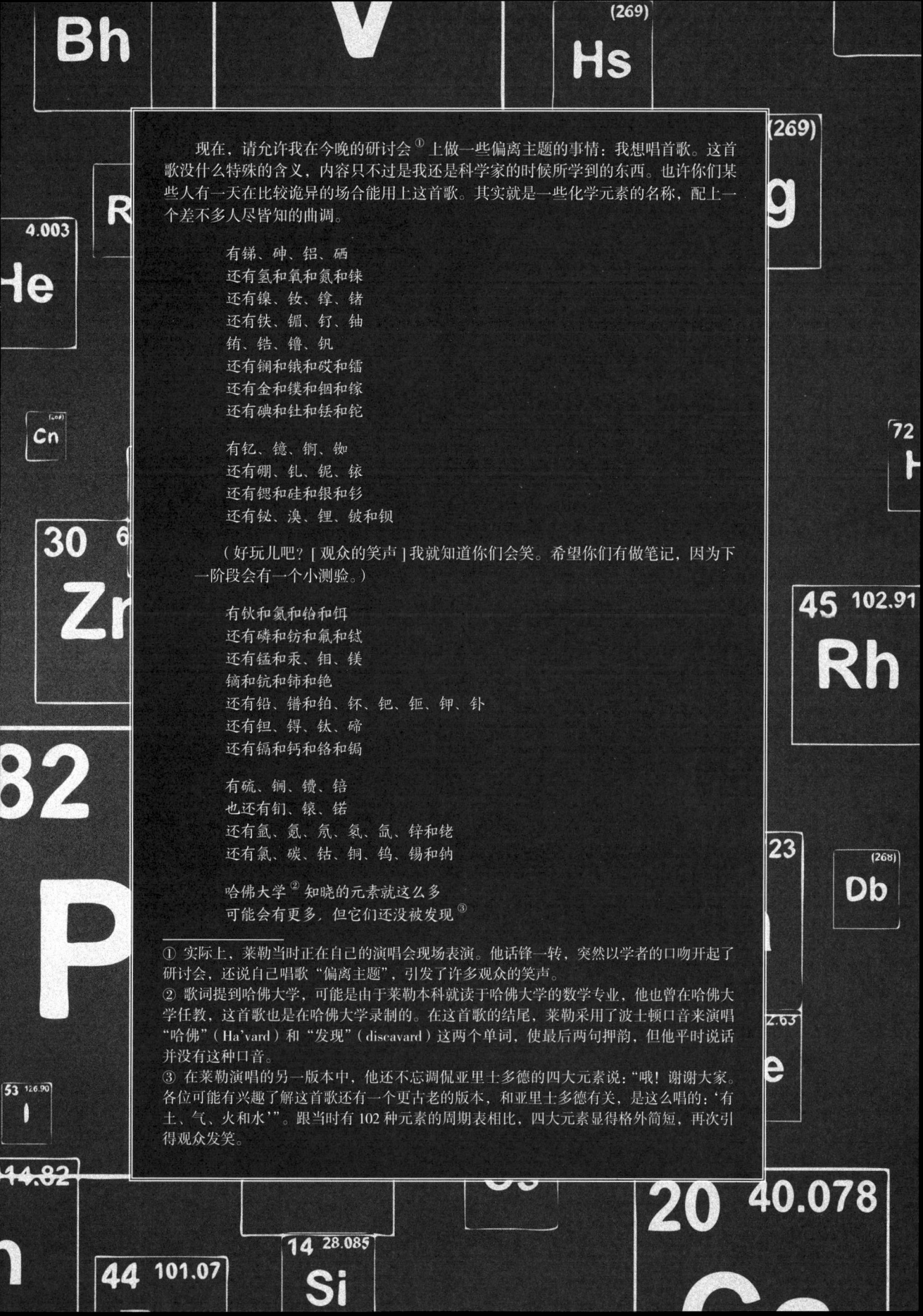

现在，请允许我在今晚的研讨会[①]上做一些偏离主题的事情：我想唱首歌。这首歌没什么特殊的含义，内容只不过是我还是科学家的时候所学到的东西。也许你们某些人有一天在比较诡异的场合能用上这首歌。其实就是一些化学元素的名称，配上一个差不多人尽皆知的曲调。

　　有锑、砷、铝、硒
　　还有氢和氧和氮和铼
　　还有镍、钕、锌、锗
　　还有铁、镅、钌、铀
　　铕、锆、镥、钒
　　还有镧和铱和砹和镭
　　还有金和镁和铟和镓
　　还有碘和钍和铥和铊

　　有钇、镱、铜、铷
　　还有硼、钆、铌、铱
　　还有锶和硅和银和钐
　　还有铋、溴、锂、铍和钡

（好玩儿吧？[观众的笑声]我就知道你们会笑。希望你们有做笔记，因为下一阶段会有一个小测验。）

　　有钬和氦和铅和钷
　　还有磷和钫和氟和铽
　　还有锰和汞、钼、镁
　　镝和钪和铈和铯
　　还有铅、镨和铂、钚、钯、镅、钾、钋
　　还有钽、锝、钛、锎
　　还有镉和钙和铬和锔

　　有硫、铟、镄、锆
　　也还有钔、铼、锘
　　还有氩、氪、氖、氡、氙、锌和铑
　　还有氯、碳、钴、铜、钨、锡和钠

　　哈佛大学[②]知晓的元素就这么多
　　可能会有更多，但它们还没被发现[③]

[①] 实际上，莱勒当时正在自己的演唱会现场表演。他话锋一转，突然以学者的口吻开起了研讨会，还说自己唱歌"偏离主题"，引发了许多观众的笑声。
[②] 歌词提到哈佛大学，可能是由于莱勒本科就读于哈佛大学的数学专业，他也曾在哈佛大学任教，这首歌也是在哈佛大学录制的。在这首歌的结尾，莱勒采用了波士顿口音来演唱"哈佛"（Ha'vard）和"发现"（discavard）这两个单词，使最后两句押韵，但他平时说话并没有这种口音。
[③] 在莱勒演唱的另一版本中，他还不忘调侃亚里士多德的四大元素说："哦！谢谢大家。各位可能有兴趣了解这首歌还有一个更古老的版本，和亚里士多德有关，是这么唱的：'有土、气、火和水'"。跟当时有102种元素的周期表相比，四大元素显得格外简短，再次引得观众发笑。

满屋猴子

充满科学趣味的广场

长期以来，伦敦的莱斯特广场一直被认为是一个娱乐中心。但人们可能想不到的是，过去在那里举办的各种娱乐活动中，有相当一部分是具有科学性质的。

1775年2月4日，英国《每日广告晨报》在头版刊登了下面这则广告：

莱斯特大宅（Leicester House）博物馆　1775年2月3日
　　利弗先生的自然珍奇博物馆将于2月13日（星期一）开放，届时公众可参观。馆内藏有野兽、鸟类、鱼类、珊瑚、贝壳、外来化石和本土化石，还有许多保存完好的其他各类物品……由于利弗先生的收藏中有一些不同寻常的怪物，可能会让女士们感到厌恶，我们单独准备了一间屋子以供展览，只有愿意参观的人才能看到。

这座博物馆有时也被称为"Holophusicon"（意为"囊括自然的一切"），位于莱斯特广场北侧的莱斯特大宅。馆内存放着阿什顿·利弗爵士（Sir Ashton Lever）的自然历史收藏品，游客只需花半基尼[①]就可以参观。内有约27000件藏品，包括一只河马和一头大象，若干蜂鸟、鹈鹕、孔雀、蝙蝠、蜥蜴、蝎子，还有英国探险家詹姆斯·库克船长在航行期间收集的许多文物。苏珊·伯尼[②]在1778年写给她姐姐［畅销小说《伊夫莱娜》(*Evelina*)和《塞西莉亚》(*Cecilia*)的作者］弗朗西丝[③]的信中，对这间可能"会让女士们感到厌恶"的臭名昭著的房间作出了如下的描述：

　　……满屋都是猴子——其中一只向人们表演一首意大利歌曲——另一只正在看书——还有一只是最可怕的，摆出了雕像《美第奇的维纳斯》的姿态，简直不堪入目。

---

① 英国旧时金币名。
② 苏珊·伯尼（Susan Burney，1755—1800），原名苏珊娜·伊丽莎白·伯尼，英国女性书信作家。她的信件后来成为歌剧研究的珍贵史料。
③ 指弗朗西丝·伯尼（Frances Burney，1752—1840），亦称范妮·伯尼（Fanny Burney），婚后被称作达布莱夫人，是英国女性小说家。苏珊·伯尼同其有着定期的书信往来。

科学趣味

一幅伦敦莱斯特广场的图画，绘于 1880 年。

这些藏品最初在利弗的乡间宅第——曼彻斯特附近的阿尔克灵顿庄园内展示。后来因为赚不到足够的钱，利弗搬到了伦敦，以满足自己的收藏欲。不幸的是，尽管伦敦的这座博物馆大受欢迎，连英王乔治三世和威尔士亲王①都曾造访过，但也没有维持多久。利弗最终不得不在 1786 年以抽签的方式将他的一大堆杂物出售给别人②（大英博物馆有优先购买权，但遗憾地拒绝了），这些杂物最终流落各处。由于无法承受这种打击，利弗不到两年后就自杀了。

1783 年，当这座所谓的"囊括自然的一切"的博物馆还在发展壮大的时候，苏格兰出身的解剖学家约翰·亨特（John Hunter）在莱斯特广场租到了一栋大房子，经营一家医学院兼博物馆。亨特也是一位杰出的收藏家，是他让现在的人们有机会看到库克船长在一次航行中获得的袋鼠骨架，还有身高约 2.31 米的爱尔兰人查尔斯·伯恩（Charles Byrne）的骨架。亨特收购后者花费的费用相当于今天的 2 万英镑，这也是 1998 年英国作家希拉里·曼特尔（Hilary Mantel）③的小说《巨人奥布莱恩》（The Giant, O'Brien）中的主要情节。与利弗收藏品的命运不同，亨特这位解剖学家的收藏在其过世后被英国政府买下，成为现在伦敦皇家外科医学院亨特博物馆的重要藏品。

70 年后，皇家科学与艺术展览馆（Royal Panopticon of Science and Art）在莱斯特广场上建成，这是迄今广场内最宏大的科学机构。遗憾的是，这也确实是莱斯特广场内的最后一家科学机构。展览馆位于广场东侧，采用摩尔式建筑风格，"耸立的尖塔""高高的穹顶"，还"使用了大量的彩色装饰"。其目的是"以通俗的形式展示并说明科学和艺术中的发现"。1854 年，展览馆声势浩大地向公众开放了。馆内的布置极度奢华。穹顶下方有一座喷泉，中央喷水口能喷射近 30 米高。在西廊的入口处有当时英国最大的管风琴，还有一部电梯（称为"上行车厢"），每次可搭载八人，将观众送到摄影廊。展品中有一个极光装置，能够投射出人造的"北极光"，还有一个"潜水用的水晶箱"和一个煤气灶（一位评论家感叹要是能用来做晚餐就好了）。地下室内有报告厅，可定期举行展示活动。英国《晨报》盛赞道，这是"为科学建立的最为宏伟的神庙"。所言不差，但很少有公众是前来参拜的。尽管展览馆持有皇家宪章，维多利亚女王却始终没有莅临这座"神庙"。两年后，展览馆宣告破产。

① 一般作为英国王位的男性继承人的封号。乔治三世在位时，威尔士亲王的封号由其长子，也就是后来的乔治四世取得。
② 中签的人是詹姆斯·帕金森医生（James Parkinson，1755—1824），帕金森症正是以他的名字命名的。
③ 希拉里·曼特尔（1952—2022）：英国当代小说家，于 2009 年凭小说《狼厅》（Wolf Hall）获布克奖，以其作品中对社会与历史的敏锐洞察力而闻名。

《受过教育的猿猴》
出身布拉格的艺术家加布里埃尔·冯·马克斯（Gabriel von Max，1840—1915）的"Letzte Vorstellung"（德语：最后的作品）。

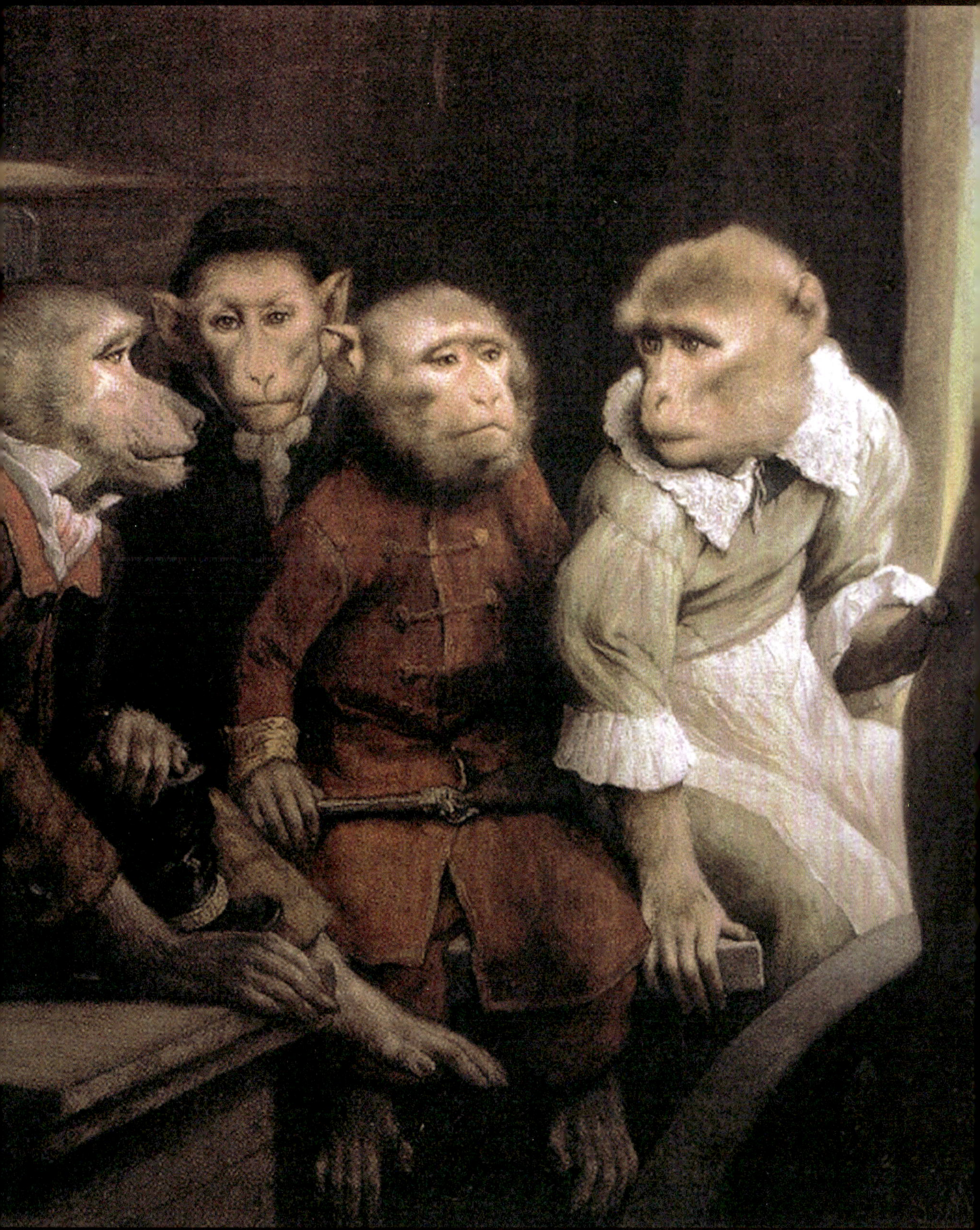

大道至简

万变不离其宗：

Entia non sunt multiplicanda praeter necessitatem.

如无必要，勿增实体。

这句话是奥卡姆剃刀原理（Ockham's Razor）的标准版本，以 14 世纪英国方济各会修士、哲学家奥卡姆的威廉（William of Ockham）的名字命名。奥卡姆剃刀原理也称为"简约原则"，被视为有用的经验法则。在对相同的实验结果进行预测或解释时，奥卡姆剃刀原理常用于判断相互竞争的两种科学理论孰好孰坏。优先应用较简单的理论是对奥卡姆剃刀原理的通常理解。

然而，奥卡姆剃刀原理的本意并不是说越简单越好。相反，它提倡只保留必要的内容（简单和必要往往是并存的，但后者才是驱动力）。这一原则的问题是：人们并不清楚在科学中什么是必要的，有时甚至不清楚是否所有的相关信息都可以用以进行判断。因此，这就可以说明为什么奥卡姆剃刀原理没有被普遍接受。

奥卡姆的威廉似乎写过该原则的多个版本，而许多其他的思想家也有自己的版本。

奥卡姆的威廉

> 上帝只创造了整数，其余的都是人造的。
>
> 利奥波德·克罗内克尔（Leopold Kronecker，1823—1891），德国数学家

亚里士多德：
"自然界选择最短的道路。"
"如果结果相同，最好用更加有限的前提做假设。"

奥卡姆的威廉：
"如无必要，切勿假定繁多。"
"未经理性、经验或万无一失的权威证明，不应假定繁多。"
"如果能少做，多做就是徒劳的。"

牛顿：
"我们只能了解那些既真实又足以解释其表象的自然事物。因此，对于同样的自然效果，我们必须尽可能地归于同样的原因。"

罗素：
"如可能，用已知实体组成的结构来替换未知实体的推断。"

开普勒：
"自然总是尽量花费更少。"

马赫：
"科学家必须使用最简单的方法得出自己的结果，并排除感官无法感知的一切东西。"

爱因斯坦：
"所有的事应该尽可能简单，但不能过于简单。"

也许美国德裔建筑人师路德维希·密斯·凡德罗（Ludwig Mies van der Rohe）说得最简洁，他简单地说：

"少即是多。"

为数字命名

从自然数到超越数和其他

你可能已经意识到，数学中存在着许多不同类型的数字。因此，我们可以像对待植物和动物那样对数字进行分类。下面的内容是数字分类的快速入门：

自然数

计数用的数字，有 1，2，3，…

整数

整数包括自然数，还增加了 0 和负数。它们都是整个的数，例如：-3，-2，-1，0，1，2，3，…

有理数

整数，以及可以写成两个整数之比的数，例如：-2，-$\frac{33}{40}$，$\frac{1}{2}$，7，…

无理数

任何不能用整数或整数之比表示的数字都是无理数，例如：$\sqrt{5}$、e 或 π。它们小数部分的位数是无限的，而且不重复，例如，$\sqrt{5}$（5 的算数平方根）等于 2.2360679774…

超越数

超越数是无理数，但不是任何有理系数代数方程的根。e 是一个超越数，但如果满足方程 $5e^2+2e+20=0$，此处的 e 就不是超越数了（该方程中的 5 和 2 为有理系数）。实际上，要证明一个数是超越数非常困难，这也能够部分解释为什么直到 1873 年和 1882 年，e 和 π 才相继被证明是超越数。

实数

实数是有理数和无理数的统称。因此，到目前为止在本条目中提到的各种类型的数都是实数。实数集的符号为 R。

复数

复数的形式为 $a+bi$，其中 a 和 b 可以是任意实数，而 $i^2=-1$。a 称为复数的实部，b 为虚部。例如：i（$\sqrt{-1}$）和 7i（$\sqrt{-49}$）。

数学之美

"最伟大的公式"

欧拉（Leonhard Euler）是有史以来最著名的数学家之一，1707年出生于瑞士的巴塞尔。尽管欧拉在20多岁时右眼就失明了，64岁时双目完全失明，但他还是撰写了近900篇（部）文章和书籍。

欧拉的成就不胜枚举：他解决了柯尼斯堡七桥问题，致使图论研究发展壮大，研究了音乐中的数学问题，还证明了费马小定理。他还引入、推广了许多至今仍在使用的数学符号，包括e、π和($\sqrt{-1}$)。

欧拉在研究过程中得出了右侧这个公式：欧拉恒等式。以色列数学家伊莱·马奥尔（Eli Maor）认为数学中最伟大的5个常数是e、i、π、1和0，而欧拉公式能够将这五个数联系在一起，从而被美国物理学家理查德·费曼（Richard Feynman）称为"数学中最非凡的公式"，被《数学信使》（The Mathematical Intelligencer）杂志的读者评选为数学中最美丽的定理，在《物理世界》杂志（Physics World）的投票中被评为"最伟大的公式"（入选的还有电磁学的麦克斯韦方程组）。下面这首打油诗很好地体现了欧拉公式的魅力：

$$e^{\pi i}+1=0$$

e的π乘i次幂，
再加1，留给你的
只能是叹息。
这一事实使欧拉诧异
那位天才不辞劳力。
现在仍让我们感到惊奇，
顺便道一句，再见。

"在化学的结合中"

科学求爱的崇高艺术

英国哲学家、社会学家赫伯特·斯宾塞（Herbert Spencer）是短语"适者生存"的提出者。英国作家康斯坦斯·内登（Constance Naden，1858—1889）是斯宾塞的崇拜者。内登在其相对短暂的一生中一共出版了两卷诗歌。1890年，政治家威廉·格拉德斯通（William Gladstone）在杂志《发言人》（*The Speaker*）上将内登提名为19世纪最佳"女诗人"之一，名单中还包括艾米莉·勃朗特（Emily Brontë）、伊丽莎白·巴雷特·布朗宁（Elizabeth Barrett Browning）和克里斯蒂娜·罗塞蒂（Christina Rossetti）。

康斯坦斯·内登

在维多利亚时代，内登是一位不寻常的诗人。首先，她是一位对科学感兴趣并对其进行研究的女性——当时许多人认为科学是更适合男性的领域。她的诗歌经常涉及科学领域，这一点在她的四首诙谐组诗《进化的情欲》（*Evolutional Erotics*）中完美地体现出来。在几首诗中，内登描绘了四对夫妻的关系，她将科学用于自己的隐喻和意象中，使其发挥了巨大的作用。下面是该组诗中第一首的节选，描述了一位年轻科学家将其研究热情转移到一位叫玛丽·莫德·特里维廉的姑娘身上的过程。好就好在这位姑娘毫无戒心，坏就坏在她对此毫无兴趣。

> 一位现代诗人将艺术的个性和科学的非个性描述如下：艺术是我，科学是我们。
>
> 克劳德·贝尔纳（Claude Bernard，1813—1878），法国生理学家

科学求爱（节选）

我曾是一个勤奋好学的青年，
美丽的科学是我的亲密情人，
化学吸引着我的双眼，
爱情的细菌没能入侵我的心田，
因为巴斯德式的技艺保证了我的安全，
抵抗那致命疾病的流行蔓延。

[……]

唉！如此崇高的追求
却在半路消失不见，
都怪那朱红色的嘴唇和浅褐色的双眼。
诸神啊！让那美好的日子再现：
当我在智慧的路上默默向前，
尚未认识玛丽·莫德·特里维廉！

[……]

我并不在乎她的嫁妆有多稀奇，
然而，爱情的引力
必然会随质量的变化而产生差异。
但是啊！却与距离的平方
成反比！我是否有勇气
越过鸿沟，得到我的玛丽？

[……]

这美好的幻想！我能否称心如意？
仅用这样的比喻
就能和姑娘享受交流的甜蜜？
我的心动，自光学发起
靠磁力吸引
最后在化学的结合中完毕！

这是我的目标，我将为此而努力。

我会将这一目标实现——靠玻意耳，
靠阿伏伽德罗，还有戴维！
当每一门科学都能借以为喻，
点燃我的希望，滋养我的爱意，
少女骄傲如她也定会说出"我错怪了你！"①

我将深沉地吟唱达尔文式的叙事诗：
小鸟的羽毛色彩斑斓，
通过求偶解决了生命的谜团；
我将教她如何爱得像野花一般，
摇曳的雄蕊如何动弹，
花药如何将柱头沾染。

或者像数学一样真心实意：
我的求爱要靠严谨的逻辑，
我不会随便坦露自己，
直到迫于逻辑学上的压力，
她含着泪水，颤抖着说出一句"我愿意"，
一句甜蜜的"证明完毕！"②

① 原文为拉丁语 Peccavi。
② 原文为拉丁语 Quod erat demonstrandum。

逢二进一

二进制的基础知识

我们在日常生活中使用十进制计数系统。至于为什么要用十进制，有很多理论解释。其中最流行的说法是我们有十根手指，可以表示十个数字。有些文明采用了其他的计数系统，例如古巴比伦人采用六十进制，所以一个小时有六十分钟。

今天，我们还是使用十进制算法。但也有另一种计数系统——二进制，以 2 作为基数。这意味着只需两个符号，通常是 0 和 1，就可以表达任何数值。右侧上表用二进制表示了一些我们熟悉的十进制数字。

下表是另一些用二进制表示的十进制数，其中最大的数是 127。采用二进制系统，如果手指向上代表 1，手指向下代表 0，那么只用两只手就可以数到 1023（由此，十根手指全部向上就可以表示 1111111111＝ 十进制的 1023）。

二进制对计算机来说特别有用，因为 1 和 0 可以简单地用各种成对的绝对参数表示出来，如开 / 关，是 / 否，或有 / 无电动势。在英国作家道格拉斯·亚当斯（Douglas Adams）的《银河系漫游指南》（The Hitchhikers Guide to the Galaxy）一书中，超级计算机"深思"（Deep Thought）给出的生命意义的答案是 42。然而，机器可能会发现将答案表述为 101010 更为自然，也有一种对称美。你不觉得吗？二进制也带来了一个很好笑的数学笑话：

　　世界上只有 10[①] 种人：懂二进制的和不懂二进制的。

　　好吧，我先溜了。

十进制数	2^6 或 64	2^5 或 32	2^4 或 16	2^3 或 8	2^2 或 4	2^1 或 2	2^0 或 1
1							1
2						1	0
3（=2+1）						1	1
4					1	0	0
5（=4+1）					1	0	1
10（=8+2）				1	0	1	0
100（=64+32+4）	1	1	0	0	1	0	0

十进制数	2^6 或 64	2^5 或 32	2^4 或 16	2^3 或 8	2^2 或 4	2^1 或 2	2^0 或 1
13（=8+4+1）				1	1	0	1
29（=16+8+4+1）			1	1	1	0	1
53（=32+16+4+1）		1	1	0	1	0	1
127（=64+32+16+8+4+2+1）	1	1	1	1	1	1	1

---
① 10，在二进制算法中表示 2。

直至可测的无穷大及更大

计算宇宙中的原子数量

宇宙中有多少个原子？不管这个数字有多大，只需四个数字就可以将它表示出来，信不信由你：

$$\mathfrak{I} = 9^{9^{9^9}}$$

写出完整的结果需要 $10^{369693100}$ 位数字。坦率地说，这是做不到的，毕竟宇宙的大概年龄也就不到 10^{18} 秒。$\mathfrak{I}$ 是由德国数学家、物理学家高斯提出的，他想得到一个"可测的无穷大"。这有些奇怪，因为在数学中，无穷大是一个概念，表示超出任何固定界限的大小，而不是一个数字，即使在理论上也无法通过计算或测量得到。

无穷大的符号"∞"是英国数学家约翰·沃利斯（John Wallis）在 1655 年提出的，而有关无限概念的讨论可以追溯至古希腊时期。

地动山摇

里氏震级的能量

地震震级通常是对地面的运动进行测量，再用里氏震级表示出来的。里氏震级由美国地震学家查尔斯·F. 里克特（Charles F. Richter）于1935年制定。里氏震级基于10的幂数计算而成，由此可知，里氏5级的地震在地震仪上记录的振幅是里氏4级的10倍。

震级也可以转化为地震所释放的地震能，以焦耳（J）为单位进行衡量。此时，里氏震级每增加1级，地震能就会增加30倍以上。这使得地震的威力可以与其他能源进行比较，反之亦然。

如你所见，历史上破坏性最强的地震并不是震级最高的地震。还有很多其他因素影响着地震的破坏力，比如地震的深度（浅层地震通常比深层地震更具破坏性）、物理环境、人口密度，以及建筑质量。

里氏震级：6
能量：6.3×10^{13} J
威力相当于在广岛投放的原子弹。

里氏震级：6.1
能量：9×10^{13} J
1克物质所含的能量，根据爱因斯坦著名的质能方程 $E = mc^2$ 计算得来。

里氏震级：6.3
能量：1.8×10^{14} J
2011年新西兰克赖斯特彻奇地震。

里氏震级：7
能量：2×10^{15} J
2010年海地地震。

里氏震级：7.5
能量：1×10^{16} J
形成亚利桑那替星陨坑的撞击所产生的能量。

里氏震级：8
能量：6.3×10^{16} J
1556年中国陕西地震的推测值——这场地震是有史以来破坏力最强的地震，估计造成83万人死亡。

里氏震级图

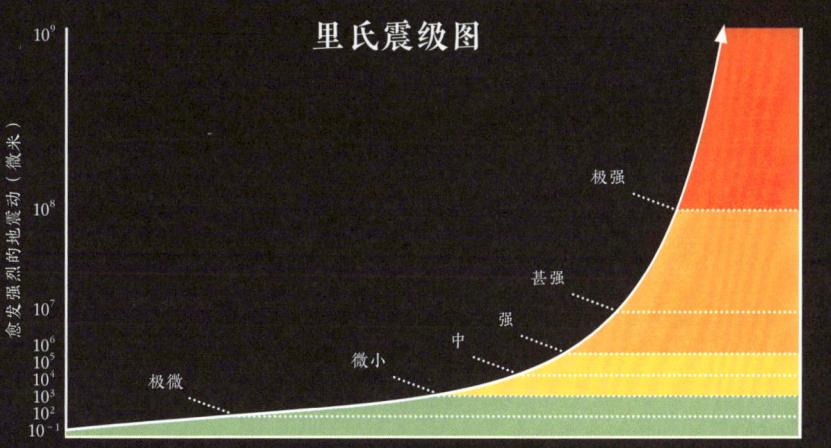

用图像表示的里氏震级表。震级每提升1级，地震振幅便提升10倍，释放的能量增加30多倍。

纵轴：愈发强烈的地震动（微米），从 10^{-1} 到 10^9

横轴：震级 0–10

分级标注：极微、微小、中、强、甚强、极强

> 如果我们熟悉大黄、毒芹、鸦片，乃至人的微粒的物理特性，就像钟表匠熟悉钟表一样……就能事先知道大黄可以解毒，毒芹可以致死，鸦片可以让人昏睡。
>
> 约翰·洛克（John Locke，1632—1704），英国哲学家
> 引自《人类理解论》（*An Essay Concerning Human Understanding*）

里氏震级：8.3
能量：1.7×10^{17} J
每秒钟太阳辐射到地球的总能量。

里氏震级：9.6
能量：1.5×10^{19} J
2018 年美国的总用电量。

里氏震级：8.4
能量：2.4×10^{17} J
历史上引爆的最大的核弹——沙皇炸弹释放的能量。

里氏震级：9
能量：2×10^{18} J
2011 年东日本大地震（3·11 大地震）。

里氏震级：8.5
能量：8.4×10^{17} J
1883 年喀拉喀托（Krakatoa）火山爆发所释放能量的估计值。

获奖者是……

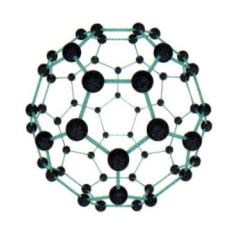

C_{60}（1991年年度分子）

对最伟大的科学成就予以认可

1989年，与美国《时代》周刊评选的"年度风云人物"（Man of the Year，现称Person of the Year）相呼应，《科学》杂志开始颁发"年度分子"（Molecule of the Year）称号。其目的是表彰"当年最有可能对科学进步和社会利益产生重大影响的科学成果"。

如果非要咬文嚼字，其实获奖者并不总是一种分子，有时也是一种过程。1995年，这一殊荣授予了一种"物质状态"，这是该奖项的又一次转变。这种物质状态在70年前提出了假设，最终在1995年实现。后来，该奖项的名称变得更加全面了，称为"年度突破"（Breakthrough of the Year），这可能就不足为奇了。以下为获奖者的名单：

年度分子

1989	PCR（聚合酶链式反应），一种可以对极少量DNA进行大量复制的技术
1990	人造钻石的制造
1991	C_{60}（巴克敏斯特富勒烯），一种碳单质同素异形体，形状像足球
1992	NO（一氧化氮）及其在体内细胞的运作中起到的作用
1993	p53，一种在人体内发现的蛋白质，因其具有抑制肿瘤的潜力而获奖
1994	DNA修复酶系统
1995	玻色-爱因斯坦凝聚态（物质的一种状态）

年度突破

1996	在艾滋病研究上取得的进展
1997	克隆羊多莉
1998	宇宙不断膨胀，以及支持暗物质存在的证据越来越多
1999	干细胞的潜能
2000	人类基因组排列图
2001	纳米电路或分子电路
2002	小RNA（核糖核酸）及其在基因组调控中的作用
2003	宇宙主要由暗能量构成的相关理论
2004	"漫游者"探测车的火星任务
2005	正在发生的进化
2006	证明庞加莱（Poincaré）猜想
2007	发现人类基因差异
2008	通过插入遗传物质对细胞进行重新编程
2009	440万年前的骨骼被证实为人类祖先
2010	首台量子计算机问世
2011	可减少艾滋病毒的异性传播的抗逆转录病毒药物
2012	希格斯玻色子的发现
2013	癌症免疫疗法
2014	罗塞塔号探测器的彗星任务
2015	CRISPR（规律间隔成簇短回文重复序列）基因编辑技术
2016	首次观测到引力波
2017	首次完整观测到中子星合并
2018	单细胞基因活性分析技术
2019	首次拍摄到黑洞照片
2020	超速研制出新冠疫苗

地质时钟

看待地球演变的新视角

有时，某一事件发生的时间只有与其他时间联系起来看才有意义。如果以时钟的形式显示地球演变的总进程，这就特别好懂。地球的年龄大约是45亿年。在这座地质时钟上，一秒钟相当于52000年，一小时相当于1.875亿年。

42.75 亿年
22:47
出现了最早的恐龙

43.5 亿年
22:56
出现了最早的哺乳动物

44.4 亿年
23:40
最后一次物种大灭绝，恐龙消失

23:59:12
出现了人属

23:59:56
现代人类

40.5 亿年
21:36
出现了最早的陆地植物

41 亿年
21:52
出现了最早的昆虫

40 亿年
21:20
出现了最早的鱼类

42.5 亿年
22:40
二叠纪–三叠纪灭绝，地球历史上规模最大的一次物种灭绝

39.7 亿年
21:10
出现了最早的三叶虫

3000 万年
00:10
地球和忒伊亚（Theia）行星发生碰撞，产生的碎片形成了月球

4 亿~7 亿年
02:08~03:44
后期重轰炸

35 亿年
18:40
出现了最早的植物，可能是以绿藻的形式出现的

15 亿年
08:00
所有生物物种的最近共同祖先

20 亿年
10:41
氧气不再被海洋或陆地捕获，发生了大氧化事件，大气中的含氧量显著增加

17 亿年
09:04
细菌开始产生氧气

"一对肢状玄武岩柱"

改写雪莱的诗

名胜古迹
拉美西斯二世（Ramesses II）的狮身人面像，位于埃及狮子谷的阿蒙神庙。

客自海外归，曾见沙漠古国
有石像半毁，唯余巨腿
半遭沙埋，但人面依然可畏，
那冷笑，那发号施令的高傲，
足见雕匠看透了主人的内心，
才把那石头刻得神情维肖，
而刻像的手和像主的心
早成灰烬。像座上大字在目：
"吾乃万王之王是也，
盖世功业，敢叫天公折服！"
此外无一物，但见废墟周围，
寂寞平沙空莽莽，
伸向荒凉的四方。

《奥西曼迭斯》（Ozymandias）
雪莱（1792—1822）
王佐良 译

你很有可能曾在别处读过雪莱的十四行诗《奥西曼迭斯》。这是一首脍炙人口的诗歌，不说也有许多人知道，这首诗也是仁慈姐妹乐队（The Sisters of Mercy）那首令人振奋的歌曲《统治》（Dominion）的灵感来源，歌词的内容就包含了这首诗歌的最后一行。这首诗歌太过脍炙人口，难怪还曾有学者审查过它的科学性。

下面的这些搞怪的内容摘自英国地质学家内维尔·西摩·黑尔（Neville Seymour Haile）的一封内容诙谐的信件，这封信于1977年首次发表在《自然》（Nature）杂志的通信栏目上。当然，任何科学家都应该力求精确，一丝不苟。而黑尔建议改写雪莱的诗，使其能够在科学杂志上发表，我觉得这也确实表明，科学家也能发现自己的怪异之处，并乐于自嘲。

> 科学家只是诗歌的公仆。
> 他正在砍伐西部时光之林;
> 很快,诗歌将到西部建造城市和花园。
> 事实总是如此。忙于事务的人为诗歌中的利益、为了让诗歌得以引用而工作。在融入人与人之间、人与上帝之间或人与自然之间建立的新的诗意关系之后,科学事实才能实现其应有的功能。
>
> 《圣莱昂诺尔传奇》(*The Ledgend of st. Leonor*)
> 西德尼·拉尼尔(Sidney Lanier,1842—1881)
> 美国音乐家、作家

建议重写的手稿(摘要)

位于狮子谷附近的一对肢状玄武岩柱("巨腿")及其与板块构造的联系

伊本·白图泰[1] 和雪莱[2]

在近期对哈德拉毛北部的一次实地考察中,第一作者发现了两根高14.7米、直径1.8米的腿状岩柱(中等规模,ASTM[①]巨腿等级标准),耸立于法扎尔谷(Wadi Al-Fazar)(格网坐标474 753)西南方向12.5千米处的沙质沙漠中。该岩石属于拉斑玄武岩;使用中子活化技术进行了45次分析,结果表明其与其他所有拉斑玄武岩基本相同。依照佩蒂约翰(Pettijohn,1948,第72页)的分类,位于岩柱东南方向6米处的一块大石头被确定为"可畏的人脸"类型。对周围的沙进行粒度分析,结果表明该沙是一种多峰的、略带正向倾斜的细沙,带有轻微但持久的骆驼粪便气味。本研究采用扫描电子显微镜拍摄了472张沙粒照片,本文使用了其中的40张;结果显而易见,这些沙粒来自前寒武纪斜长岩,经历了四次重大冰川作用、两次俯冲作用和一次长期干旱。一颗沙粒显示了独特的菱形撞击坑和心形蚀刻图案,这证明其曾处于纽约州北部。这些岩柱标志着以前的热点、地幔柱、三联点、转换断层或外展区(或可能为以上全部)的地点,没有特别的理由能予以否认。

关键词:板块构造;俯冲;仰冲;热点;地幔柱;三联结;转换断层;巨腿;可畏的人脸

1. 新月沃地大学地球与行星科学学院
2. 曾就读于牛津大学学院

---

① ASTM,即American Society for Testing and Materials的缩写,指美国材料与试验协会。

"啊,死神,你的毒刺在哪里?"

纪念"蚊子日"

1902年,第二届诺贝尔奖颁发,罗纳德·罗斯医生(Ronald Ross,1857—1932)成为第一位获得该奖项的英国人。五年前,罗斯将他的研究与印度的医疗实践相结合,证明了按蚊(*Anopheles*)是传播疟疾所必需的因素。这一发现对疾病的防治产生了巨大影响。

> 可以与假说同床共枕,但不要与假说相伴终生。
>
> 佚名

对于身为医学生却未能通过药剂协会医学执照考试的罗斯来说,1902年获得的诺贝尔生理学或医学奖,以及后来在1911年获得的爵士头衔使他的命运发生了很大的转变。罗斯也是一位出色的作家,他撰写的回忆录赢得了1923年的詹姆斯·泰特·布莱克纪念奖。下面这首诗(节选)是他的作品,如今刻在了印度加尔各答SSKM医院(塞思·苏赫拉尔·卡纳尼纪念医院)的罗斯纪念碑上。这首诗描述了他在1897年8月20日取得重要发现,一举成名的经历。后来,罗斯把这一天称为"蚊子日",此后每年都要庆祝。

> 一路与眼泪和汗水相依,
> 我寻觅狡猾的源头,
> 残害了百万人的死神啊,
> 我发现了你的小秘密,
> 无数的人将获得生机,
> 啊,死神,你的毒刺在哪里?
> 啊,死神,你又怎会胜利?

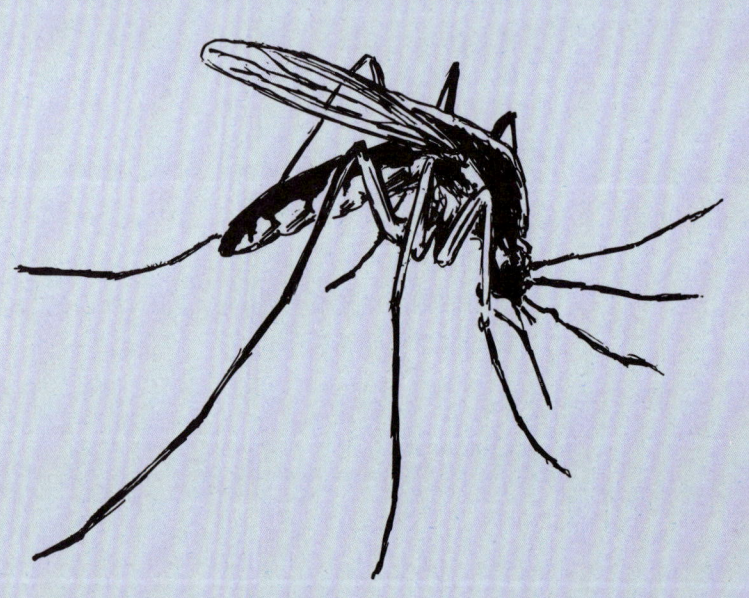

字母分数乘三![1]

一些常见科学词汇的词源及在拼字游戏中的得分

单词	词源	含义	分数
Acid（酸）	拉丁语，acidus	酸的	7
Alkali（碱）	阿拉伯语，al qalīy	"烧焦的灰烬"，是苏打最早的名称	10
Anode（正极）	希腊语，aba 和 hodos	向上的路——电流流入的正电极	6
Anthrax（炭疽）	希腊语，anthrax	木炭——该疾病会导致皮肤上出现黑痂	17
Argon（氩）	希腊语，argos	懒惰的，空闲的——氩的化学活性不高	6
Baryon（重子）	希腊语，barys	重——重子在发现时是原子内质量最大的粒子	11
Cathode（负极）	希腊语，kata 和 hodos	向下的路——电流流出的负电极	13
Cell（细胞）	拉丁语，cella	小室	6
Chlorine（氯）	希腊语，chloros	苍绿	13
Eclipse（日食或月食）	希腊语，ek 和 leipo	无法现身	11
Electron（电子）	希腊语，elektron	琥珀——琥珀在摩擦后会产生静电	10
Energy（能量）	希腊语，en 和 ergon	去做	10

单词	词源	含义	分数
Gas（气体）	希腊语，khaos	混沌	4
Genetic（遗传的）	希腊语，genesis	生成	10
Gravity（重力）	拉丁语，gravis	重	14
Hadron（强子）	希腊语，adros	厚重的，庞大的	10
Helium（氦）	希腊语，helios	太阳——氦最初是对日全食进行光谱分析发现的	11
Hydrogen（氢）	希腊语，hydro 和 gene	产生水的物质	16
Malaria（疟疾）	意大利语，mala and aria	脏空气	9
Mitochondria（线粒体）	希腊语，mitos 和 chondros	线状谷物	20
Molecule（分子）	拉丁语，moles 和 culus	小质量	11
Nucleus（原子核）	拉丁语，nucleus	内核	9
Plankton（浮游生物）	希腊语，planktos	流浪者	14
Proton（质子）	希腊语，protos	首要的，最前面的	8
Quantum（量子）	拉丁语，quantum	数量	18
Science（科学）	拉丁语，scientia	知识	11
Species（物种）	拉丁语，species	外观，种类	11

---

[1] 拼字游戏中的一类格子，放置在这个格子上的字母在计算分数时按3倍计算。

衡量酸碱度

了解 pH 标度

pH 是英文"power of hydrogen（氢离子的浓度）"的缩写，使用对数值来表示溶液中氢离子（H^+）浓度。pH 值越低，氢离子的浓度就越高。该标度可用于衡量溶液的酸碱程度。

纯水的 pH 值为 7.0，指纯水中氢离子的浓度为 10^{-7} mol dm^{-3}（不知道这个单位是什么意思也不要紧），表示中性。pH 值低于 7 的溶液为酸性，pH 值高于 7 的溶液为碱性。

由于采用了对数值，当氢离子的浓度变化 10 倍时，pH 值只变化 1 个单位。为方便理解，我们可以回顾一下英国十八九世纪的工业革命重镇——曼彻斯特和哈德斯菲尔德两座城市对环境造成的影响。这两座城市距离峰区的博列克罗泥炭沼地（现为英国国家公园的所在地）约 40.2 千米。一个半世纪以来，受到这些城市的含硫排放物的影响，公园中的泥炭如今测得的 pH 值为 2（氢离子浓度为 10^{-2} mol / dm^3），而泥炭的 pH 值一般为 4（氢离子浓度为 10^{-4} mol / dm^3）。2 和 4 的 pH 差看似不怎么大，但却表示博列克罗的泥炭中的氢离子浓度比一般的泥炭高出 100 倍。

pH 标度最早是丹麦科学家瑟伦·瑟伦松（Søren Sørenson，1868—1939）于哥本哈根的嘉士伯实验室构思出来[①]。以下是一些常见溶液大概的 pH 值。要是知道 pH 值低于 5.5 的食物会腐蚀牙釉质，造成牙齿中矿物质的流失，图中的某些数字可能会让我们感到惊讶。

---

① 瑟伦松博士提出 pH 标度的时间为 1909 年。

比色卡
通用指示剂显示的各种颜色及一些常见食物、生活用品的 pH 值，如下图所示。

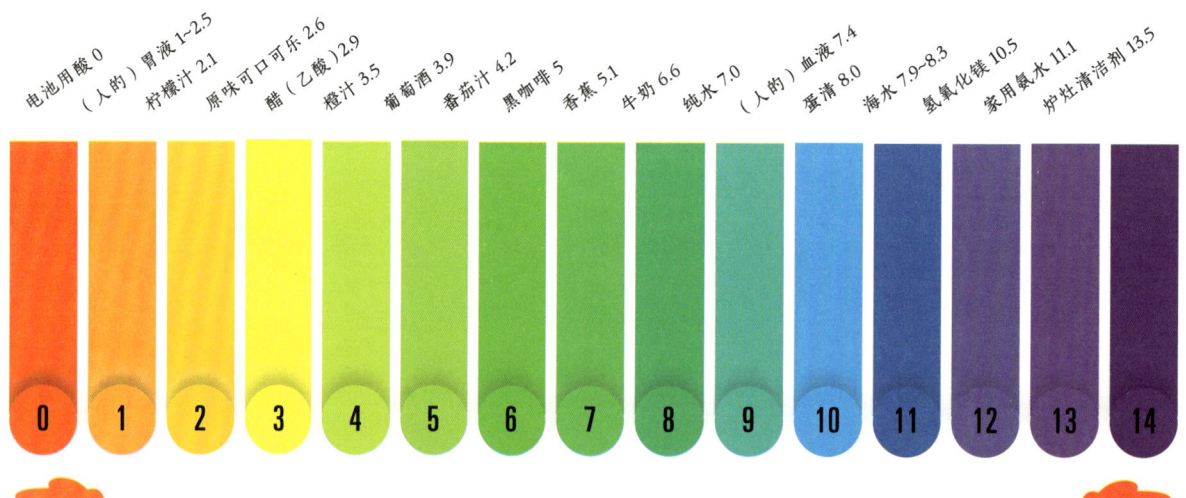

pH	物质
0	电池用酸
1-2.5	（人的）胃液
2.1	柠檬汁
2.6	原味可口可乐
2.9	醋（乙酸）
3.5	橙汁
3.9	葡萄酒
4.2	番茄汁
5	黑咖啡
5.1	香蕉
6.6	牛奶
7.0	纯水
7.4	（人的）血液
8.0	蛋清
7.9-8.3	海水
10.5	氢氧化镁
11.1	家用氨水
13.5	炉灶清洁剂

酸　　　　　　　　　　　　　　　碱

天然指示剂

动手测量 pH 值

只需一个紫甘蓝、一把水壶、一口锅和一些瓶瓶罐罐，就可以自制出一种 pH 溶液指示剂，了解某样东西呈酸性还是碱性，也能大致了解其酸碱度。制作方法如下：

将紫甘蓝切碎，放入锅中。
倒入开水没过紫甘蓝，多搅拌几下。
静置几分钟。
用筛子滤掉紫甘蓝，只留汁水。这就是做好的指示剂。用干净的瓶子存放，最好置于暗处。

想用指示剂来测试某样东西的 pH 值时，就在一个透明的瓶子里倒入一些指示剂，然后加入需要测试的东西，比如苹果汁和小苏打，甚至可以测一测无色的洗发水。确保你能有所"对照"，也就是说，用未添加任何东西的指示剂进行比较，这样就能很容易地看出所测试的东西在其他容器中引起了怎样的变化。把要测试的物质加入指示剂中时，观察颜色如何变化。下表给出了各种可能显示的颜色与对应的 pH 近似值：

颜色	粉红色	深红色/紫色	蓝紫色	蓝色	蓝绿色	黄绿色
pH 近似值	1~2	2~3	5~7	8	9~10	11~12

指示剂之所以能起作用，是因为紫甘蓝中含有一种花青素类的色素分子。这种色素在不同的 H^+ 离子浓度下，其化学结构会发生细微改变，从而显示出不同的颜色。因此，同一品种的甘蓝种在不同的地方，由于土壤的 pH 值不同，可以长出不同颜色的作物。

指示剂的制作方法

1. 将紫甘蓝切碎。
2. 在热水中浸泡几分钟。
3. 滤出汁水，放凉。
4. 倒入带盖的瓶子中，即可作为指示剂使用。

好多日食

观察日食的时间和地点

纵观历史，日食比任何其他天象都更能激发人类的想象力。日食经常作为可怕的预兆出现在文学作品之中，比如荷马的《奥德赛》以及哈格德的《所罗门国王的宝藏》。现在人们可能没那么迷信了，但观看日食仍是一种奇妙的体验。图中显示了2023年至2039年日食发生的时间和地点。

● 日全食
● 日环食*

*发生日环食，是因为月球离地球太远，无法完全遮住太阳。因此人们可以看到月球周围有一个非常明亮的环。

日食预告 ▶
2040年之前会发生的日食的轨迹

2024年4月8日的日全食

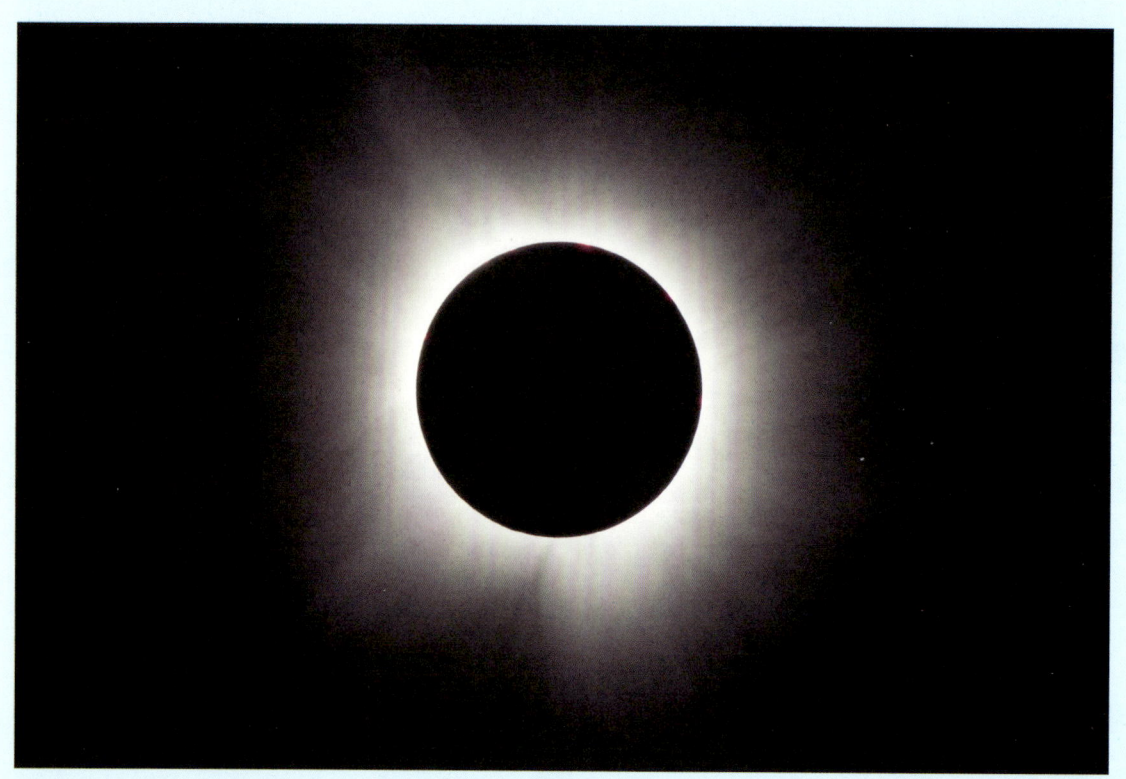

图片来源：NASA/Keegan Barber

审图号：GS（2016）1561号

我虔诚地认识到了自己所犯的错误

伽利略与教会的冲突

伽利略于1564年生于意大利的比萨市，如今被普遍视作有史以来最重要的科学家之一。但是，由于勇敢地提出了自己的见解（涉及太阳系的结构，现已成为普遍接受的真理），伽利略遭受了罗马天主教会的迫害。

1585年，伽利略从大学辍学，未能取得他致力攻读的医学学位。然而，由于他在数学方面表现出了非凡的才能，他的家人在四年后帮他取得了这一学科的教授职位。1610年，住在威尼斯的伽利略出版了他的著作《星际信使》（The Sidereal Messenger）。在这本书中，伽利略描述了自己对刚发明出来的望远镜的改进过程，并展示了用其观察所获得的发现。书中介绍了对木星卫星的观察、月球凹凸不平的表面，并说明了天上的星星数量比肉眼能看到的数量更多。很快，伽利略便受到了欧洲知识界的关注。

教会在第二年为伽利略的发现举行了盛大的庆祝仪式。然而很明显，教会所接受的关于太阳系的观点——即托勒密（Ptolemaic）的观点：太阳、月亮和所有行星都绕地球公转——已无法得到证据的支持了。于是，还剩下两种观点：一种由波兰天文学家哥白尼近70年前[①]发表，另一种由丹麦天文学家第谷·布拉赫于1583年提出。

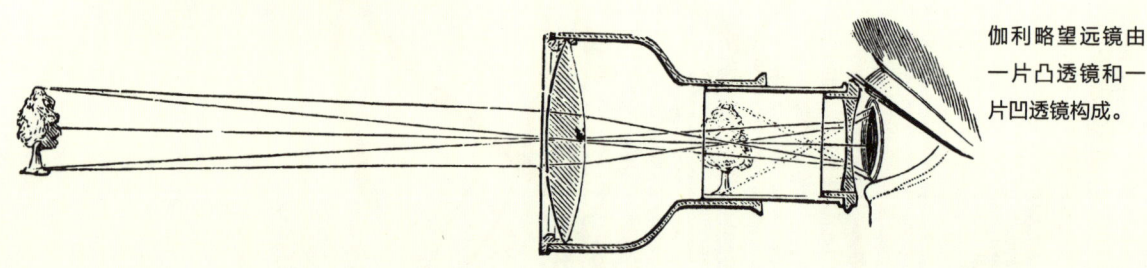

伽利略·伽利雷

伽利略望远镜由一片凸透镜和一片凹透镜构成。

[①] 哥白尼在其著作《天球运行论》中正式提出了日心说的观点。这本著作出版于1543年，哥白尼在临终前才收到出版社寄来的样书。

日心说

地心说

两种学说

日心说认为地球绕太阳公转，而地心说认为太阳绕地球公转。

地心说还是日心说？

我们先来看看第谷的理论。他通过天文观测，坚持认为地球静止不动位于中心，但只有太阳和月球围绕地球公转，其他行星则围绕太阳公转。对于教会来说，这没什么问题——仍然符合对《圣经》的字面解读，如《传道书》（*Ecclesiastes*）"日头出来，日头落下，急归所出之地"，同时也解释了托勒密的体系与现实相悖的内容，这些内容在过去的1400年里一直主导着人们的思想。与之相反，哥白尼的体系以太阳为中心，地球与所有其他行星一起围绕着太阳公转。

伽利略和德国天文学家开普勒（后面会对其进行详细的介绍）支持哥白尼体系，而几乎所有其他人都支持第谷的理论。双方辩论的一个关键问题是：《圣经》到底是否全部都是真理，除真理之外并无其他。1616年，由于哥白尼的理论似乎直接违背了《圣经》的教义，教会对其进行谴责，将宣扬哥白尼理论的所有作品都列为禁书。伽利略也确实遭到了教会的警告。然而，他还是认为需要说服教会，以纠正错误。

43

答辩现场

克里斯蒂亚诺·班蒂（Cristiano Banti，1824—1904）的画作《伽利略在罗马宗教裁判所》。

　　1623年8月，支持伽利略的马费奥·巴尔贝里尼（Maffeo Barberini）即位，成为教皇乌尔班八世。几个月后，伽利略将他的著作《试金者》(*The Assayer*) 献给了新教皇。这位科学家充满信心，便开始撰写新的著作，即《关于托勒密和哥白尼两大世界体系的对话》(*Dialogue Concerning the Two Chief World Systems: Ptolemaic and Copernican*)。他打算说服非专业人士接受他的日心说观点。1632年，教会的审查机构禁书审定院允许该书出版，但据说教皇读了这本书后"勃然大怒"。1633年4月12日，伽利略被迫接受审判。令人难以置信的是，他在辩护中否认自己支持哥白尼的观点。1633年6月22日，伽利略签署了弃绝誓书（见下页），并被判处软禁。在健康持续恶化又逐渐失明的情况下，他坚持写下了《关于两门新科学的对话》(*Discourses on Two New Sciences*)——许多人认为这是他的代表作。1642年1月8日，伽利略去世。

　　英国诗人、政论家、《失乐园》的作者弥尔顿在伽利略被软禁期间看望了他。后来，弥尔顿将这一事件写入了《论出版自由》(*Areopagitica*)。该书是对言论自由的激情辩护，也是对审查制度的抨击。可以说，教会对伽利略的所作所为是其历史上最糟糕的公关灾难之一，也导致一些人认为科学和宗教本身就势不两立。

本人，伽利略，佛罗伦萨已故的文森齐奥的儿子，现年七十岁，被带至裁判所亲自接受审判，并跪在最杰出、最尊敬的红衣主教大人，全世界基督教国家反对异端堕落的裁判所长面前。在我的眼前放着神圣的《福音书》，我亲手按着它宣誓：我过去一直相信，现在也仍然相信，并且在上帝的帮助下将来也会相信神圣的天主教和罗马教皇的教会所持有、宣讲和教导的一切主张。但是，鉴于这个神圣的机构责令我放弃自己的错误观点，不得认为太阳位于中心且静止不动，亦禁止我以任何方式持有、捍卫或传授上述错误的学说观点……我愿意消除主教大人和每一位天主教徒对我的这种强烈怀疑。因此，我凭借真心和虔诚的信仰，弃绝、诅咒和憎恨上述错误和异端邪说，以及与神圣的教会相悖的所有其他错误和教派。我发誓今后不再以口头或书面形式说出或断言任何可能招致怀疑的事情；如果我认识任何异教徒或被怀疑为异教徒的人，我将向这所神圣机构或我所在的地方的裁判所法官和教区首长告发。此外，我发誓并承诺，我将完全接受、服从这所神圣机构已经或将要对我处以的所有惩罚。但是，如果我违反了上述任何承诺、誓言和声明（上帝保佑我不会！），我将受到神圣教规和其他的一般教令与特殊教令针对此等违法者所规定的各种惩罚。如此，愿上帝帮助我。我，即上述的伽利略·伽利雷，亲手按着上帝的神圣《福音书》，已如上所述进行了弃绝、发誓、承诺及自我约束；为了证明这一点，我亲笔签下了自己的这份弃绝誓书，并已能将其一字不差地背诵下来。

兔子、兔子、兔子－兔子、兔子－兔子－兔子、兔子－兔子－兔子－兔子－兔子

数列的魔力

1202 年，数学家比萨的莱昂纳多（Leonardo of Pisa），也就是今天人们熟知的斐波那契（Fibonacci），出版了《计算之书》（*Liber Abaci*）。正是这本书首次将印度数字（即我们今天仍在使用的阿拉伯数字符号）引入欧洲。书中还有一个兔子繁殖的数学问题，对数学史产生了相当大的影响。

斐波纳契问道：如果一对大兔子每个月都能繁殖出一对小兔子，每对小兔子长到一个月大的时候开始繁殖，没有兔子死亡。那么在一个封闭的空间内，包括在第一个月进行繁殖的第一对兔子，一年内可以繁殖多少对兔子？

经计算，答案是 377 对（见左侧表格）。

月数	1	2	3	4	5	6	7	8	9	10	11	12
大兔子对数	1	2	3	5	8	13	21	34	55	89	144	233
小兔子对数	1	1	2	3	5	8	13	21	34	55	89	144
总对数	2	3	5	8	13	21	34	55	89	144	233	377

有趣的并不是答案，而是这三行数列——它们基本上是相同的，也就是我们今天所称的斐波那契数列：

1，1，2，3，5，8，13，21，34，55，89，144，233，377，…

这个数列有着令人难以置信的迷人之处。

如果算一下斐波那契数列中连续几对相邻数字的比值，用较大的数字除以较小的数字（例如 144/89 和 233/144），沿着数列往后计算，两个数字的比值会越来越接近 1.618，或者更准确地说，接近 $\frac{1}{2}(1+\sqrt{5})$。这就是我们常说的黄金比例，Φ。

黄金比例经常在美学上使用，在过去的2500年广泛出现在艺术领域中。法国建筑师勒·柯尔比西耶（Le Corbusier）在其20世纪的一些建筑作品上使用了这一比例，西班牙超现实主义艺术家萨尔瓦多·达利（Salvador Dali）在其1955年的画作《最后晚餐的圣礼》（*The Sacrament of the Last Supper*）中也使用了这一比例，某一时期书页的比例也采用了黄金比例（可惜，本书没有使用）。这一比例还出现在许多其他场合，只不过大多是碰巧出现的，而且只是近似。

　　然而，比人为的使用更令人吃惊的是，斐波那契数列和黄金比例也在自然界中频繁出现。花的花瓣数往往是斐波那契数列中的数字。如果观察一下向日葵的花盘、花椰菜的花球、菠萝上的凸起或松果的鳞片，我们会看到一种特殊的螺旋图案——在一个方向上有特定的数量，另一方向上有另一特定数量。几乎在所有的情况下，这两个数字会是斐波那契数列中连续的两个数，而我们之前在数列中看到的数字都是乘以 Φ 后所得结果的最佳整数近似值。在植物的叶子之中，Φ 隐藏在相邻两片叶子普遍呈现出的夹角度数中（137.5º）。这一角度被称为"黄金角"，它与 Φ 的关系是：$360º/\Phi \approx 222.5º$，这与 360º-137.5º 的结果相同。考虑叶子之间的位置关系，这种排列在三维空间中呈现螺旋形，会让每片叶子都受到最佳的光照。天啊！

自然界中的黄金比例

一条黄金螺旋线，每经过四分之一圈就会离起点更远，距离成倍增加，系数为 Φ。

47

杜绝一氧化二氢！

科学谣言

下面展示的是克雷格·杰克逊（Craig Jackson）的一场科学恶作剧，该想法由加利福尼亚大学圣克鲁兹分校的三名学生于1989年首次提出。这是一个极好的例子，说明滥用科学用语、科学术语，以及操弄"事实"来以偏概全、故弄玄虚，会迷惑那些没有知识储备的人。严格地说，下面所有的内容都没说错。但一旦知道下面讨论的分子到底是什么，任何恐惧都会烟消云散！

无形的杀手

一氧化二氢（DHMO）无色、无嗅、无味，每年造成的死亡人数难以计量，死因大多是意外吸入了DHMO。但一氧化二氢产生的危害不止于此。长时间接触固体DHMO会造成严重的组织损伤。人体摄入DHMO会导致多汗、多尿，还可能出现腹胀、恶心、呕吐和体内电解质紊乱的症状。对于那些已经产生依赖的人来说，戒掉DHMO必死无疑。

一氧化二氢

- 也称作氢氧酸，是酸雨的主要成分
- 加剧"温室效应"
- 可能导致严重灼伤
- 侵蚀自然景观
- 使许多金属加快腐蚀、生锈
- 可导致电气故障，可使汽车的制动效率下降
- 已见于癌症晚期患者切除的肿瘤之中

污染像瘟疫一样蔓延！

如今，几乎美国所有的河流、湖泊和水库中都发现了大量的一氧化二氢。这是全球性的污染，甚至在南极的冰层中也发现了这种污染物。DHMO 已经在美国中西部地区和加利福尼亚州造成了数百万美元的财产损失。

必须制止这种恐怖行为！

美国政府拒绝禁止生产、销售或使用这种有害化学品，因为它"对这个国家的经济发展很重要"。事实上，海军和其他军事组织正在使用 DHMO 进行实验，设计价值数十亿美元的设备，以便在战争时期控制和利用它。数以百计的军用研究设施通过高度复杂的地下分配网络收集成吨的 DHMO。许多人储存了大量的 DHMO 以供日后使用。

明知危险，人们仍将一氧化二氢用于：

- 工业溶剂和冷却剂
- 核电站
- 生产泡沫塑料
- 阻燃剂
- 各种残酷的动物研究手段
- 配制农药——即便清洗后，农产品上仍有这种化学品的残留物
- 某些"垃圾食品"和其他食品的添加剂

不少公司将废弃的 DHMO 倒入河水和海水中，由于这种行为仍然合法，所以目前无法制止他们。这会对野生动物造成极端的影响，我们不能再置之不理了！

来不及了！

现在必须采取行动，防止污染进一步扩大。有必要了解关于这种危险化学品的更多信息。无知会让你、让世界上的所有人受害。

一氧化二氢 = 水（H_2O）

"一本了不起的书，肯定会引起轰动"

达尔文的杰作

达尔文的《物种起源》于1859年11月24日出版。尽管这本书的价格几乎相当于一名警察一周的工资，但首次印刷的近1200册很快就销售一空。

《物种起源》这本巨著在科学史上被奉为神话，而最初那些批评《物种起源》的言论如今读起来就很有意思了。日报中，只有《泰晤士报》《晨报》和《每日新闻报》对其进行了评论，周报的数量也差不多，比如《世界新闻报》就刊登了一则书评，其中摘录了书中关于蓄奴蚁的内容。与报纸不同，大量的评论期刊对该书进行了报道，在公共辩论中发挥了重要作用。以下是该书出版后不到两周，于1859年12月3日刊登在《检查者报》上的一篇评论的开头几段。这位评论家态度公正，令人钦佩，特别是惊动了生物学家赫胥黎，后来他因为声援达尔文而被称为"达尔文的斗犬"。三个星期后，他在《泰晤士报》上评论道，目前尚不能"绝对地断言达尔文先生的观点正确还是错误"。而要确定达尔文到底是正确的，还是实际上"高估了他提出的自然选择原则的价值"，可能还需要20年的时间（不过，据说赫胥黎第一次读了达尔文的书后，曾私下里说："我怎么没有想到这一点，太蠢了。"）。

《论基于自然选择的物种起源，或在生存斗争中优良种族的保存》

作者：达尔文，文学硕士，英国皇家学会院士，另著有《环游世界之旅的研究日志》（*Journal of Researches During a Voyage Round the World*）[1]。

约翰·默里（John Murray），阿尔伯马勒街，1859 年。

"这是一本了不起的书，肯定会在哲学家中——甚至也可能在神学家中——引起轰动。事实上，这本出自达尔文先生的权威之手的作品似乎已经赢得了这般荣誉。毕竟，如果我们收到的消息准确的话，首版《物种起源》在出版的当天就销售一空了。读过他的《环游世界之旅的研究日志》便会知道，作者是一个具有好奇心，又会仔细研究的人。他熟悉自然知识的每一个分支，也有良好的自我表达能力。即使书中经常出现深奥的问题，他也总能用清晰的语言，有时也会用雄辩的方式来表达清楚。

"达尔文先生的作品长达 500 页，但这只是他正在准备的另一部巨著的摘要。新作将于两三年后完成。

"达尔文先生用于解释生物世界的现状的学说，实际上是古老的物种变迁论的复兴；但他使用了大量的理论知识和精巧的器具来辅助说明，这是前人没能做到的。达尔文先生认为我们所看到的有机世界是一系列创造和破坏的结果，这一理论的依据来源于地质学上的发现。我们自己绝对不会相信他的推理，也不认为这推翻了哲学家的现有理论。然而，毫无疑问，会有许多人改信达尔文先生的观点，这些观点叙述得如此完整，值得进行妥善的研究。"

---

[1] 即后来的《小猎犬号航海记》，此处为当时使用的标题。

强烈抵制

《物种起源》确实引起了"轰动"。许多人强烈反对书中的观点，其中就包括古生物学家及不久后创办伦敦自然史博物馆的理查德·欧文（Richard Owen）。他坚信"物种不变论"，这是他科学研究的理论基础。但这是《物种起源》所推翻的理论。欧文的研究对当时牛津教区的主教塞缪尔·威尔伯福斯（Samuel Wilberforce）产生了重大影响。1860 年，这位主教在英国科学促进协会的会议上与赫胥黎进行了一场臭名昭著的"辩论"，内容包含了他对"人类是猿猴的后裔"这一观点的调侃，其目的就是嘲弄对方。对于这段著名的插曲，以及他的回应，赫胥黎这样回忆道："我想说，如果你问我更愿意让谁做我的祖父，是一只脏兮兮的猿猴，还是一个天赋异禀又拥有巨大影响力的人，但他动用这些天赋和影响仅仅是为了在严肃的科学讨论中引发嘲笑，我会毫不犹豫地选择猿猴。"

更加值得注意的是：在最近的一次高级普通教育证书考试中，有的答案是这样写的："达尔文的理论建立在三个坚实的基础上 [原文]：1. 物逃天择（the struggle for exits）；2. 肥者生存（the survival of the fattest）；3. 母系选择（maternal election）。"[2]

出自加文·莱兰兹·德贝尔爵士（Sir Gavin Rylands de Beer）的《查尔斯·达尔文：自然选择下的进化》（*Charles Darwin: Evolution by Natural Selection*，1963）

---

[2] 篡改了达尔文的原文，即物竞天择（the struggle for existence）、适者生存（the survival of the fittest）和自然选择（natural selection）。

真相终将大白于天下
——终将

赫胥黎

"舆论的四个阶段"

为达尔文辩护的赫胥黎坚信"真理伟大，终必胜利"。但如他所说："真理固然伟大。奇怪的是，真理如此伟大，却要花这么长时间才能取胜。"他在一个笔记本上写下了"舆论的四个阶段"，进一步阐述了自己的观点。人们很难不认同他的分析。

I
公布不久

"新事物"是荒谬的，是对宗教和道德的颠覆。

"新事物"的提倡者是傻瓜加无赖。

II
二十年后

"新事物"是绝对的真理，有望对事物的一般规律做出全面且令人满意的解释。

"新事物"的提倡者拥有无上的才华和高尚的品德。

III
四十年后

"新事物"最终无法解释事物的一般规律，因此是一场惨痛的失败。

"新事物"的提倡者是非常普通的人，只被一个小圈子推崇。

IV
一个世纪后

"新事物"是真理与谬误的结合，可以做出预期的合理解释。

"新事物"的提倡者虽然有人性上的弱点，但他配得上所获的荣誉，因为他为科学所作的贡献是不朽的。

美国瑞士裔古生物学家路易斯·阿加西斯（Louis Agassiz，1807—1873）有着类似的看法，他说："每一项伟大的科学真理都要经历三个阶段。首先，人们说它违背了《圣经》的教义；接着，人们说它以前就被发现过；最后，人们说自己一直相信它。"

"无尽之形最美"

达尔文宏大的生命观

《物种起源》的最后一段把达尔文的观点总结得颇为精彩，值得单独摘录出来。该段简明扼要地指出：科学地理解世界不需要剥夺世界本身的神奇之处——事实上，反而会让其更加神奇。

凝视树木交错的河岸，许多种类的无数植物覆盖其上，群鸟鸣于灌木丛中，各种昆虫飞来飞去，蚯蚓在湿土里爬过，并且默想一下，这些构造精巧的类型，彼此这样相异，并以这样复杂的方式相互依存，而它们都是由于在我们周围发生作用的法则产生出来的，这岂非有趣之事。这些法则，就其最广泛的意义来说，就是伴随着"生殖"的"生长"；几乎包含在生殖以内的"遗传"；由于生活条件的间接作用和直接作用以及由于使用和不使用所引起的变异；生殖率太高，以致引起"生存斗争"，因而导致"自然选择"、并引起"性状分歧"和较少改进的类型的"绝灭"。这样，从自然界的战争里，从饥饿和死亡里，我们便能体会到最可赞美的目的，即高级动物的产生，直接随之而至。认为生命及其若干能力原来是由"造物主"注入少数类型或一个类型中去的，而且认为在这个行星按照引力的既定法则继续运行的时候，最美丽的和最奇异的类型从如此简单的始端，过去、曾经而且现今还在进化着；这种观点是极其壮丽的。[1]

---

[1] 译文出自 1997 年商务印书馆出版的《物种起源》，周建人、叶笃庄、方宗熙译。

你和15岁的学生相比谁更聪明？
——来自1858年的15岁学生

参加维多利亚时代的考试

1988年，英国首次引入国家统一课程标准。在此之前，学校选择参加哪个考试委员会举办的考试，学生就要学习与之相应的科目内容。首个考试委员会成立于1858年，当时的牛津大学和剑桥大学首次为当地16岁以下的学生（初级考生）和18岁以下的学生（高级考生）举行公开考试。

剑桥大学的考试在八个地方举行，包括伯明翰、格兰瑟姆、利物浦和诺维奇。然而，考试的公开、平等程度是有限的——参加考试需要支付1英镑的费用，和《物种起源》的价格一样，这笔费用几乎是一名警察一周的工资。初级考试由大学教授出题，考试内容包括"理论数学""力学和流体静力学""化学"（含理论部分和实践部分）以及"动物学和植物学"。总共十门考试，每个学生必须通过三门，但最多只能参加六门。除非学生的父母或监护人反对，否则宗教知识，即第一门考试是必考的。讽刺的是，有考官在其首份报告中称，"由于在宗教知识方面存在巨大的意见分歧，开展宗教知识考试存在一定的困难"。

当时的许多数学问题在现在看来仍值得一考，虽然有几道考题超出了当下16岁学生的预期水平，尤其考到了对数表。一些科学题目也很有价值，这些题目不仅提醒了我们有多少新事物尚待发现，还向我们展示了科学用语所发生的变化[1]。

下页为初级中学的部分考试样题。

---

[1] 例如，下文中的"二氧化物"在原文中使用的是"deutoxide"或"binoxide"，如今这两个词已经被更常用的"dioxide"取代。

理论数学

- 试求首项为 a，末项为 l，项数为 n 的等差数列的各项之和。
- 求和：6、-2、2/3、-2/9……直到无穷大。

力学和流体静力学

- 在一个滑轮组中，所有的绳子都系在一根均匀直杆上，杆上悬挂有重物，滑轮的重量不计，求滑轮组的功率与重量的比值。为使杆保持在水平位置，重物应悬挂在直杆的什么位置上？
- A 为定滑轮，B、C 为重量不可忽略的动滑轮。一根重量忽略不计且无法拉伸的绳子置于 A 上，绳子的一端穿过 C 的下方，固定在 B 的中间；另一端穿过 B 的下方，固定在 A 的中间。求 B 和 C 的重量之比，以使整个系统保持平衡，绳子相互平行。

化学

- 氮氧化合物有哪些？写出每种化合物的组成。如何鉴别氮的二氧化物（二氧化氮）？

动物学

- 卵生脊椎动物有哪些？无鳃动物有哪些？哪些动物在生命的部分阶段有鳃，而其余时间没有鳃？哪些哺乳动物的牙齿结构最简单？

植物学

- 列出黑莓、草莓、桑葚、苹果、土豆、甜菜、茶等植物的可食用部位。

少许钒就够了

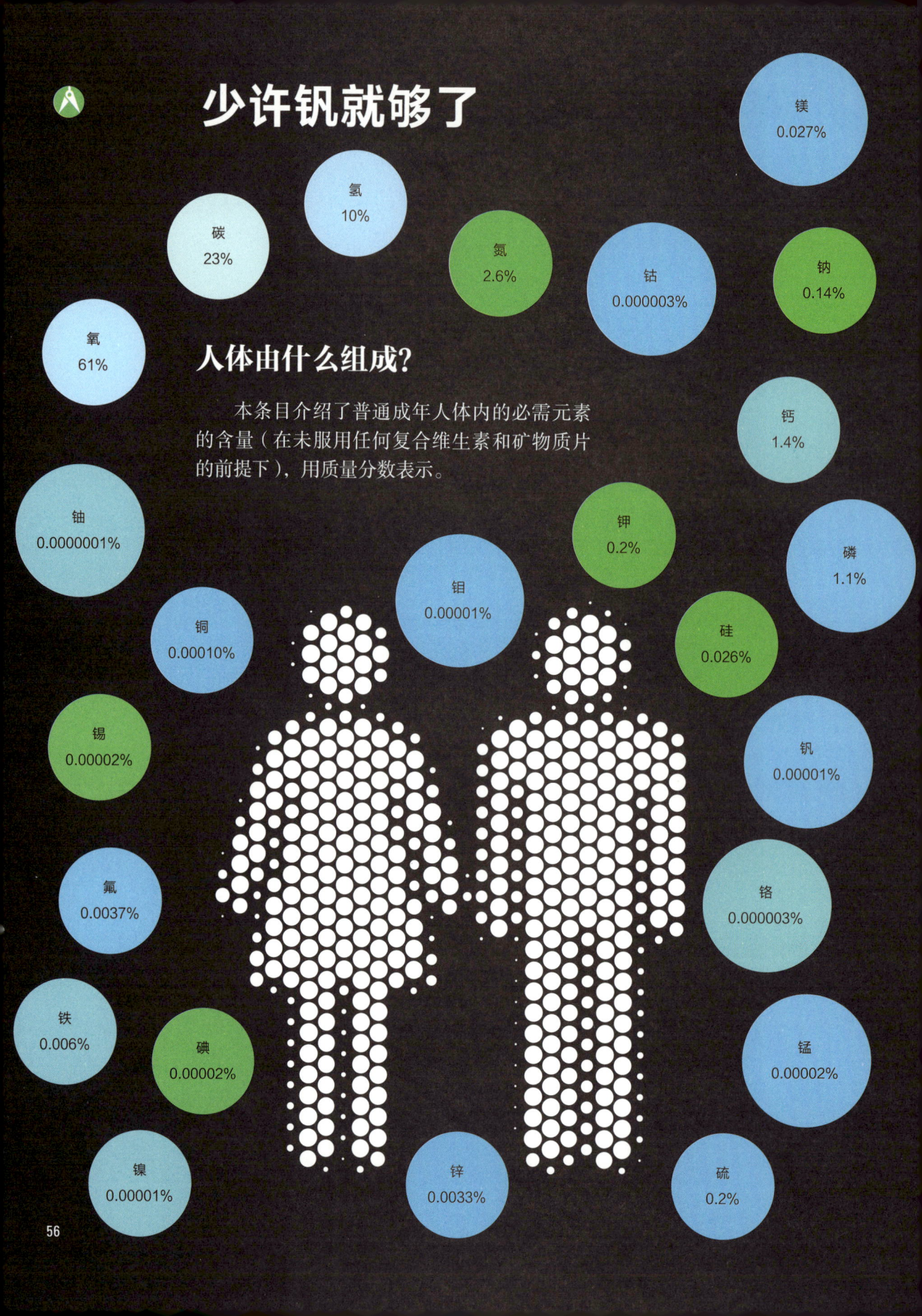

人体由什么组成？

本条目介绍了普通成年人体内的必需元素的含量（在未服用任何复合维生素和矿物质片的前提下），用质量分数表示。

- 氢 10%
- 碳 23%
- 氮 2.6%
- 钴 0.000003%
- 镁 0.027%
- 钠 0.14%
- 氧 61%
- 钙 1.4%
- 铀 0.0000001%
- 钾 0.2%
- 磷 1.1%
- 铜 0.00010%
- 钼 0.00001%
- 硅 0.026%
- 锡 0.00002%
- 钒 0.00001%
- 氟 0.0037%
- 铬 0.000003%
- 铁 0.006%
- 碘 0.00002%
- 锰 0.00002%
- 镍 0.00001%
- 锌 0.0033%
- 硫 0.2%

从分类学上讲

生物分类

生物体根据其相似程度分类,进一步说,是根据其个中差异来进行分类的。根据定义,它们都属于第一级分类,即生命;然后是它们所属的域,一共有三个域:古细菌域、细菌域和真核生物域。然后是五界——动物界、原核生物界、真菌界、植物界和原生生物界(如海绵、海藻、阿米巴原虫和可致疟疾的疟原虫)。随后,生物分类逐级向下分成以下类别:门、纲、目、科(有时会再细分成族)、属,最后是种,种有数百万之多。下表以人类、狮子、大西洋蓝鳍金枪鱼和突厥蔷薇为例,展示如何采用这一层次结构进行分类。

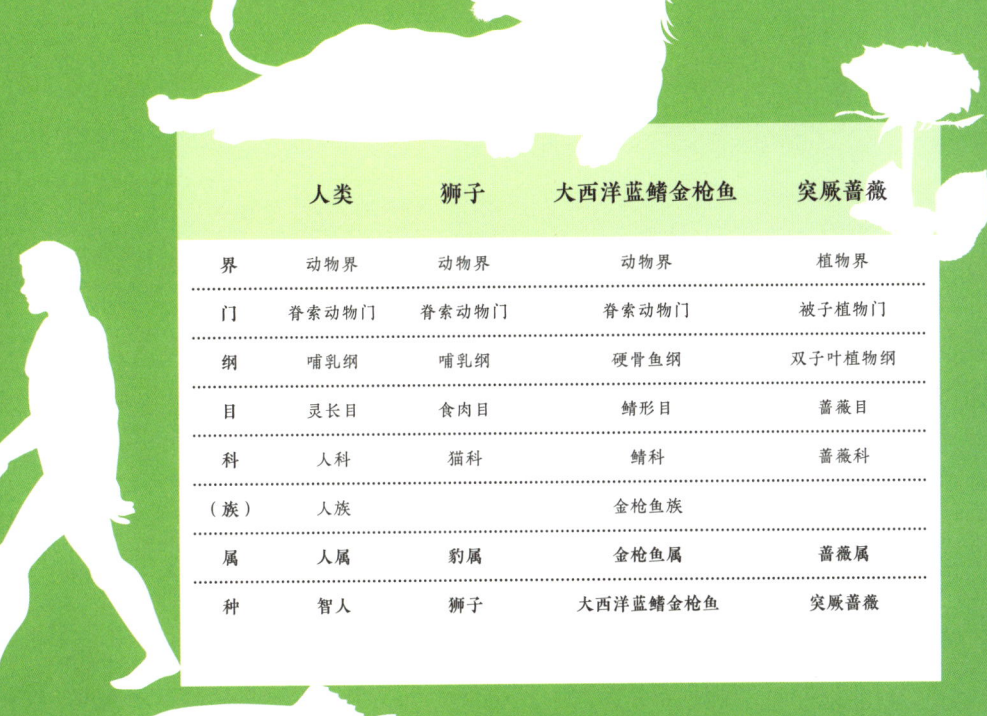

	人类	狮子	大西洋蓝鳍金枪鱼	突厥蔷薇
界	动物界	动物界	动物界	植物界
门	脊索动物门	脊索动物门	脊索动物门	被子植物门
纲	哺乳纲	哺乳纲	硬骨鱼纲	双子叶植物纲
目	灵长目	食肉目	鲭形目	蔷薇目
科	人科	猫科	鲭科	蔷薇科
(族)	人族		金枪鱼族	
属	人属	豹属	金枪鱼属	蔷薇属
种	智人	狮子	大西洋蓝鳍金枪鱼	突厥蔷薇

生物多样性面临危机

受威胁物种

世界自然保护联盟（IUCN）成立于1948年，该组织定期编制《濒危物种红色名录》（Red List of Threatened Species），提供关于"野生物种的现状及其生存关系"的信息。物种的分类采用这样一套系统，包含九个等级。

EX – 灭绝
EW – 野外灭绝
CR – 极度濒危
EN – 濒危
VU – 易危
NT – 近危
LC – 无危
DD – 数据缺乏
NE – 未评估

受威胁物种的定义是列入极危（CR）、濒危（EN）或易危（VU）的所有物种。下表所列内容有助于了解调查的范围，也显示了目前受威胁物种的数量。

2020年7月的一份报告显示：在107种狐猴中，有96%以上应列为受威胁物种，其中33种为极危物种，比2012年多了10种。

	已描述物种的大约数量	2021年评估物种数量	2021年受胁物种数量
脊椎动物			
哺乳动物	6578	5968	1333
鸟类	11162	11162	1445
爬行动物	11690	10148	1839
两栖动物	8395	7296	2400
鱼类	36058	22581	3332
小计	73883	57155	10349
无脊椎动物			
昆虫	1053578	12100	2270
软体动物	83706	9019	2385
甲壳动物	80122	3189	743
珊瑚	5610	818	232
蛛形动物	110615	441	251
天鹅绒虫	208	11	9
鲎	4	4	2
其他	157543	902	150
小计	1491386	26484	6042
总计	1565269	83639	16391

58

五次大灭绝

生物大灭绝事件

生物大灭绝的定义为：在相对较短的时间内（指相对于地质时间的尺度而言较短，因此几十万年在这里符合"相对较短的时间"的定义），大量科（通常超过10%）或大量种（通常超过40%）的生物消失。普遍认为，地球上曾发生过20多起大灭绝事件。而1982年，美国古生物学家杰克·塞普科斯基（Jack Sepkoski）和戴维·M.劳普（David M. Raup）提出了"五次大灭绝"的概念。

总的来说，曾经生活在地球上的99%的物种都不复存在了。

灭绝期	时间	推测规模/影响	关于灭绝原因的主流观点
奥陶纪-志留纪大灭绝	约4.4亿年前	86%的物种灭绝	冰川活动导致的气候变冷
泥盆纪后期大灭绝	约3.6亿年前	75%的物种灭绝	海平面变化，海水中的氧气浓度降低，全球变冷
二叠纪大灭绝	约2.5亿年前	96%的物种灭绝	火山作用，全球变暖以及海水酸化
三叠纪-侏罗纪大灭绝	约2亿年前	80%的物种灭绝	大气中的二氧化碳浓度增加导致的全球变暖和海水的化学变化
白垩纪-第三纪大灭绝	约6500万年前	76%的物种灭绝	地外物体（小行星/陨石）撞击导致的气温骤降

进化模式

脊椎动物在最近 5 亿年中的进化

布里斯托大学的迈克·本顿教授（Mike Benton），在其《古脊椎动物学》（*Vertebrate Palaeontology*）一书中收录了一张关于"脊椎动物的进化模式"的纺锤图。经作者许可，本书予以转载。

距今时间（亿年）

代	纪	距今（百万年）
新生代	新近纪	
	古近纪	65
中生代	白垩纪	145
	侏罗纪	200
	三叠纪	251
古生代	二叠纪	299
	石炭纪	359
	泥盆纪	416
	志留纪	444
	奥陶纪	448
	寒武纪	542

鲨鱼、鳐鱼类

棘鱼类

盾皮鱼类

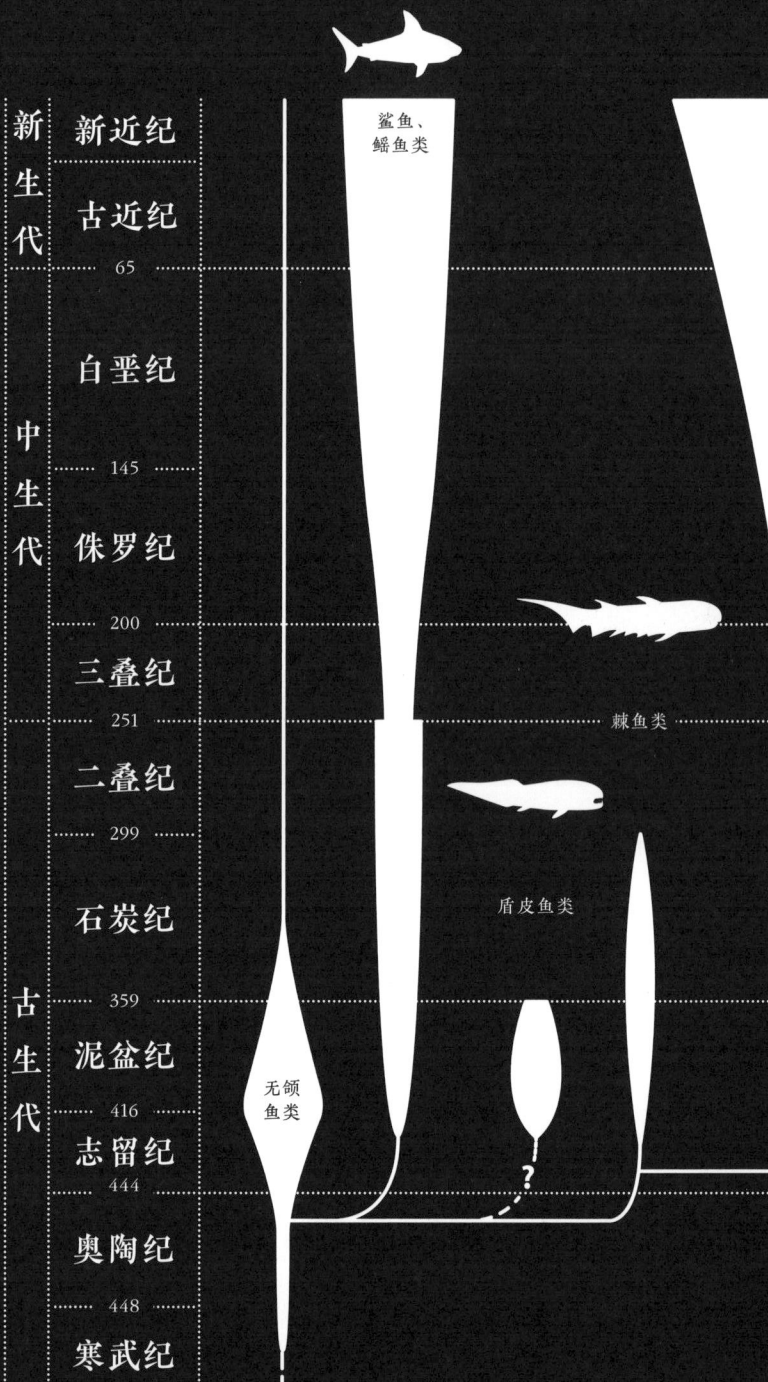

无颌鱼类

硬骨鱼类　　两栖动物　爬行动物　　鸟类　　　　哺乳动物

■ 50科
······ 生物大灭绝

都灵撞击危险等级

图解地外物体撞击的概率

在 1979 年上映的灾难电影《地球浩劫》(Meteor) 中，一颗 8 千米宽的小行星将与地球相撞。此时地球唯一的希望寄托在美国和苏联身上，两个国家需要达成合作，利用各自部署在地球轨道上的核导弹发射平台。可以说，这部电影并不是其全明星阵容的最佳演出，但它确实能够提醒我们可能会有来自外太空的灾祸降临（同样能提醒我们的还有白垩纪 – 第三纪灭绝事件，或称 K–T 事件，导致恐龙和更多物种的灭亡，这也许可以作为一个专业性更强的例子）。

在 1979 年，还没有正式的方法来表示这种危险的严重程度。16 年后，在 1995 年，理查德·P. 宾采尔（Richard P. Binzel）教授首次提出了一种撞击危险等级表，以提供一种有效的方法来评估任何新发现的小行星或彗星对地球的潜在影响，并将其传达给公众。当时这份撞击危险等级表尚未命名，后来称为都灵撞击危险等级表，认为迟早会用在灾难片中。都灵撞击危险等级表以地外物体的动能（其质量乘以其预期速度的平方再除以 2）为纵轴，以地外物体撞击地球的概率为横轴。由于对该物体的相关信息会更新，都灵等级也会随着时间的推移而发生变化。

无危险
白色 / 都灵等级：0
该天体撞击地球的概率为 0，或者撞击发生的概率微乎其微，可以视为 0。这一数值也适用于在撞击地球前就烧毁的天体，如流星群，或者偶尔落地，极少造成破坏的小陨石。

正常
绿色 / 都灵等级：1
这一等级的天体往往是天文学家在例行检查中发现的，预计不会对地球构成威胁。目前的计算显示，这一等级的天体撞击的概率极低，无须公众关注。在绝大多数情况下，使用望远镜进行进一步观测并再次评估后，该天体的危险等级可能降为 0 级。

天文学家需注意
黄色 / 都灵等级：2
发现近地物体，随着进一步的搜寻，类似的发现可能会越来越多。该物体会接近地球，但接近的距离不会过于异常。有关发现值得天文学家的注意，但由于撞击的概率非常低，无须公众关注。在绝大多数情况下，使用望远镜进行进一步观测并再次评估后，天体的危险等级可能降为 0 级。

天文学家需注意
黄色 / 都灵等级：3
目前计算显示有 1% 及以上的概率发生撞击，造成地方性破坏。在绝大多数情况下，使用望远镜进行进一步观测并再次评估后，该天体的危险等级可能降为 0 级。如果该天体有可能 10 年内撞击地球，应通知公众和有关部门。

天文学家需注意
黄色 / 都灵等级：4
目前计算显示会有 1% 及以上的概率发生撞击，造成区域性破坏。在绝大多数情况下，使用望远镜进行进一步观测并再次评估后，该天体的危险等级可能降为 0 级。如果该天体 10 年内可能撞击地球，应通知公众和有关部门。

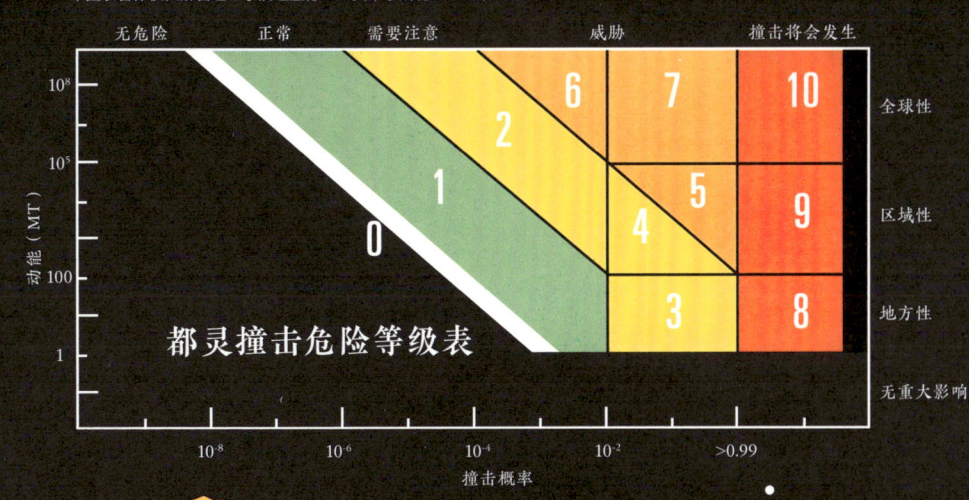

本图表著作权归麻省理工学院理查德·P.宾采尔所有©1999，2004

都灵撞击危险等级表的原理是将地外天体的动能与其撞击地球的概率联系起来。都灵等级不一定是固定值，会随着对该物体掌握的有关信息的增加而改变。在撰写本条目的时候，只有两个天体的都灵等级为1，没有更高的，所以不必惊慌。

威胁
橙色 / 都灵等级：5
有天体接近地球，可能会带来区域性的严重破坏，但尚不确定是否必然发生。天文学家需要高度重视，判断撞击是否会发生。如果该天体10年内可能撞击地球，各国政府可获授权采取紧急应对计划。

威胁
橙色 / 都灵等级：6
有大型天体接近地球，可能会带来全球性的灾难性破坏，但尚不确定是否必然发生。天文学家需要高度重视，判断撞击是否会发生。如果该天体30年内可能撞击地球，各国政府可获授权采取紧急应对计划。

威胁
橙色 / 都灵等级：7
有大型天体非常接近地球，若撞击在本世纪内发生，可能导致史无前例的全球性灾难，但尚不确定是否必然发生。如果该威胁出现在本世纪内，应授权采取全球性的紧急应对计划，特别是通过重点观测尽快获得令人信服的证据，确定撞击是否发生。

撞击将会发生
红色 / 都灵等级：10
天体撞击将会发生，无论撞击发生在陆地或海洋，均会造成全球气候大灾难，足以威胁当下人类文明的未来。此等撞击平均每10万年及以上发生一次。

撞击将会发生
红色 / 都灵等级：8
天体撞击将会发生，若撞击发生在陆地，将会对局部地区造成毁坏；若撞击发生在近海区域，可能会引发海啸。此等撞击平均每50年至数千年发生一次。

撞击将会发生
红色 / 都灵等级：9
天体撞击将会发生，若撞击发生在陆地，将会对大面积地区造成毁坏；若撞击发生在海洋，可能会引发严重海啸。此等撞击平均每1万至10万年发生一次。

截至本书完稿时，尚不存在任何都灵等级大于0的物体，所以不必惊慌。

众所周知……

揭秘科学黑话

大家是否看不懂科学论文中一些话的真实含义？1957 年，在通用电气公司研究实验室工作的格雷厄姆（C. D. Graham）在《金属进展》杂志上发表了下面这份"研究报告用语表"，揭开了科学"黑话"的秘密。

导言

众所周知……	我没在查证原始文献上费心思
……具有重大的理论意义和实践意义	我个人对……很感兴趣
尽管尚无法就这些问题给出明确答案……	实验没成功，但我寻思至少可以拿来发篇文章

实验步骤

选用 W-Pb 系统非常有利于得到预期结果……	隔壁实验室的同事已经设计好了
高纯度的……很高纯度的……极高纯度的……超纯度的……光谱纯的……	除了供应商夸大其词的部分，其余成分不明
基准参考线……	划痕
选用其中的三个样品进行了详细研究……	用其他样品得出的结果没有意义，就省略了
……在安装时意外受损	……掉地上了
……在整个实验过程中都得到了极为谨慎的处理	……没掉地上

> 在科学界能听到的最激动人心的一句话，也预示着将有新发现诞生的一句话，不是"Eureka！"（源自古希腊语，意为"我发现了"），而是"嗯……这就有意思了……"。
>
> 阿西莫夫（1920—1992），俄裔美国科幻小说家、生物化学家

出错了　我编的　不存在
　　我觉得
　　合理的

结果

本实验的典型结果如下……	展示了能做出来的最好结果
虽然图片的副本未能再现某些细节，但从原始的显微照片上可以清楚地看到……	显微照片中看不出来
据推测，在更长的时间内……	我没有多花时间去探究
实验结果与预测曲线高度吻合	合理的
良好的	不好的
令人满意的	可疑的
合理的	我编的
如同预期所能实现的那样	不存在
实验结果将择日公布	我不一定什么时候做这件事
最可靠的结果出自甲	甲是我带的学生

讨论

有人建议……人们认为……可能是……	我觉得
普遍认为……	其他几个人也这么觉得
可能会有人持反对意见，认为……	我想好了对这个反对意见的绝佳回应，我现在就得写上去
显然，为了完全理解这一问题，需要进一步的工作……	我不懂
遗憾的是，目前尚未有人能够提供定量理论以解释这些现象	其他人也不懂
在某一数量级内是正确的	出错了
本研究有望促进对该领域进一步的探索	这篇论文写得不怎么样，但这个选题这么悲摧，估计其他论文也好不到哪去

致谢

感谢乙对本实验给予的帮助，感谢丙提供的有价值的讨论。	实验是乙做的，丙解释了得到这般结果的原因

我不懂

价值1100万美元的书

奥杜邦的《美国鸟类》

2010年12月7日下午5点，总部设于伦敦的苏富比拍卖行举行了一场拍卖会。本次拍卖共有91件拍卖品，主题为"弗雷德里克二世，赫斯基思勋爵收藏的精美书籍、手稿和绘画"。拍卖品包括莎士比亚于1623年出版的第一个对开本《喜剧、历史剧和悲剧》（Comedies, Histories & Tragedies），还有威廉·卡克斯顿（William Caxton）于1482年印刷的雷纳夫·希格登（Ranulf Higden）的《编年史》（Polychronicon）。但毫无疑问，这些藏品中最亮眼的是四卷本的初版《美国鸟类》，该书由作者约翰·詹姆斯·奥杜邦（John James Audubon）于1827年至1838年间出版。这本书以超过1100万美元的价格成交，成为有史以来拍卖会上成交价最高的书籍（此前的纪录保持者也是《美国鸟类》，而且《经济学人》杂志在报道本次拍卖时还披露："史上最昂贵的10本书中有5本都是《美国鸟类》"）。

目前存世的《美国鸟类》只有120册。这本书的尺寸大约为97厘米×65厘米，收录了435块精美的手绘蚀刻板，并配有线雕画和飞尘腐蚀版画，详细介绍了美国的许多鸟类，包括一些现已灭绝的物种。《美国鸟类》的制作成本如此之高，以至于在长达11年的时间里，这本书分成了87套出版，每套5张。毫无疑问，《美国鸟类》是一件艺术品。同时，这本书也是一部鸟类学的巨著，对许多博物学家产生了深远的影响，包括达尔文，他在《物种起源》中曾三度提及奥杜邦。

右侧的表格列举了拍卖会上成交价最高的7本科学书籍。

书名	作者	出版年份	成交价
《美国鸟类》(The Birds of America)	约翰·詹姆斯·奥杜邦（1785—1851）	1827—1838	1136万美元（2010年）
《百合圣经》(Les Liliacées)	皮埃尔-约瑟夫·勒杜泰（1759—1840）	1802	500万美元（1985年）
《地理学指南》(Les Liliacées Cosmographia)	克罗狄乌斯·托勒密（90—168）	1462	350万美元（2006年）
《天体运行论》(De revolutionibus orbium coelestium)	哥白尼（1473—1543）	1543	190万美元（2008年）
《鸟类全开本》(Complete Folio of Birds)	约翰·古尔德（1804—1881）	1831—1888	180万美元（1998年）
《人体的构造》(De humani corporis fabrica)	安德烈亚斯·维萨里（1514—1564）	1543	150万美元（1998年）
《自然哲学的数学原理》(Principia Mathematica)	牛顿（1642—1727）	1687	370万美元（2016年）

引人发笑

诗人科学家

汉弗莱·戴维（Humphry Davy）是英国康沃尔郡人。1798 年，戴维加入了布里斯托尔的气体医学研究所。当时他还不到 20 岁，就已经在科学领域展现出了无量的前途。在接下来的一年中，戴维对英国化学家约瑟夫·普里斯特利（Joseph Priestley）在 20 多年前发现的一氧化二氮（笑气）对人体产生的效果进行了研究。苏格兰发明家瓦特是参与实验的 60 名"吸气者"之一，他还为戴维建造了一间简易的吸气室。一起参与实验的还有戴维的好朋友，诗人塞缪尔·泰勒·柯勒律治（Samuel Taylor Coleridge）和诗人罗伯特·骚塞（Robert Southey）。除了对实验结果进行记录和发表外，戴维还写下了下面几句诗来描述笑气的效果，这种吸气体验似乎让他很享受：

> 并非是在美妙的梦境中追求狂热的欲望，
> 我却从狂喜中醒来：
> 我的胸膛不曾有燃烧的火焰，
> 但脸颊却有玫瑰色的红晕，
> 但眼睛却有闪烁的光泽，
> 但口中却充满了喃喃自语，
> 但四肢却产生了内在的动力，
> 而且周围满是新生的力量。

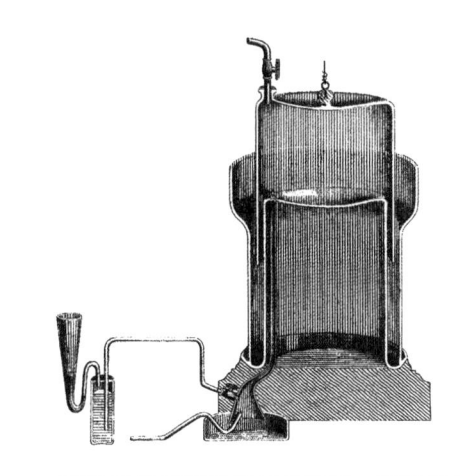

诗歌确实是戴维的毕生所爱。戴维的诗作收录于 1799 年出版的诗集中，其中包括他 17 岁时创作的一首诗。大诗人威廉·华兹华斯（William Wordsworth）还邀请戴维校对其《抒情歌谣集》（*Lyrical Ballads*）第二版（1800 年）。柯勒律治后来写道，戴维"是个天生的诗人，却首先将诗歌转化为科学"。

作为一名科学家，戴维以法国化学家拉瓦锡的成果为工作基础。拉瓦锡于 1789 年出版的《化学基础论》（*Traité élémentaire de chimie*）一书被视为第一本真正意义上的化学著作。戴维发明了安全灯，大大降低了地下爆炸的风险，让矿工能够更安全地工作，这是他最有名的成果。除此之外，戴维还发明了电解分离法，并用其首次分离出了钾和钙等元素。戴维命名了氯元素，他还是一位广受称赞的科普人物，他的演讲座无虚席。1820 年，戴维接替植物学家约瑟夫·班克斯（Joseph Banks）担任英国皇家学会会长。据说，戴维曾谦虚地表示，他最伟大的发现是他的助手法拉第。诚如戴维所言，法拉第后来在科学史上的成就让戴维黯然失色。最终，诗集中收录的那首戴维 17 岁时创作的诗歌《守护神之子》（*The Sons of Genius*）的最后一节贴切地形容了他自己和法拉第的才华。

> 他们的名字是不朽的荣耀，
> 受天神和她不息的圣火眷顾而生；
> 他们的名誉是永恒的桂冠，
> 他们是缪斯女神甜美的琴声。

左旋右旋，对对错错

气味的手性

本条目要介绍的内容与镜像和分子有关。你可能会觉得很奇妙，绿薄荷和葛缕子籽的气味不同，但决定二者气味的分子结构却几乎完全相同，只有一处关键性区别。

产生气味的两种分子是同一分子——香芹酮的两种镜像。这一特征在化学中称为手性（chirality），来自希腊语"kheir"，意思是"手"。人的手就是手性的。左手是右手的镜像，但人却不能将一只手完美地叠在另一只手上。同样，就香芹酮而言，我们可以说其右旋体产生了葛缕子籽的气味，而左旋体产生了绿薄荷的气味。这就意味着我们的嗅觉感受器也是手性的，否则我们就无法区分这两种分子，葛缕子和绿薄荷闻起来也就是一个味了。把一个分子想象成一把锁的钥匙，另一个分子则是其镜像。两把钥匙不能开同一把锁。

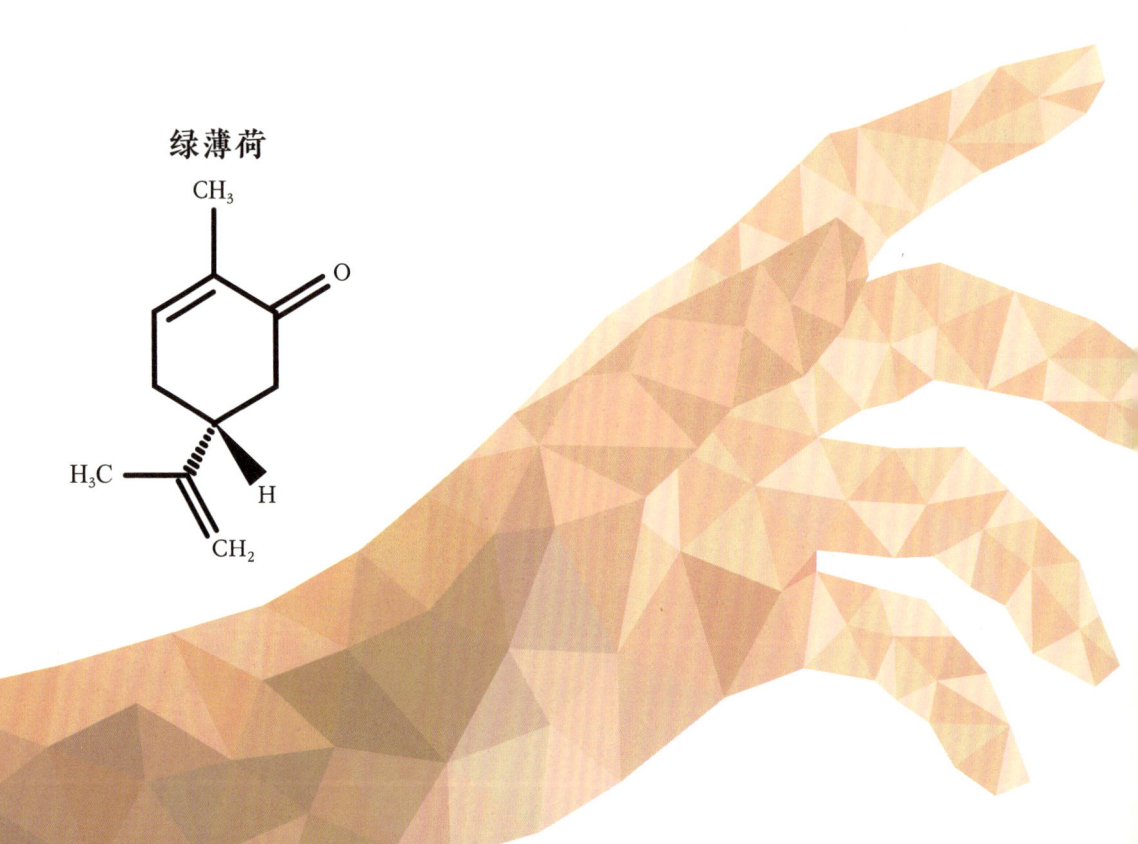

绿薄荷

法国化学家巴斯德首次注意到了这一特征。当时，他只用了一把镊子就将两种不同结构的酒石酸晶体——其左旋体和右旋体——精心地分离开了，并发现两种晶体能使偏振光偏转相同的角度，但方向相反。而两者等量混合后，各自的作用相互抵消，无法产生任何效果。

　　自然科学的各个领域都存在手性，包括药物合成。当一种药物（如布洛芬）制造出来的时候，产品通常是左旋体和右旋体的混合物，称为外消旋混合物，这可能会产生重大影响。很有可能两种产物中只有一种才能发挥疗效。理想的情况是另一种产物对人体没有任何作用，最终排出体外。但在最坏的情况下，另一种产物可能会产生对身体有害的不良反应作用，20世纪50年代末的沙利度胺事件就是明证。该药物是以外消旋体的形式给孕妇服用，可用于止吐。可这种分子的左旋体会导致子宫内生长的胎儿产生灾难性的缺陷和畸形。如今，药物公司非常重视自己生产的药物的手性对人体产生的影响，并花费大量资金用于生产只含有纯右旋体或纯左旋体的药品。

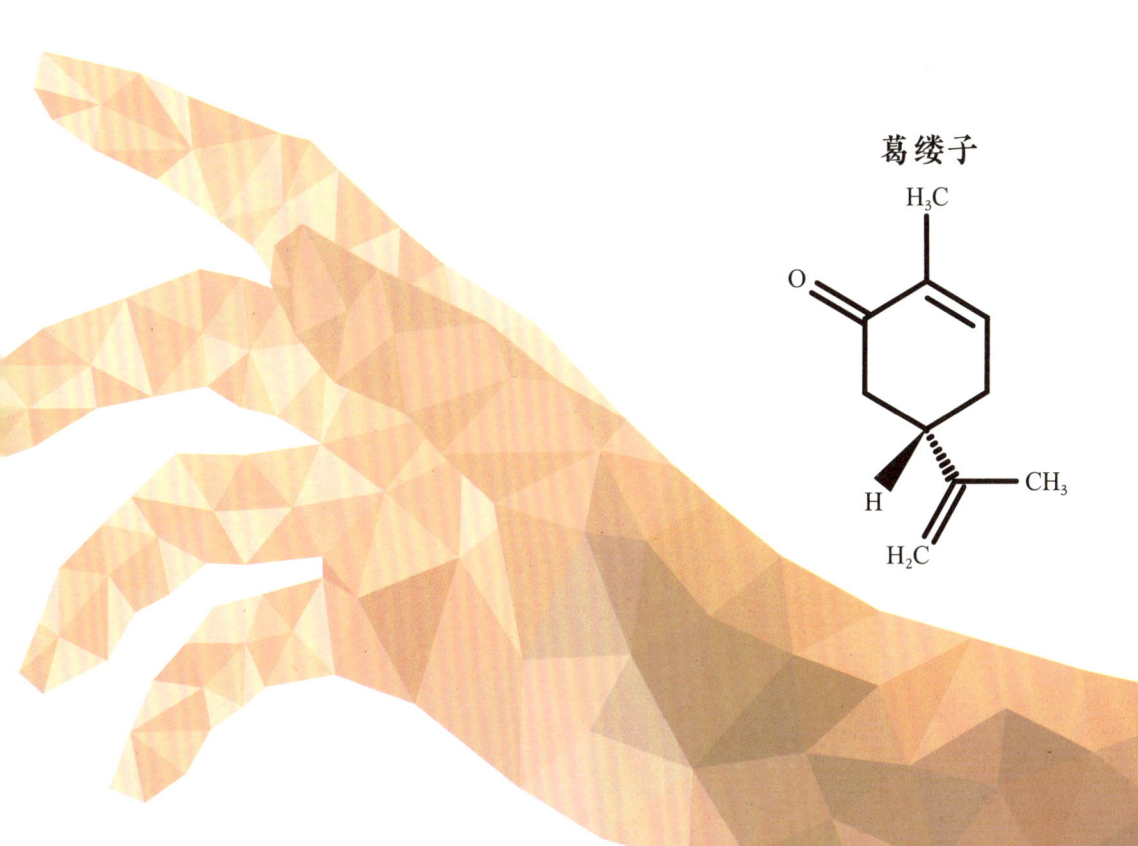

葛缕子

能量的思考

能量的储存和传递

在学校上课时，我学到了不同种类或形式的能量——例如电能和动能。然而，正如20世纪的美国物理学家理查德·费曼（Richard Feynman）所言，我们不知道能量是什么，而必须将其视为"无论发生什么事情都不会改变的一种数值量"。

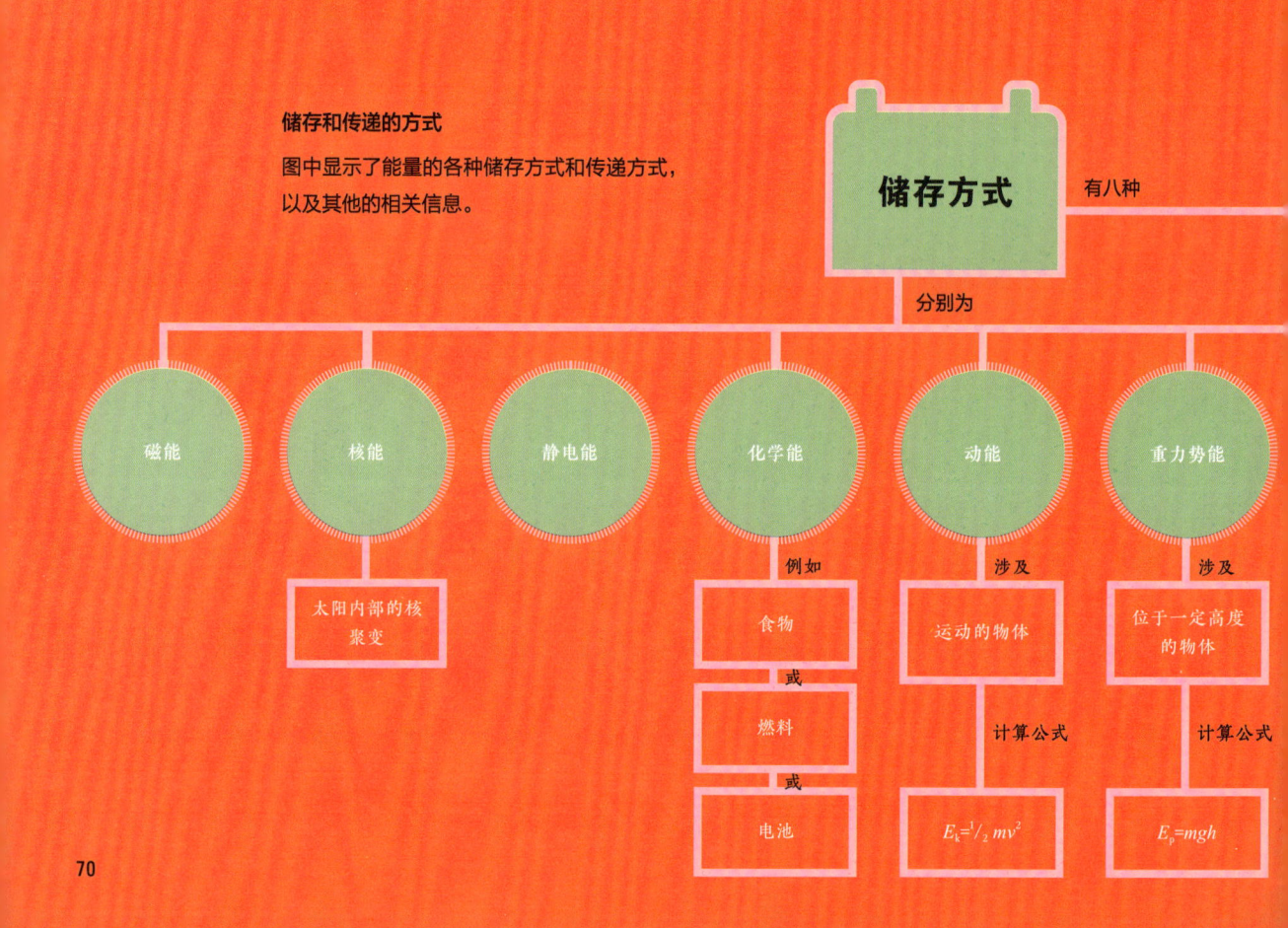

储存和传递的方式

图中显示了能量的各种储存方式和传递方式，以及其他的相关信息。

储存方式 —— 有八种

分别为：

- 磁能
- 核能 —— 太阳内部的核聚变
- 静电能
- 化学能 —— 例如 食物 或 燃料 或 电池
- 动能 —— 涉及 运动的物体 —— 计算公式 $E_k = \frac{1}{2}mv^2$
- 重力势能 —— 涉及 位于一定高度的物体 —— 计算公式 $E_p = mgh$

在 20、21 世纪之交，约克大学教育学院的罗宾·米勒（Robin Millar）教授提出了自己的主张，认为教学中应当摒弃用形式或种类来描述能量。相反，他建议用储存方式和传递方式来描述能量。把能量看成是钱，如果我有 100 美元，我可能会将其存放在银行、床垫下或小猪存钱罐里。我可以使用电子支付、支票甚至是现金等方式来转移这笔钱的一部分或全部。

学生们现在会学到八种能量储存方式和四种能量传递方式，涉及的名称与过去用于描述能量种类或能量形式的名称基本相同。能量的储存方式为化学能、动能、重力势能、弹性势能、内能（热能）、核能、磁能和静电能。能量的传递方式为导电、辐射（例如光辐射和声辐射）、做功（将物体移动一段距离）和传热。能量的储存和传递使用的单位是焦耳（J）。

能量的储存方式和传递方式更便于我们理解能量的各种分配方式。例如，太阳存储的核能通过辐射传递到地球上，地球上的植物又通过光合作用将能量储存为化学能。

能量

有四种

传递方式

分别为

| 内能（热能） | 弹性势能 | 做功（机械能） | 辐射 | 传热 | 导电 |

反映了 物质的

温度

和

物质状态

当物体受到

拉伸

或

挤压

力作用了一段距离

计算公式

W=Fs

例如

声辐射

和

光辐射

由温度差引起

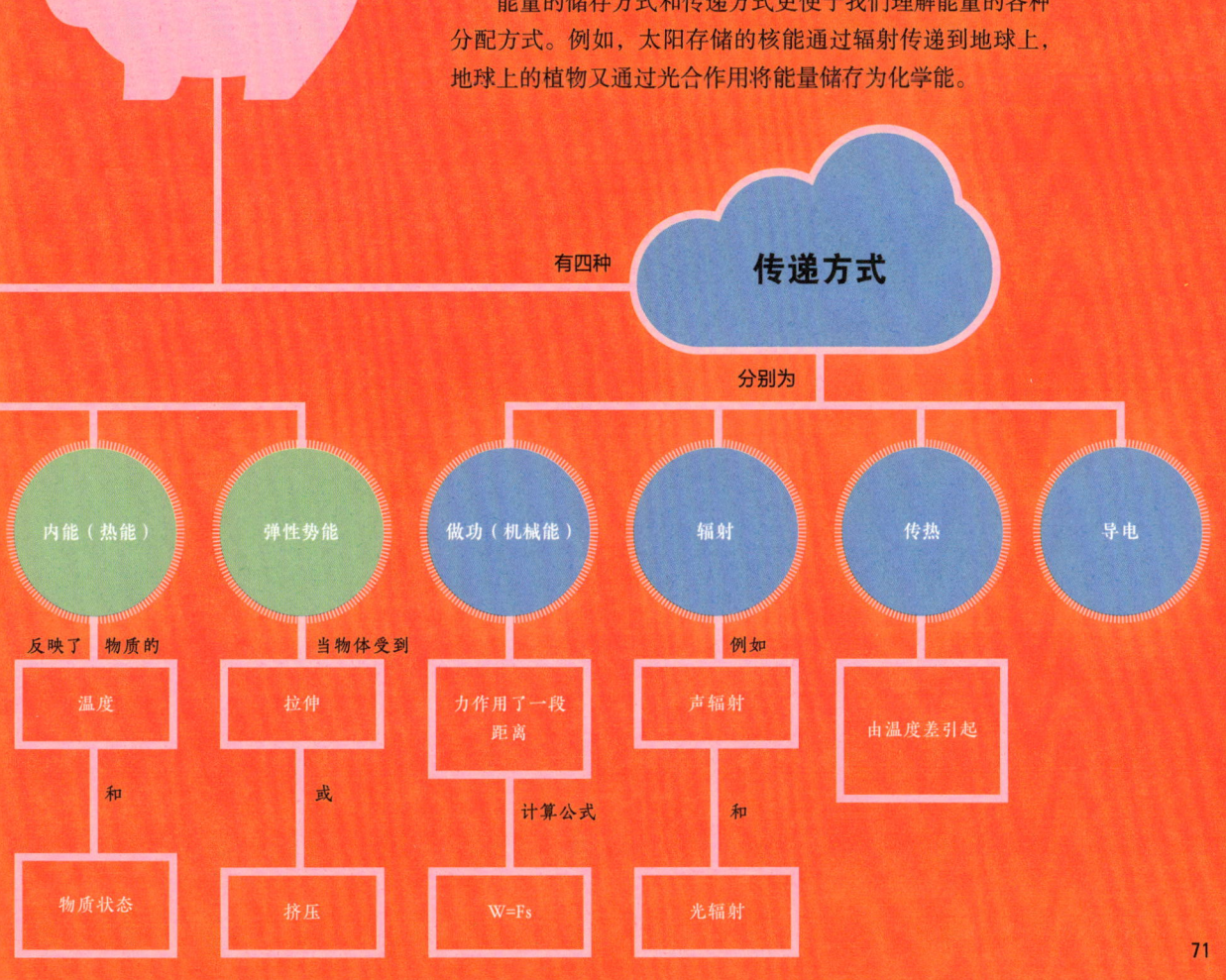

71

涉猎广泛的社会成员

这在科学界就相当于问别人：你读过莎士比亚的作品吗？

英国小说家斯诺（C. P. Snow），前科学研究员、公务员，曾于1959年在剑桥大学主讲每年一度的瑞德讲座。讲座的题目是"两种文化与科学革命"，这场讲座不仅催生了至今仍在印刷出版的《两种文化》（*The Two Cultures*）一书，还引发了一场也许从未圆满收场的公开辩论——文科（或人文学科）和科学相互合作、支持的最好方式是什么，尤其是在公共政策和政府政策的指导上。

在《两种文化》一书中，斯诺描述了他与一群"高学历人士"相处的情形，这些人对"从未读过一部重要的英国文学作品"的科学家态度刻薄。有时，斯诺觉得有必要回击一下，便问他们之中有多少人能讲讲热力学第二定律。据斯诺说，他们听后满脸疑惑，没明白斯诺的意思，不知道斯诺在用同等的方式贬低他们——斯诺认为，"这在科学界就相当于问别人：你读过莎士比亚的作品吗？"

斯诺不仅仅在回击诋毁科学的人；总的来说，斯诺的观点是——借用莎士比亚的一句话：这两种文化，以及整个社会，需要以一种"可判可别，难解难分"的方式才能获益最多。

本书的下一条目就要描述热力学第二定律以及其他内容。由于篇幅有限，无法将莎翁的作品完整展示出来，你得自己找一本来读一读——如果你连一本都没读过的话。读完之后，也许你会有幸成为一个涉猎广泛的人，也做好了成为一名有价值的社会成员的准备。

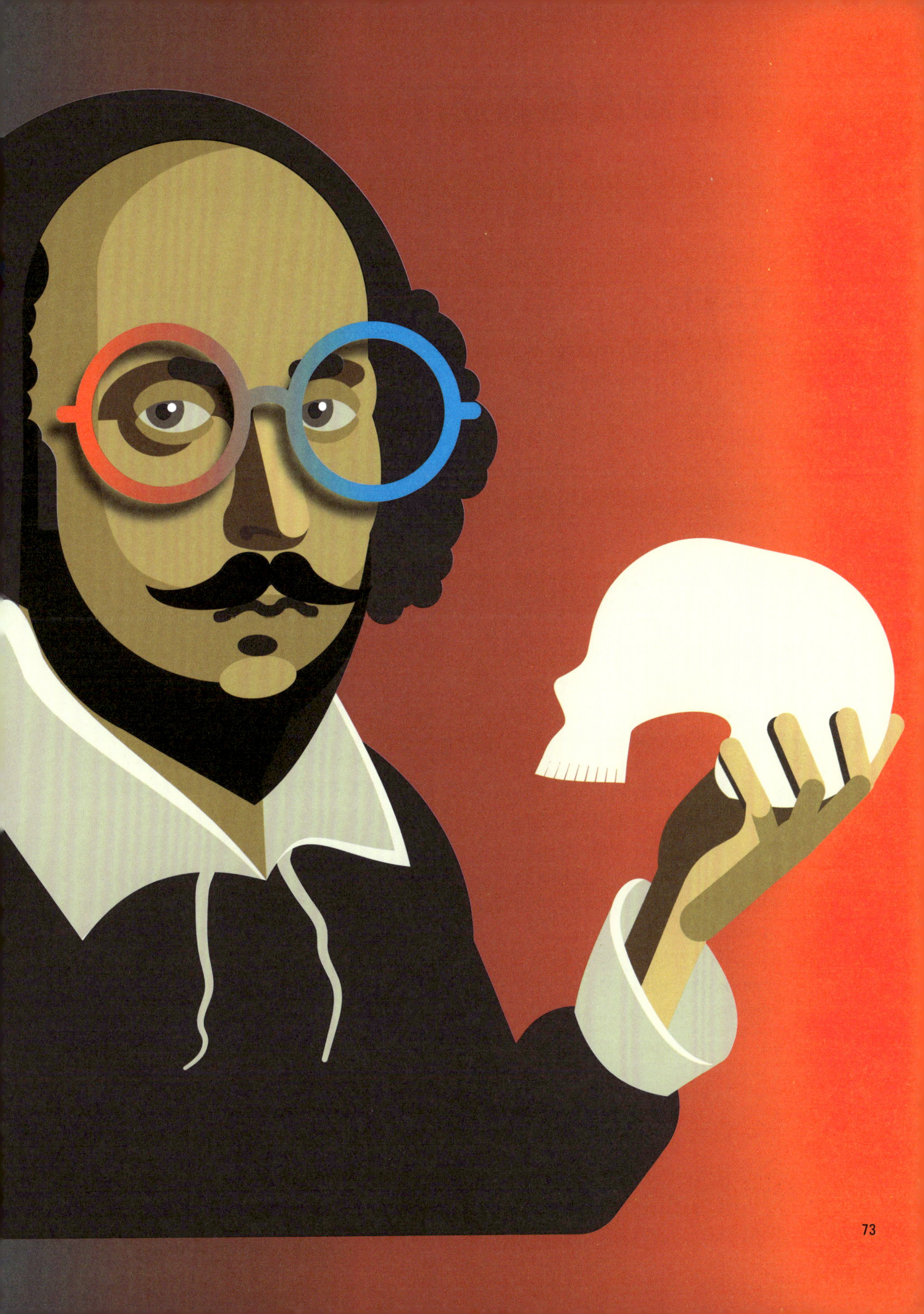

你知道你赢不了

热力学四大定律

爱因斯坦在他的《自述》中写道:"一个理论的前提越简单,所涉及的事物种类越多,适用的范围越广,就越是令人赞叹。"为了体现这些品质,爱因斯坦以经典热力学理论为例,他"坚信(这一理论)……永远不会被推翻"。

工业革命和热机的发明开启了学界对热力学的共同研究。苏格兰-爱尔兰裔工程师、物理学家威廉·汤姆森,即后来的开尔文勋爵在1843年发表的一篇论文中提出了"热力学"的概念,这一名称至此才正式出现。在此后的10年间,科学家们相继对后来所称的热力学第一、第二定律做出了不同表述。他们的发现都是基于经典热力学观点而得出,这意味着这些理论的基础是经验观测——通常发生在实验室环境下。

19世纪70年代以来,通过苏格兰物理学家麦克斯韦和奥地利物理学家玻尔兹曼等科学家的努力,统计热力学得到了发展。统计热力学运用概率论来理解原子和分子在微观层面的规律。大约同一时间,与化学反应和物质状态有关的化学热力学也诞生了。热力学新出现的这两个分支最终促使德国化学家能斯特在1912年提出了热力学第三定律。

第零定律是热力学四大定律中的第四条,也是最后一条得到正式认可的定律。而其名称中的"零"表明这一定律此前就已经用各种形式表述过,而且是其他三条定律的基础。

四大定律中的每一条都可以用不同的方式表述,通常取决于热力学的分支,如经典热力学、统计热力学或化学热力学,也取决于所处的语境。下文中的定律基本上都是以其最初表述形式给出的。

如果有人指出,你钟爱的宇宙理论违背了麦克斯韦方程组——那其实是麦克斯韦方程组更有问题。如果这一理论被发现与观察结果不符——不要紧,这些做实验的有时确实会把事情搞砸。但是,如果你的理论与热力学第二定律相矛盾,那我就得劝劝你了。这种理论没有别的出路,只会遭到深深的羞辱,最终土崩瓦解。

出自《物理世界的本质》(*The Nature of the Physical World*, 1928年),作者:亚瑟·爱丁顿(Arthur Eddington, 1882—1944),英国天文学家、物理学家、数学家

热力学第零定律

如果两个热力学系统都与第三个热力学系统处于热平衡，则这两个系统彼此也必定处于热平衡。

这意味着三个热力学系统都将具有相同的温度。正是第零定律使得温度计能够发挥作用——温度计与其所测量的系统处于热平衡状态，我们便可以读取温度。如果第三个系统具有相同的温度，那么三个系统全都相互处于热平衡状态。第零定律还表明，在同一温度下，两个物体之间的净热流量为零。

热力学第一定律

能量既不能凭空产生也不能凭空消失，只能在不同形式之间相互转换。

实际上，第一定律的基础是能量守恒定律。例如，如果你带着一副滑雪板攀登雪山，储存在你身体里的一些化学能就会转化为势能（同时也肯定会转化为热能——那也得穿暖和了），这在本质上是一种能量储存。如果你现在穿好滑雪板往下滑，这种势能就会转化为动能（与运动有关的能量）。其他的能量形式包括电能、光能、声能，还有爱因斯坦的著名方程 $E=mc^2$ 所体现的质能。

热力学第二定律

热量总是自发地从温度较高的系统流向温度较低的系统，而不能自发地从低温系统流向高温系统。

如果把冰放在温水中，热量就会从周围的水流入冰中。而上述定义中的"自发"一词暗示我们：热量也可以从低温处流向高温处，但需要能量。仔细想想，冰箱制冰的方式，制冷所需的能量是由电力（电能）提供。第二定律还有另一重含义，那就是不可能制成完美的热机（如内燃机），无法使其产生的热量全部转化为功：做功时必定会有一部分热量损失，流向周围温度较低的系统。

热力学第三定律

一个系统不可能通过有限的步骤使温度降至绝对零度（0开尔文）。

这可能是最难理解，也是与日常生活最不相关的热力学定律。或许正因如此，C.P.斯诺没有选择第三定律来支持他的观点。

冷热之问

姆彭巴效应

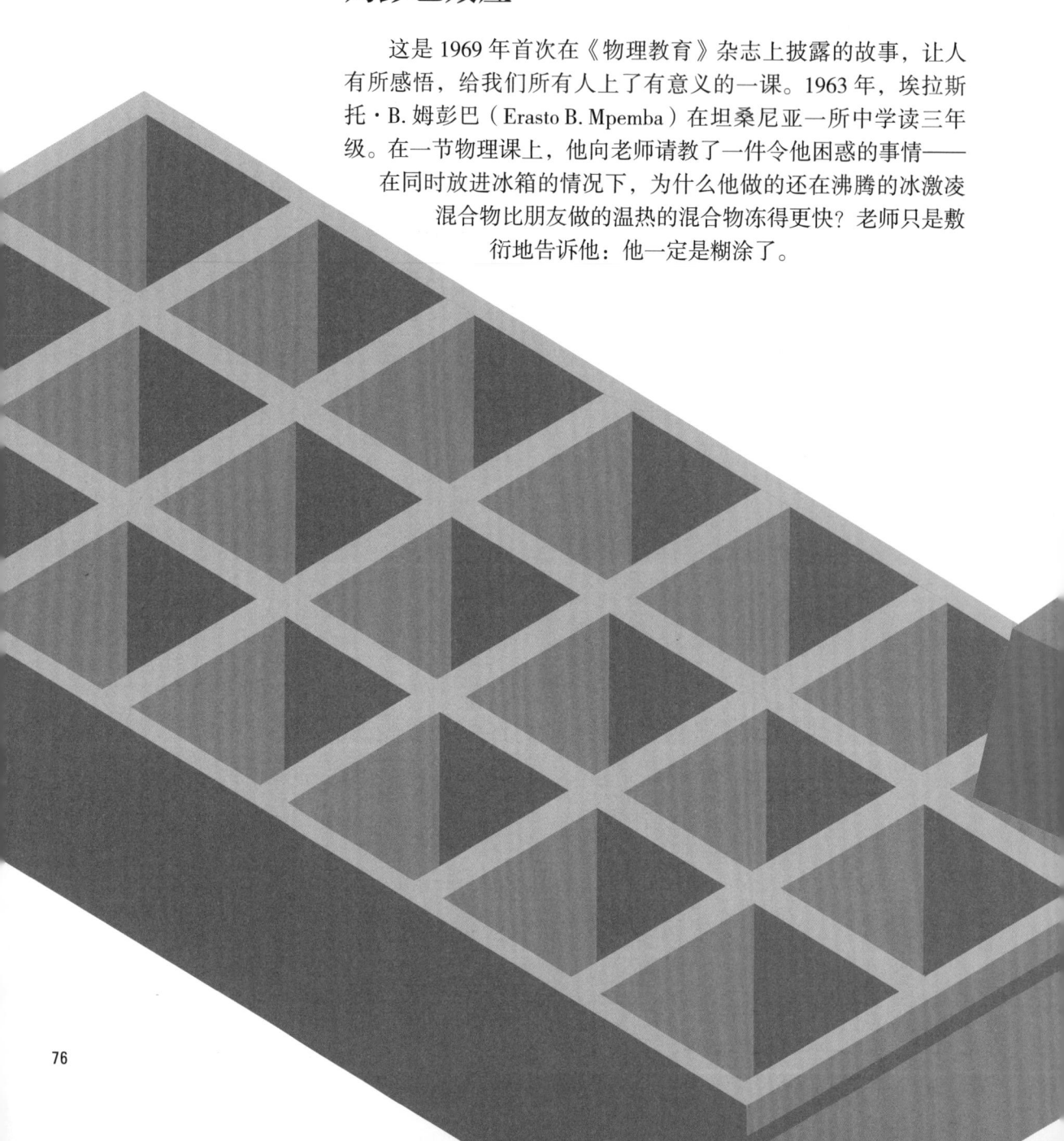

这是 1969 年首次在《物理教育》杂志上披露的故事，让人有所感悟，给我们所有人上了有意义的一课。1963 年，埃拉斯托·B. 姆彭巴（Erasto B. Mpemba）在坦桑尼亚一所中学读三年级。在一节物理课上，他向老师请教了一件令他困惑的事情——在同时放进冰箱的情况下，为什么他做的还在沸腾的冰激凌混合物比朋友做的温热的混合物冻得更快？老师只是敷衍地告诉他：他一定是糊涂了。

姆彭巴并没有接受这个敷衍的回答，这个问题持续困扰着他。经常做冰激凌的朋友向他证实，把混合物放进冰箱时，温度越高，冻得越快，这让姆彭巴对自己观察到的事实更加坚信不疑。

几年后，姆彭巴通过了普通水平教育考试，进入高中学习。他在高中学习的第一个课题就是热。姆彭巴向新老师请教"温度更高的冰激凌冻得更快"的问题，结果被再次告知"犯了糊涂"——宁可相信"姆彭巴物理学"，也不愿相信真正的物理学。这位老师不依不饶，让姆彭巴成了他和其他同学的笑柄。尽管如此，姆彭巴还是坚持自己的看法。他用烧杯盛水做了进一步的实验，实验结果仍和之前一样。

教授来访

有一天，达累斯萨拉姆大学的奥斯本（D. G. Osborne）博士访问了姆彭巴所在的学校。他在讲座结束时邀请学生们提问，于是姆彭巴勇敢地问道："如果有两个差不多的容器，里面装有等量的水，水温分别为35℃和100℃，然后将其放进冰箱，结果初始温度为100℃的开水会先结冰。为什么？"其他的听众暗自窃笑，而奥斯本博士在确认姆彭巴已亲手做过实验之后，承诺自己也会试一下，尽管他认为姆彭巴搞错了。奥斯本博士认识到"需要鼓励学生，培养他们的质疑和批判精神"，并认为可能有"危险……（存在于）权威物理学"。令奥斯本博士惊讶的是，他得到了同样的实验结果。他让大学生研究这个问题，结果仍一致。此外，在任何科学文献中都找不到对姆彭巴观察到的现象作出合理解释。

最后，姆彭巴和奥斯本博士在《物理教育》杂志上共同发表了一篇文章，向读者寻求帮助。结果发现，这个问题早已困扰了许多历史上的大人物，包括哲学家亚里士多德、培根和笛卡尔。今天，这一发现被称为姆彭巴效应。2012年6月底，英国皇家化学学会开展了一项竞赛，拟为该现象找到"最佳且最具创造性的解释"。获奖作品列出了四个因素：蒸发、溶解气体、混合时水的对流以及过冷。

2016年，糟糕的事情发生了——《自然》杂志上发表了一篇论文，宣称"关于姆彭巴效应的有意义观察无法得到证据的支持"。奇怪的是，这并未阻止科学家对该现象进行进一步研究。2020年，谢菲尔德大学的威廉·齐默尔曼教授（William Zimmerman）认为这一奇怪的现象由微气泡造成。他还解释说之所以会出现2016年的结果是因为研究人员使用了纯水，而姆彭巴和奥斯本使用的是自来水。这能否成为姆彭巴现象的最终解答，还有待证实。

杯水入海

麦克斯韦妖

  1867年12月11日，麦克斯韦给他的挚友，苏格兰物理学家、数学家彼得·格思里·泰特（Peter Guthrie Tait）写了一封信。他在信中描述了一个违反热力学第二定律的思想实验。在麦克斯韦看来，这场实验旨在表明热力学第二定律只在统计意义上是成立的。为了对实验进行说明，麦克斯韦发明了一种"存在"，后在1874年被汤姆森（后来的开尔文勋爵）称为"麦克斯韦的智妖"。

  麦克斯韦在于1871年出版的《热的理论》（*Theory of Heat*）一书中对这个实验介绍如下：

  "热力学中最确凿无疑的事实之一是：在一个体积不变且绝热的封闭系统中，在温度和压力处处相同的情况下，不可能在不消耗功的情况下产生温度差或压力差。这就是热力学第二定律。我们只能把大量存在、具有一定质量的物质当作整体来处理，而无法单独感知或处理组成这些物质的独立分子。就此而言，这一定律无疑是正确的。"

  但麦克斯韦接着让我们想象"一种官能异常敏锐，可以追踪每一个分子的运动过程的生物"。这种生物，"其本质属性仍然是有限的，就像我们自己也是有限的一样，但能够做到我们目前做不到的事情。"这便是"妖"。麦克斯韦继续写道：

  "我们知道，在一个充满空气、温度均匀的容器中，每个分子的运动速度各不相同，但如果从中随机选出大量分子，这些分子的平均速度却几乎是完全相同的。

  "现在，假设该容器被隔板分成了 A 和 B 两个部分，隔板中间有一个小孔，小孔的开闭由上述能观察到单个分子的"生物"进行控制，从而只允许速度较快的分子从 A 进入 B，只允许速度较慢的分子从 B 进入 A。这样，这个生物将在不做功的情况下提高 B 的温度，降低 A 的温度，这与热力学第二定律相违背。"

运转中的麦克斯韦妖

麦克斯韦妖控制着容器两部分之间这扇"活动门"的开闭,从而改变热平衡状态,使左边冷,右边热。

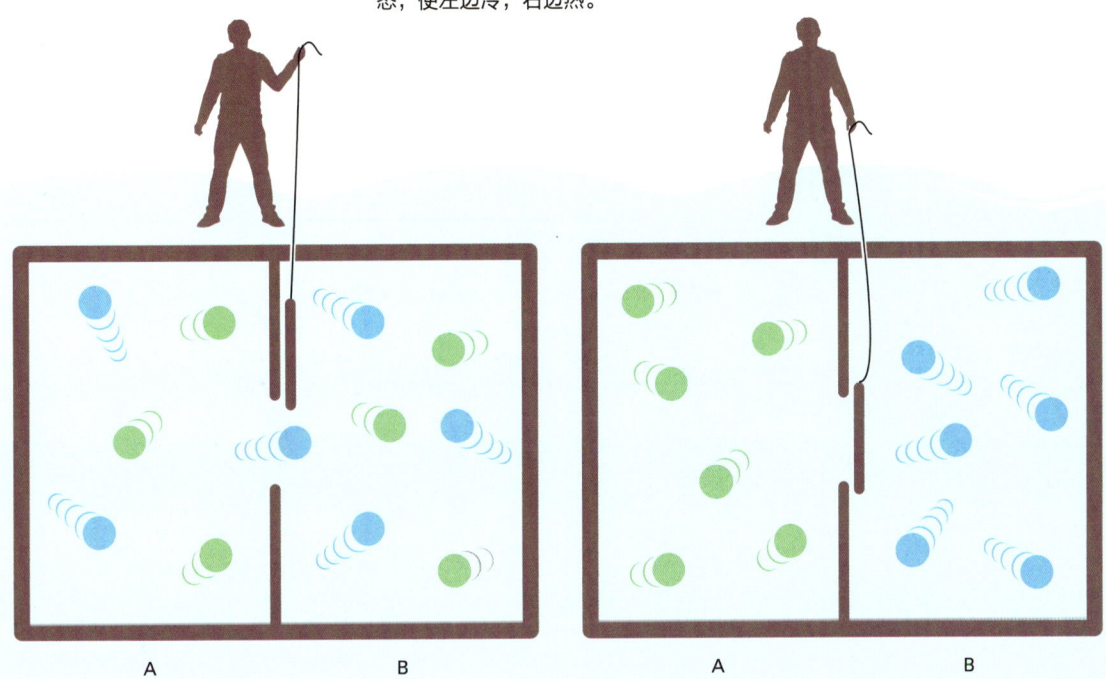

A　　　　B　　　　　　A　　　　B

一杯水

麦克斯韦在给英国科学家约翰·威廉·斯特拉特(John William Strutt)的信中再次提到了他的想法,并将其意义总结如下:"热力学第二定律的正确性与这种说法相同:如果把一杯水倒进大海里,就不可能再舀上来同样的一杯水"。这就是说,尽管从实用的现实角度看热力学第二定律是正确的,但它不是绝对真理。在麦克斯韦的设想中,麦克斯韦妖仅仅利用了信息,就让一个处于热平衡的系统产生了温度差——创造了热机(例如蒸汽机)运作的必要条件。1929 年,匈牙利裔美国物理学家利奥·西拉德(Leó Szilárd,于四年后提出了链式核反应的概念)认为,麦克斯韦妖在对每个分子的温度信息进行处理时必然需要能量,此处所需的能量比其后来获得的能量要多,这意味着麦克斯韦的思想实验实际上仍符合热力学第二定律。这表明,信息和能量是相关的。

令人惊讶的是,2010 年,在《自然物理》杂志(Nature Physics)上,来自日本的一个科研团队报告称,他们让粒子"以登螺旋梯的方式获得了电势";也就是说,通过实时反馈控制,粒子获得了能量,且比其消耗的能量还多。虽然还有很长的路要走,但该项研究提出了一个令人难以置信的想法,即"信息能-热能转化引擎"。

沉默的另一面

衡量响度

据报道，2009 年 7 月，重金属乐队"吻"（Kiss）在加拿大的一次现场演出中，声音达到了 136 分贝，这让他们成为世界上声音最大的乐队之一。稍后我们就会发现，当时的音量应该是超过了人耳的痛阈，而许多人认为"吻"乐队在踏上舞台的那一刻，声音就已经超过了这一阈值。

声音的响度是用分贝来进行衡量的。分贝是用于量度两个功率值的比例的单位，其中一个为参考量值。在衡量响度时，参考量值取的是人耳的听阈。其计算公式（看起来相当复杂）为：

$$\text{分贝值} = 10 \log_{10}\left(\frac{P}{P_0}\right)$$

其中 P 是有效测量值，P_0 是参考量值。由此可知，若响度相差 10 分贝，比如 30 分贝和 40 分贝，表示一个声音的响度是另一个声音的响度的 10 倍。每增加 1 分贝，响度会增加约 26%。这就为我们经常听到的分贝值提供了参考。

分贝这一单位十分有用，常见于光学、电子学等学科中。只不过，分贝大多还是用于表示某一声音的响度。

dB	感觉
0	人耳的听阈
10	呼吸声
20	树叶的沙沙声
30	距钟表 1 米处听到的滴答声
40	鸟鸣
50	低声交谈
70	大声交谈
80	用力摔门的声音
110	气钻运行的声音
130	人耳的痛阈

欧几里得算法（以古希腊数学家欧几里得的名字命名）就可以很好地说明算法的原理。使用特定的除法步骤，欧几里得算法能够找到两个整数的最大公因数。因数是能整除某一整数的数——例如，2 是 6 的一个因数，因为 6 是 2 的 3 倍，6 可以被 2 整除。公因数是能同时整除两个不同整数的数，比如 4 是 12 和 28 的公因数。

首先，取两个数字，如 192 和 42。用较大的数字（192）除以较小的数字（42），得到较小数字的倍数和余数。

---

① 也称"辗转相除法"。

让人眼前一亮的讲座

蜡烛的化学史

1791 年，法拉第出生于伦敦与萨里郡交界地区，父亲是一名熟练的铁匠。法拉第后来能成为 19 世纪最著名的科学家之一，尤其要归功于他为电磁学作出的贡献。他的一项发现是，可以通过反复移动磁铁穿过电线线圈来产生电。法拉第去世 50 多年后，小说家奥尔德斯·赫胥黎（Aldous Huxley）不得不承认："即使我能成为莎士比亚，我想我还是应该选择成为法拉第。"这可真是由衷的称赞。

法拉第曾引起过科学家戴维的注意，当时法拉第年仅 21 岁，刚刚结束装订工的学徒期。法拉第送给戴维一份装订好的演讲稿，是他在大不列颠皇家研究院旁听这位大人物的展示时记下的。这是一位年轻人的勇敢之举，他以前曾断言："不可能……跟得上（戴维）。我只会伤害、破坏从他口中说出的美丽而崇高的观察结果。"戴维显然不这么认为，他愿意推荐法拉第担任实验室助理。

事实证明，法拉第学得很快。他一开始觉得自己永远不可能成为像戴维那样的演讲者，结果在不到一年的时间里，他就能在给朋友本杰明·艾博特（Benjamin Abbott）的信中自信地描述一位优秀的演讲者的必要素质。1825 年，法拉第创办了皇家研究院的圣诞讲座，并亲自开展了 19 个如今广为人知的系列讲座。其中的一个系列是"蜡烛的化学史"，讲座内容最终于 1861 年出版成书，足见讲座有多么成功。现在仍然可以买到这本书（我推荐一读）。通过六场讲座，法拉第带领听众了解了隐藏在人人皆知的日常用品背后奇妙的科学原理。下面的内容只是简要地介绍了蜡烛的神奇之处。读后，你说不定还想在家里亲自试一试呢。

关于蜡烛，我们需要先学习它的（一种）状态。不知道这种状态，就不能完全理解蜡烛所蕴含的哲学，也就是这种燃料（蜡）的蒸气状态。为了能让大家理解这一点，让我给大家做一个很精彩却又很普通的实验。如果巧妙地吹灭一支蜡烛，会看到蒸气升起。我知道，大家经常会闻到蜡烛被吹灭时的一种非常难闻的气味；但如果能巧妙地吹灭蜡烛，就能很清楚地看到这种固体物质所转化成的蒸气。我要以这样的方式吹灭其中一支蜡烛，即让蜡烛周围的空气不受我吹气的干扰；现在，如果我把点燃的木条放在距烛芯两三英寸的地方，就会看到一束火苗在空中燃烧，一直烧到蜡烛那里。我得迅速准备好实验，因为如果我给了蒸气冷却的时间，要么蒸气会凝结成液体或固体，要么会干扰可燃物气流。

基因不以数量论成败

复杂的基因

一个生物体的基因组指其全部基因。基因是决定生物特定形态特征或生理特征的 DNA 片段，所有的基因都存在于一组染色体中。染色体是在生物体的每个成熟细胞内成对出现的携带 DNA 的棒状结构。

自生命伊始，基因中的编码信息就决定了一个生物体的生长方式和它所能变成的样子。既然如此，人们往往会认为，生物体越复杂，其基因就越多。但是当科学家开始绘制基因组时，他们有了惊人的发现，情况并非如此。比如，起初科学家推测人类大约有 10 万个基因，但真正的数字（仍待精确）似乎不到这个数字的 1/4。相比之下，某种水稻的基因组包含的基因数量是人类的两倍多。下列信息引自 2008 年发表在《自然教育》杂志上的一篇论文，这些数字说明了不同生物体基因数量间的惊人差异。

> 科学家不是给出正确答案的人，而是提出正确问题的人。
>
> 克洛德·列维-斯特劳斯（Claude Lévi-Strauss，1908—2009），法国人类学家

生物	基因数量
阴道毛滴虫（*Trichomonas vaginalis*）（一种单细胞寄生生物）	60000
水稻（*Oryza sativa*）（一种常见的谷类，养活了世界上一半以上的人口）	51000
小家鼠（*Mus musculus*）（宠物爱好者和实验室负责人的首选鼠类）	30000
智人（*Homo sapiens*）（人类）	20000~25000
黑腹果蝇（*Drosophila melanogaster*）（一种常见的果蝇，是学校主要的实验对象）	14000
酿酒酵母（*Saccharomyces cerevisiae*）（一种常用于烘焙和酿酒的酵母）	6000
大肠杆菌（*Escherichia coli*）（经常简写为"*E. coli*"，该细菌可引起食物中毒）	4500

亚当与夏娃

线粒体 DNA

你的体内有一些外来 DNA。不是 UFO 的那种外来，而是原本不属于你（或者说很早以前也不属于你的祖先）的东西。线粒体几乎存在于身体的每一个复杂细胞中。线粒体是细胞器的一种，由微小的结构组成，有自己的 DNA（还叫线粒体 DNA，奇怪吧）。事实上，线粒体的前身是一种独立的细菌，通过进化而留存在较大的细胞中，比如人体内的细胞。因此，尽管线粒体现已成为人体生理活动不可缺少的一部分——可以产生腺苷三磷酸（ATP），是所有生物体的能量货币。而从理论上来说，线粒体曾经只是个搭便车的。

如果这还不够有趣的话，我们不妨了解一下线粒体 DNA 的另一个特点：只能进行母系遗传，这使得科学家有可能对我们的母系祖先进行追溯。而通过相关分析，科学家已能得出一个令人难以置信的结论：我们都有一位共同的祖先，生活在近 20 万年前。这是与我们每个人都有亲缘关系的一位女性！人们经常将她称为"线粒体夏娃"或"非洲夏娃"，这也合情合理。

令人惊讶的是，也有一位与线粒体夏娃相对应的男性——"Y 染色体亚当"。这是因为 Y 染色体是男性独有的，只能由父亲遗传给儿子。因此，科研人员有机会找到所有男性共同的男性祖先，同样来自非洲。与 m 夏娃（可能她的朋友会这么称呼她）一样，Y 亚当生活的确切地点和年代尚未确定。目前的研究表明 Y 亚当比 m 夏娃年轻约 6 万岁。

> 一个男人走进一家酒吧，要了一品脱腺苷三磷酸。酒保说："一共 80 便士！"[①]
>
> ① 英文中 80 便士（eighty P）发音与 ATP 相似。

种类繁多

建立标准模型

好吧，在阅读这一条目之前，可能需要深呼吸一下——我就是这么做的。还记得有人教过你，原子是由质子、中子和电子这三种亚原子粒子组成的吗？位于原子中心的原子核由中子和质子组成，一种元素的原子质量仅取决于这两种粒子。中子和质子的质量大致相同。另一方面，电子围绕着原子核进行"轨道运动"，与原子核相比，其质量可以忽略不计。但上述内容只是些皮毛。

可以说，粒子物理发端于1897年，当时英国物理学家J. J. 汤姆森发现了电子。之后，随着这一领域的发展，理论研究超前于实际发现的情况经常出现。奥地利物理学家泡利在1930年就提出过中微子的存在，但直到1956年才正式探测到中微子。到了20世纪60年代初，已经有了一座名副其实的"粒子动物园"，人们相信有大量基本粒子存在。

1964年，美国物理学家盖尔曼和茨威格各自独立地提出了一种分类体系，也就是后来的夸克模型。盖尔曼在一年之前确定了"夸克"这个名称，

> 不要从书本中寻找知识，要从事物本身寻找。
>
> 出自《磁石论》(De Magnete)，作者：威廉·吉尔伯特（William Gilbert, 1544—1603），英国磁学研究的先驱

其灵感来自爱尔兰作家乔伊斯的小说《芬尼根的守灵夜》(*Finnegans Wake*)。小说中,主人公做了一个梦,梦见一只喝醉的海鸥说:"向麦克老人三呼夸克。"要是海鸥没喝醉,它要的应该是三夸脱(quart),而不是三夸克(quark)①。

① 乔伊斯的原文将夸脱(quart)拼成夸克(quark),是为了与下文的mark、bark、park押韵,而盖尔曼以为海鸥是因为喝醉了酒发生了口误。

新兴标准

20世纪70年代初，科学家们共同制定了粒子和力的标准模型。该模型指出，宇宙中的一切都是由12种基本粒子通过四种基本相互作用力构成的（严格来说，其中一种相互作用力——引力，并不能用标准模型解释，我们很快就会看到）。

该模型由夸克、轻子和规范玻色子三组粒子，再加上希格斯玻色子（稍后会介绍玻色子）组成。夸克和轻子可以构成物质，归为费米子。在各自的组别内，夸克和轻子成对出现，也称作"代"。第一代基本粒子构成了稳定的物质。

夸克有六种"味"：上夸克（u）、下夸克（d）、粲夸克（c）、奇夸克（s）、顶夸克（t）和底夸克（b）。每个夸克都有一个与之对应的反夸克：$\bar{u}$、$\bar{d}$、$\bar{c}$、$\bar{s}$、和$\bar{b}$。

夸克成对组合时，会形成介子；当三个夸克进行组合时，就会形成重子。构成原子核的质子和中子都属于重子。而重子和介子都属于强子，强子还包括反重子。

换句话说，强子都是夸克的不同组合，可分为介子、重子或反重子。重子由三个夸克组成，反重子由三个反夸克组成，而介子由一个夸克和一个反夸克组成。

质子属于重子，由两个上夸克和一个下夸克组成（uud）。中子也是重子的一种，由一个上夸克和两个下夸克组成（udd）。高能碰撞可以产生质子和中子以外的其他强子。举例来说，这种情况可能发生在高层大气中，宇宙射线（来自外太空的高能质子）与氧和氮的原子核碰撞，产生了包括介子在内的粒子簇射。

电子是轻子的一种，轻子有六种味：电子（e^-）、电子中微子（v_e）、μ子（$μ^-$）、μ中微子（$v_μ$）、τ子（$τ-$）和τ中微子（$V_τ$）。电子、μ子和τ子的电荷量都是 -1，只是在质量上有所不同（电子比μ子轻，而μ子又比τ子轻）。中微子不带电荷。

每种轻子都有一种与之对应的反轻子，所带电荷与对应的轻子相反。

至此，我们已经了解了12种基本粒子，完成了有点累人的粒子动物园之旅。宇宙中所有的物质都是由它们构成的。现在，趁你还撑得住，我们来看看自然界的四种基本相互作用力。

u 上夸克	c 粲夸克	t 顶夸克	g 胶子
d 下夸克	s 奇夸克	b 底夸克	γ 光子
e 电子	μ μ子	τ τ子	Z Z玻色子
V_e 电中微子	$V_μ$ μ中微子	$V_τ$ τ中微子	W W玻色子
			H 希格斯玻色子

基本单位

标准模型的基本粒子——构成所有物质的基本单位。

- 夸克
- 轻子
- 规范玻色子
- 标量玻色子

自然界的四大基本相互作用力和规范玻色子

强相互作用力——这是夸克之间的相互作用力，使质子和中子得以形成。强相互作用力也产生于质子和中子之间，赋予原子核极大的稳定性。强相互作用力的范围只限于原子核内（10^{-15}米）。

电磁相互作用力——带电粒子（如质子和电子）之间的相互作用力，可以相互吸引，也可以相互排斥。电磁力使带电粒子可以进行电磁发射、吸收，还控制着原子结构，使原子能够结合在一起，形成分子。

弱相互作用力——弱相互作用力的作用距离甚至比强相互作用力还要短。在核反应中，弱相互作用力尤为重要，可以改变夸克的味，从而将一种核子变为另一种。β 衰变是其中一个例子。在 β 衰变中，呈

家谱

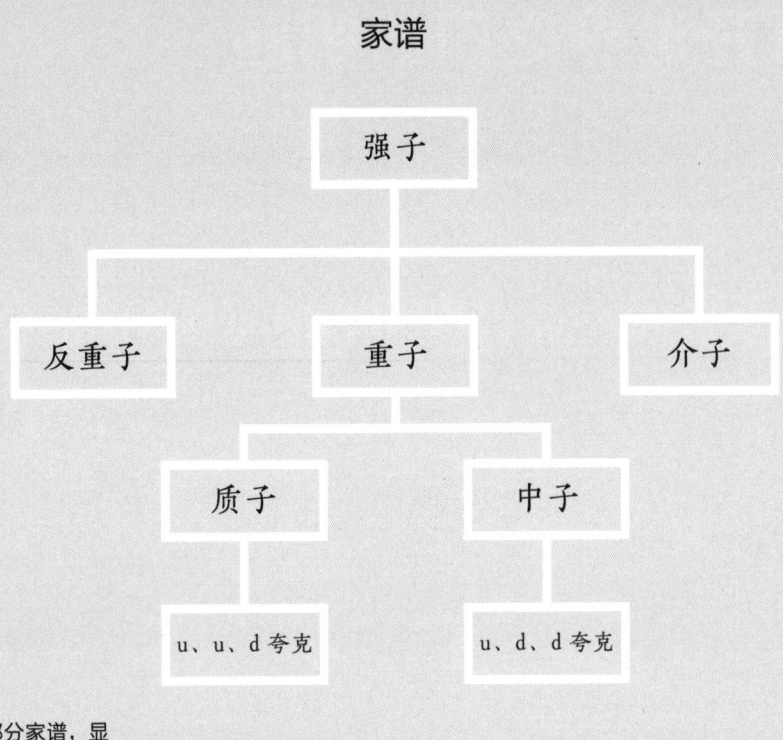

```
                    强子
         ┌───────────┼───────────┐
       反重子        重子         介子
                ┌────┴────┐
              质子       中子
               │          │
           u、u、d 夸克  u、d、d 夸克
```

强子家族

上图是强子家族的部分家谱，显示了质子和中子所处的位置，原子核是由这两种粒子构成的。

电中性的中子转变为带正电的质子，并放出一个高能（且带负电的）电子。另一个例子是恒星的核聚变反应，从氢中产生氘，然后产生氦。

引力——引力是我们在日常生活中很熟悉的一种力。引力会让物体掉到地上，也使得月球绕地球运行。引力只有在物质质量较大的情况下才能显露出来。在原子水平上，强相互作用力比引力强 10^{40} 倍，因此可以忽略不计。然而，引力的作用范围是无限的。

缺失的拼图

正如前文所述，我们现在准备解决什么是规范玻色子的问题。在标准模型中，规范玻色子属于载力子。四种基本力中的三种与其相关（标准模型的主要缺陷就在于无法对引力做出解释）。胶子载有强相互作用力；光子载有电磁力；弱相互作用力的背后则是 W 玻色子和 Z 玻色子。

希格斯玻色子是标准模型拼图中的最后一块，与夸克模型在 1964 年同年提出。希格斯玻色子与之相关的希格斯场在标准模型的发展中发挥了关键作用，解释了基本粒子如何具有质量，也解释了为何光子和胶子不具有质量。在很长一段时间里，希格斯玻色子是模型中唯一尚未观测到的粒子。而在 2012 年 7 月 4 日，位于瑞士的欧洲核子研究中心（CERN）大型强子对撞机（LHC）的两个独立研究小组提交了相关的实验报告。其结果显示，经过努力探索，他们几乎可以肯定自己已获得相关证据，证明他们发现了类似希格斯玻色子的粒子。在收集、分析更多数据之后，欧洲核子研究中心最终于 2017 年 7 月将该粒子正式命名为"希格斯玻色子"。

打开世界之门的钥匙

现代化学元素周期表

本页展示的化学元素周期表是化学书中常见的版本，也经常挂在教室里。周期表可能看起来很无聊，却是一个令人难以置信的强大工具，对该表有所了解的学生可以从表中读出很多信息。周期表中的元素按照原子序数进行排列，原子序数指一种元素的原子核中质子的数量。例如，所有碳原子的原子核中都有六个质子。周期表中的一列称为一族，一行为一个周期。因此，钾元素属于第I主族，第四周期。同一族的元素有相似的化学性质。例如，锂和钠都能与水反应，产生金属的氢氧化物（碱）和氢气。

1 H 氢 1.008									
3 Li 锂 6.94	4 Be 铍 9.0122								
11 Na 钠 22.990	12 Mg 镁 24.305								
19 K 钾 39.098	20 Ca 钙 40.078	21 Sc 钪 44.956	22 Ti 钛 47.867	23 V 钒 50.942	24 Cr 铬 51.996	25 Mn 锰 54.938	26 Fe 铁 55.845		
37 Rb 铷 85.468	38 Sr 锶 87.62	39 Y 钇 88.906	40 Zr 锆 91.224	41 Nb 铌 92.906	42 Mo 钼 95.95	43 Tc 锝 [98]	44 Ru 钌 101.07		
55 Cs 铯 132.91	56 Ba 钡 137.33		72 Hf 铪 178.49	73 Ta 钽 180.948	74 W 钨 183.84	75 Re 铼 186.207	76 Os 锇 190.23		
87 Fr 钫 [223]	88 Ra 镭 [226]		104 Rf 𬬻 [267]	105 Db 𬭊 [268]	106 Sg 𬭳 [269]	107 Bh 𬭛 [270]	108 Hs 𬭶 [269]		

57 La 镧 138.905	58 Ce 铈 140.116	59 Pr 镨 140.908	60 Nd 钕 144.242	61 Pm 钷 [145]
89 Ac 锕 [227]	90 Th 钍 232.038	91 Pa 镤 131.036	92 U 铀 238.029	93 Np 镎 [237]

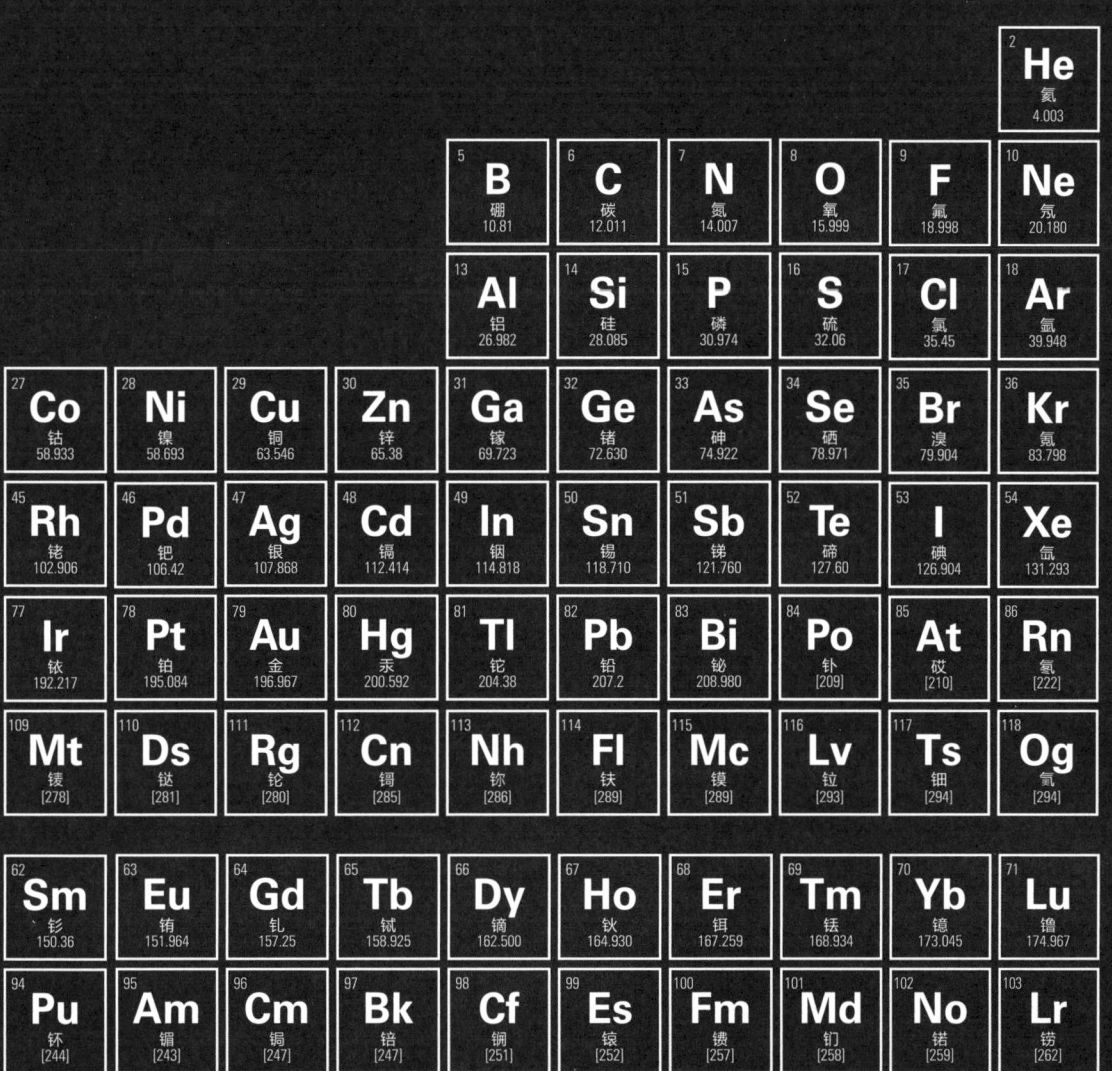

元素周期表说明

- 原子序数 → 2
- 元素符号 → He
- 元素名称 → 氦
- 原子量 → 4.003

元素周期表（部分）

2 He 氦 4.003

5 B 硼 10.81	6 C 碳 12.011	7 N 氮 14.007	8 O 氧 15.999	9 F 氟 18.998	10 Ne 氖 20.180
13 Al 铝 26.982	14 Si 硅 28.085	15 P 磷 30.974	16 S 硫 32.06	17 Cl 氯 35.45	18 Ar 氩 39.948

27 Co 钴 58.933	28 Ni 镍 58.693	29 Cu 铜 63.546	30 Zn 锌 65.38	31 Ga 镓 69.723	32 Ge 锗 72.630	33 As 砷 74.922	34 Se 硒 78.971	35 Br 溴 79.904	36 Kr 氪 83.798
45 Rh 铑 102.906	46 Pd 钯 106.42	47 Ag 银 107.868	48 Cd 镉 112.414	49 In 铟 114.818	50 Sn 锡 118.710	51 Sb 锑 121.760	52 Te 碲 127.60	53 I 碘 126.904	54 Xe 氙 131.293
77 Ir 铱 192.217	78 Pt 铂 195.084	79 Au 金 196.967	80 Hg 汞 200.592	81 Tl 铊 204.38	82 Pb 铅 207.2	83 Bi 铋 208.980	84 Po 钋 [209]	85 At 砹 [210]	86 Rn 氡 [222]
109 Mt 鿏 [278]	110 Ds 鐽 [281]	111 Rg 錀 [280]	112 Cn 鎶 [285]	113 Nh 鉨 [286]	114 Fl 鈇 [289]	115 Mc 镆 [289]	116 Lv 鉝 [293]	117 Ts 鿬 [294]	118 Og 鿫 [294]

62 Sm 钐 150.36	63 Eu 铕 151.964	64 Gd 钆 157.25	65 Tb 铽 158.925	66 Dy 镝 162.500	67 Ho 钬 164.930	68 Er 铒 167.259	69 Tm 铥 168.934	70 Yb 镱 173.045	71 Lu 镥 174.967
94 Pu 钚 [244]	95 Am 镅 [243]	96 Cm 锔 [247]	97 Bk 锫 [247]	98 Cf 锎 [251]	99 Es 锿 [252]	100 Fm 镄 [257]	101 Md 钔 [258]	102 No 锘 [259]	103 Lr 铹 [262]

元素周期蜗牛

排列元素

地球上的一切都是由元素周期表中的 118 种化学元素中的一种或多种组成的（见前文）。我们今天使用的这种周期表是由俄国化学家门捷列夫于 1869 年首次提出的，他想借此说明在不同元素中反复出现的性质规律。门捷列夫按照一种科学、系统的顺序将元素排列起来，使周期表成了一种强大的工具。掌握了这种顺序，我们就可以预测元素会表现出什么性质，预测不同元素如何结合，形成新的物质。

在门捷列夫所处的时代，只有约 60 种元素为科学界所知。这位俄国人在他的周期表中为新元素预留了空间。随着新元素的发现，周期表的布局得到了完善和扩展。在已知的元素中，有 94 种在地球上是自然存在的，其余的元素是人工制得的。

就像伟大的文学作品一样，周期表也可以从多个层面进行欣赏。周期表在我们上学时只是一种有用的分类系统，而随着我们的科学知识不断增长，我们也能读出周期表的微妙之处及其产生的细微变化。因此，当我们了解到自从门捷列夫制作出周期表以来，已经出现了数百种不同形式的周期表，而不只有上一页展示的那一种时，可能就不会过于惊讶了。在这些周期表中，有几种别出心裁的设计以螺旋形为主题。相关的例子包括艺术家埃德加·朗曼（Edgar Longman）于 1951 年英国节（Festival of Britain）的科学展览上展出的壁画；还有植物学家菲利普·斯图尔特（Philip Stewart）的《化学星系 II》（*Chemical Galaxy II*），将元素像星星一样排列，可以在网站 www.chemicalgalaxy.co.uk 上看到。最优秀的作品之一是美国德裔化学家奥托·西奥多·本菲（Otto Theodor Benfey）的"元素周期蜗牛（periodic snail）"，他完成这件作品是为了"强调化学元素性质中复杂而美丽的周期性"。

一根金条刚走进酒馆，酒吧老板就朝它喊道："哎哟（AU[①]），滚出去！"

① 金的化学元素符号。

把科学唱出来

大型强子对撞机说唱

在欧洲核子研究中心的大型强子对撞机正式启用之前,一些在那里工作的科学家录制了一段自编自演的说唱,向世界展示他们的研究。视频发布的第一周内,有 200 多万人次观看了这段说唱——在撰写本书时,观看人次已超过 800 万。

这首歌由科普作家凯特·麦卡尔平(Kate McAlpine)作词,语言学博士威尔·巴拉斯(Will Barras)编曲,许多未留姓名的科学家在欧洲核子研究中心的众多地点参与了舞蹈表演。这首歌曲是十分杰出的科普作品(在网上搜索"LHC rap"可以找到相关视频)。在此,我要特别感谢凯特允许我转载她的歌词。

二十七公里长的地下隧道
是为了将质子环绕
一个跨越瑞士和法国的圆圈
有六个国家作出了贡献
两束质子在其中转圈振荡
直到抵达探测器的中心,发生碰撞
能量被压缩到如此狭小的空间
变成质量,粒子就在真空中出现
然后……

副歌:

LHCb[①] 追寻着反物质的迹象
ALICE[②] 观察铅离子的碰撞
CMS[③] 和 ATLAS[④] 几乎都一样
想要发现新粒子,两者都有望
LHC[⑤] 让质子和铅离子的速度增长
这台机器的发现会超乎你想象

我们看到大小行星,还有许多恒星
我们也知道银河中有黑洞的身影
无论怎么观测它们也解释不清
恒星因何聚集而成——肯定有隐情
暗物质的相互作用只靠引力实现
这种粒子抓不着,看也看不见

艺术家对 LHC 中粒子碰撞所产生的痕迹的印象。

---

① LHCb,即 Large Hadron Collider beauty 的缩写,指大型强子对撞机底夸克实验。
② ALICE,即 A Large Ion Collider Experiment 的缩写,指大型离子对撞机实验。
③ CMS,即 Compact Muon Solenoid 的缩写,指紧凑型 μ 子螺线管探测器。
④ ATLAS,即 A Toroidal LHC Apparatus 的缩写,指超导环场探测器。
⑤ LHC,即 Large Hadron Collider 的缩写,指大型强子对撞机。

但能量守恒定律让我们发现
这些粒子真的存在，就像在眼前

你看到四射的粒子在空中穿行
你注意到会有物质反其道而行
你说定理被打破，全都失了灵
肯定有其他的粒子来平衡稳定
可能是暗物质粒子，隐约能判明
宇宙中的大部分都由其筑定
毕竟……

［副歌］

反物质是物质的黑暗的另一半
所带电荷、自旋方向都与之相反
两者是同种粒子正反的两面
正反粒子没办法面对面相见
因为一遭遇就会彼此湮灭
变成能量四处倾泻

物质在能量中不断地诞生
LHC 重复的就是此过程
得到物质和反物质，两者各一半
想回到鸿蒙初开的宇宙看一看
当时一场大爆炸，宇宙炸开端
反物质却不知为何逐渐地消散
如今我们身边只有物质相伴
反物质的行踪却无处可看
怎么办……

［副歌］

希格斯玻色子——科学家将它寻遍
这台机器总有一天能将其发现

如果粒子真的存在，就在眼皮下
如果它们不存在，就换一种说法
"没有希格斯玻色子，如何来解答
物质为何有质量？标准模型出了岔。"
希格斯玻色子——它的作用还没说
科学家用它来提出了假说
有一种希格斯场遍布全空间
场内的粒子有的慢，有的快无边
就像静止的光子，质量等于零
也存在着顶夸克，负重且前行
希格斯玻色子会产生一种力
让场内的所有粒子表现出差异
要把它寻觅……

［副歌］

有些人会觉得引力真的很大
从自行车上摔下来只需一刹那
你摔到地上，喊着"疼死我啦"
你若觉得数值很大，错误会留下
弱相互作用都比引力还要大
引力研究操劳着许多的科学家
他们关心维度——我们在三维住
也许还有其他维度小到无觅处
引力在其他的维度不断地蔓延
到了三维空间中就会止步不前
多维空间在"卷曲"——缩到看不见
对我们日常的影响丝毫不明显
可当你成了引力子，只有一点点
你就能把多维空间全都逛一遍
有朝一日终会得见……

［副歌］

光年之外

夜晚为何天会黑?

问这个问题很奇怪吗?不,这并不奇怪。德国天文学家海因里希·威廉·奥伯斯(Heinrich Wilhelm Olbers)在1823年提出了这个问题,后来这个问题以他的名字命名,称为奥伯斯悖论(尽管在1610年,是德国天文学家开普勒首次提出了这个问题)。奥伯斯悖论想要探究为什么夜空不是均匀明亮的,就像美国作家埃德加·爱伦·坡(Edgar Allen Poe)于其1848年发表的散文诗佳作《我发现了》(*Eureka*)里所描述的那样:

如果恒星的数量是无穷的,那么天空的背景将向我们呈现出均匀的亮度,就像银河系让我们看到的那样——因为在背景各处,绝不可能有一个点不存在恒星。

事实上,爱伦·坡对此的解释与50多年后苏格兰-爱尔兰裔程师、物理学家开尔文勋爵的解释非常接近,目前这一解释仍是人们所普遍接受的。正如爱伦·坡所说:

因此,面对望远镜在无数方向上发现的空隙,唯一能让我们理解的模式就是假设这一看不见的背景离我们如此之远,以至于发出的光线还没有能够到达我们里的。

换句话说,宇宙中绝大多数恒星所发出的光线还没有抵达我们这里。

拆解彩虹

> 科学是有人试图以一种大家都能理解的方式来告诉人们一些无人知晓的事情。而诗歌则恰恰相反!
>
> 保罗·狄拉克
> (Paul Dirac,1902—1984),
> 英国物理学家

科学之美

许多诗人自以为科学是直白的,并对此进行了抨击。约翰·济慈(John Keats)自然也没有手下留情,他在出版于1820年的诗作《拉弥亚》(Lamia)中,将科学称为"冰冷的哲学",会"拆解彩虹",从而剥夺了世界的美感。不过,最有力地表达出这种对科学的不友善的态度的,也许要数美国诗人沃尔特·惠特曼(Walt Whitman)于1865年发表的看似简单的《当我聆听博学的天文学家的讲座时》(When I Heard the Learn'd Astronomer):

当我聆听博学的天文学家的讲座时,
当那些证明、数据一栏栏地排列在我的眼前时,
当那些表格、图解展现在我眼前,要我去做加法、除法、测定时,
当我坐在那里聆听天文学家的讲座,演讲室里响起了掌声时,
我竟莫名其妙地立刻厌倦了起来,
于是我起身悄悄地溜了出去,独自徘徊,
在神秘而潮湿的夜风中,不时地
在万籁俱静中仰望星空。

美国物理学家兼邦戈鼓演奏家理查德·费曼(Richard Feynman)巧妙地反驳了这一观点。他在20世纪60年代的演讲《物理学与其他科学的关系》中说道:

诗人说,科学夺走了星星的美——仅将其视为成团的气体原子。但没有什么事物简单到能用"仅仅"来形容。我也能在沙漠的夜空中看到星星,感受着它们的存在。但我所看到的与实际相比更少还是更多?天空的浩瀚拓宽了我的想象力——在这座旋转木马上,我的小眼睛可以捕捉到一百万年前发出的光……对这个世界有些许认识并不会折损其神秘感。因为事实的真相远比过去任何艺术家的想象都要奇妙得多!

新亚特兰蒂斯

学术管理机构

当得知伦敦皇家学会的设立可能要归功于英国哲学家培根,我们可能不会感到惊讶。毕竟,许多人将其奉为"实验科学之父"。但若把学会的成立只归为培根一人之功,无疑是掩盖了这段佳话的非凡之处。

17世纪的英国作家约翰·奥布里(John Aubrey)曾写道,威廉·哈维(William Harvey)——英王詹姆斯一世和查理一世的御医,曾经嘲笑他的病人培根,说他写起哲学来"像个大法官"。事实上,培根确实担任过大法官,这是哈维的一部分观点;而这也是哈维对培根的官僚主义写作风格的批评。显然,哈维认为培根应该专注于自己的正职,但对于培根来说,他的职业能为他提供精神工具,完成自己的设想——设立一个"学术管理机构"。

在培根死后才得以出版的虚构乌托邦作品《新亚特兰蒂斯》(New Atlantis)中,培根描述了一个名为所罗门院(Salomon's House)的机构,该机构"致力于研究上帝的作品和造物",目的是"了解事物的成因,揭开事物中隐藏的秘密;扩大人类帝国的疆域,实现所有可能的事情"。所罗门院的成员可以获得大量的自然资源和人工资源,使几乎所有能想到的领域都能得到研究;在高度结构化的等级制度下有大量的工作人员,有"仆人和侍者""新手和学徒",以及由成员亲自担任的专门职务,包括"光明商人",他们前往其他国家检索知识,还有"先驱",其职务是进行设计,并"尝试开展新的实验"。

培根的《新亚特兰蒂斯》基本上是他为所设想的完美的科学研究机构写下的宣言,他在其中大力宣扬知识和学术的规范化、体系化。《新亚特兰蒂斯》并不是一部面向普通读者的作品,也不需要为普通读者所理解。普鲁士作家塞缪尔·哈特利布(Samuel Hartlib)在英国度过了其大部分的学术生涯。后来证明,他是17世纪中期培根思想的一位有影响力的支持者。哈特利布热衷于教育改革,

弗朗西斯·培根

群英荟萃

托马斯·斯普拉特（Thomas Sprat）所著《伦敦皇家学会史》（*The History of the Royal Society of London*，1667 年）的卷首插画，前排从左至右依次为皇家学会首任会长威廉·布龙克尔（William Brouncker）、英王查理二世和培根。

> 仁慈的唠叨鬼站起来说黑与白不过是灰色的两个极端；把黑色的信条与白色的搅和在一起，他们就能制造出恰到好处的灰色。
>
> 语出 T.H. 赫胥黎（T. H. Huxley），显然是对教会会议的回应

学术中心

伯林顿府，1873 至 1967 年间是皇家学会的所在地。

并且认为在现实中建立所罗门院是实现改革的最佳方式。他甚至将切尔西学院（一所神学院）作为所罗门院的备选地点，游说议会为该项目筹集资金，但未获成功。不过，在哈特利布的知识分子朋友圈中有两位人物，英国政治经济学家威廉·佩蒂（William Petty）和爱尔兰英裔科学家玻意耳，他们提倡要建立一所"哲学学院"，可以"让整个人类都蒙其荫蔽"。1660 年，有 12 人出席了皇家学会的成立大会，佩蒂和玻意耳均位列其中，此时距培根去世还不到 40 年。

提升公众形象

学会成立的最初几年并不容易——不是所有人都相信皇家学会的价值和原则。对于一个刚刚成立三年的组织来说，委托一名成员编写官方历史以展示其资质，这是相当奇怪的。1667年，由托马斯·斯普拉特编写的《伦敦皇家学会史》出版了，其卷首画中有培根，有英王查理二世，还有数学家兼皇家学会首任会长的威廉·布龙克尔。通过这幅插图以及书中所使用的语言，可以看出皇家学会有多想贯彻培根的想法。皇家学会想要传达的意思是很清楚的——乌托邦式的所罗门院如今已经成为现实。

皇家学会并没有得到社会的一致认可，仍要忍受他人的诋毁。英裔爱尔兰作家乔纳森·斯威夫特（Jonathan Swift）在1726年出版的《格列佛游记》（*Gulliver's Travels*）中通过对拉格多大科学院的描写，对皇家学院进行了机智幽默的讽刺：

> 这所科学院并不是一整座独立的建筑，而是街道两旁一连串的几所房子……每一个房间里都有一位或一位以上的设计家；我相信我参观的房间不在五百间以下。
>
> 我见到的第一个人样子很瘦，手脸烟黑，头发胡子一把长，衣衫褴褛，有几处都被火烤糊了。他的外衣、衬衫和皮肤全是一种颜色。八年来，他一直在从事一项设计，想从黄瓜里提取阳光，装到密封的小玻璃瓶里，碰到阴雨湿冷的夏天，就可以放出来温暖空气。他告诉我，他相信再有八年，他就可以以合理的价格向总督的花园提供阳光了……

在皇家学会360多年的历史中，有许多真正了不起的人物曾担任会长，其中的许多人都贯彻了学会的座右铭"Nullius in verba"（大意为"不要轻信任何人的话"）。这些人包括克里斯托弗·雷恩（Christopher Wren，12位创始成员之一）、塞缪尔·佩皮斯（Samuel Pepys）、牛顿、汉斯·斯隆（Hans Sloane）、约瑟夫·班克斯（Joseph Banks）、戴维、T.H.赫胥黎、约瑟夫·李斯特（Joseph Lister）、卢瑟福和霍华德·弗洛里（Howard Florey）。1756年，富兰克林（Benjamin Franklin）成了第一位当选为英国皇家学会院士的美国人。不过，在许多层面上，皇家学会依然是反映整个社会的一面镜子。直到1945年，皇家学会才有了第一位和第二位女院士，这在今天看来是匪夷所思的。她们是爱尔兰晶体学家凯瑟琳·朗斯代尔（Kathleen Lonsdale）和英国生物化学家玛乔丽·斯蒂芬森（Marjory Stephenson）。

耳环中由无数世界组成的世界

聪慧又博学的女士

玛格丽特·卡文迪许（Margaret Cavendish，约 1623—1673），泰恩河畔纽卡斯尔公爵夫人，曾是国王查理一世之妻亨丽埃塔·玛丽亚王后的侍女，1644 年陪同王后流亡到巴黎。在巴黎，玛格丽特遇到了法国哲学家笛卡尔等人，还有她未来的丈夫威廉·卡文迪许（William Cavendish）。

玛格丽特·卡文迪许直言不讳地对社会上女性屈于男性的从属地位提出批评，并公然拒绝追求时尚。1667 年，她参加了玻意耳和罗伯特·胡克（Robert Hooke）举行的科学演示，成了第一位造访皇家学会的女性。人们不禁好奇胡克会对此事作何看法——卡文迪许夫人曾在自己的《实验哲学观察》(Observations Upon Experimental Philosophy，1666 年）中对胡克于 1665 年出版的《显微术》(Micrographia）一书进行过抨击，她有一条著名的评论："通过显微镜审视蜜蜂，并不会为其带来蜂蜜。"作为一名敬业的作家，她最著名作品《燃烧的世界》(The Blazing World，1666 年）是一部早期的科幻小说，描述了一个没有战争和偏见的乌托邦社会。在威斯敏斯特教堂有一座卡文迪许夫妇的大理石纪念碑，上面写着这样一句话："这位公爵夫人是一位聪慧的智者，也是一位博学的女士，她的许多著作都充分证明了这一点。"下面的这首诗里，卡文迪许用普通的物件来探讨多重世界的思想，这一主题在其作品中多次出现。该诗出自其诗集《诗歌与幻想》(Poems and Fancies，1653 年）。

这个世界中还有许多世界

就像盒子一样大大小小，
每个盒子都有自己的型号，
这个世界也将许多世界嵌套，
装进下一个需要更加轻薄：
尽管我们无法感觉得到，
有的世界要比两便士的硬币还小，
这般鬼斧神工，自然有着无穷的奥妙，
我们的感官迟钝无法轻易找到：
假如每个生灵都有各自的外貌，
世界中或许有生灵如原子般渺小，
如果四个原子就能构成世界，那么你瞧：
在一枚耳环中能将多少世界寻找，
仅在小小别针的针尖之中，
原子的数目就能将百万达到。
如果真的这般渺小，那么女士们或许，
会在耳垂上用无数世界组成的世界来装饰外表。

在这首诗发表 20 年后，荷兰科学家安东尼·范·列文虎克（Antonie van Leeuwenhoek）给英国皇家学会写了一封信，描述了他用大幅改进的自制显微镜所进行的实验。在接下来的几年里，列文虎克留下了许多原始的观察记录，包括他从自己的牙齿上刮下牙斑，从中看到他称之为"极微动物"的东西（细菌）。讽刺的是，列文虎克的研究灵感正是来自胡克的《显微术》，而卡文迪许夫人曾对该书不屑一顾。好吧，人无完人。

> 在马克思看来，科学是一种在历史上起推动作用的、革命的力量。任何一门理论科学中的每一个新发现——它的实际应用也许还根本无法预见——都使马克思感到衷心喜悦，而当他看到那种对工业、对一般历史发展立即产生革命性影响的发现的时候，他的喜悦就非同寻常了。
>
> 恩格斯（1820—1895），摘自 1883 年他在卡尔·马克思葬礼上的悼词

划伤表面

萤石

物质的相对硬度

德国地质学家腓特烈·莫斯（Friedrich Mohs，1773—1839）制定的莫氏矿物硬度表中列有 10 种矿物，硬度依次递增。该硬度表的基本原理是：一种矿物可以被莫氏硬度更大的矿物划伤，但无法被莫氏硬度更小的矿物划伤。

莫氏硬度不仅仅适用于这 10 种矿物，还可以用来评估任何固体的硬度。因此，如果一种固体可以被磷灰石划伤，但不能被萤石划伤，那么它的莫氏硬度就在 4 到 5 之间。石墨（可用于制造铅笔芯）的莫氏硬度在 1 到 2 之间。莫氏硬度小于 2.5 的物质通常可以被指甲划伤，莫氏硬度小于 4 的物质可以被硬币划伤，莫氏硬度小于 6 的物质可以被小刀划伤。莫氏硬度表示的是相对硬度，相邻矿物之间绝对硬度的差值并不一致。

黄玉

石英

莫氏硬度	矿物名称
1（最软）	滑石
2	石膏
3	方解石
4	萤石
5	磷灰石
6	长石
7	石英
8	黄玉
9	刚玉
10（最硬）	金刚石

一律二名

有争议的定律

如果让我说出三个与科学定律挂钩的名字，我可能会回答玻意耳、胡克和牛顿。其中第一个名字指的是英裔爱尔兰科学家玻意耳。玻意耳是英国皇家学会的创始人之一，玻意耳定律就得名于他。该定律涉及气体的压力和体积之间的关系，满足下列公式：

$$pV = 常数$$

然而，在欧洲大陆，该定律有另一个名字，叫作马里奥特定律，是以法国牧师、科学家埃德蒙·马里奥特（Edmé Mariotte）的名字命名的，他也独自发现了这一定律，并给出了自己的表述。马里奥特还有一些其他的发现，比如视神经与视网膜的连接处是一处盲点——人们几乎意识不到这一点，因为借助另一只眼睛提供的信息，大脑对看不到的区域进行了填补。要找到法国人和英国人存在分歧的领域并不难，但在这件事上，英语世界在理——玻意耳占了先机，他发表这一发现的时间比马里奥特早了10多年。

这位牧师还在其他地方吃了亏。1967年，英国演员西蒙·普雷布尔（Simon Prebble）成功说服了伦敦的哈洛德百货购置了一批他称之为"牛顿摆"的装置，这种装置后来成了流行的"办公室摆件"。实际上，最先进行实验，探究摆球碰撞现象的是马里奥特。1671年，马里奥特向法国科学院汇报了他的发现，并在两年后将成果公开发表。14年后，牛顿在《原理》[①]一书中对马里奥特的工作表示了认可，并得出结论：动量，即牛顿所说的"运动量"，总是守恒的。如果这种摆件叫"马里奥特摆"，是否还卖得这么好，就不得而知了。

化学之父兼科克伯爵之叔

根据记载，罗伯特·玻意耳的墓志铭如是写道

---

① 指《自然哲学的数学原理》。

喝点别的

沸点

科普作家布莱恩·克莱格（Brian Clegg）在其《飞行中的科学》（*Inflight Science*）一书中讨论了在飞机上能否喝到一杯像样的茶。他明确回答："不能。"原因很简单，由于机舱内的气压比我们日常生活环境的气压要低，乘务员无法将水烧到理想温度100℃，满足不了品茶师的要求。因为水（或其他任何物质）的沸点会随着压力的降低而降低，在飞机机舱内加热的水会在升温至100℃之前就达到沸点（水会在93℃沸腾）。

海拔的不同会导致气压的差异，质量会因此受到影响的食品不止茶叶一种。1835年，达尔文在"小猎犬号"的航程中也有所发现：

> 翻越（位于智利的）佩乌克内斯山脊之后，我们来到了一个多山的国家……海拔可能不低于3350米……在我们睡觉的地方，与海拔较低的国家相比，由于气压降低，水沸腾时的温度必然会更低……
>
> 因此，土豆在沸水中煮了几个小时后，几乎和没煮时一样硬。锅在火上烧了一晚上，第二天早上又把水烧开了，但土豆还是没有熟。

如果测量一下，达尔文的队伍会发现他们的水约在88.7℃沸腾。生在一个饮茶的国家，英国人很幸运，英国的最高海拔仅是达尔文在探险中抵达的最高海拔的2/5。不过，为了能给他们提个醒，下表展示了世界上不同地点的水的沸点的差异。

	海拔	水的沸点
死海	-423米	101.4℃
海平面	0米	100℃
本尼维斯山	1344米	95.6℃
波音767飞机处于巡航高度时机舱内的压力	2100米	93℃
墨西哥城	2240米	92.6℃
阿尔卑斯山勃朗峰	4810米	83.5℃
乞力马扎罗山	5895米	79.5℃
珠穆朗玛峰	8848米	68.0℃

数字筛法入门

确定素数

埃拉托色尼（Eratosthenes）是生活在公元前3世纪的希腊数学家，埃拉托色尼筛法（the sieve of Eratosthenes）就是以他的名字命名的。这是一种简单有效的方法，可以在连续的自然数（非负整数）中筛选出素数（只能被自己和1整除的数）。筛选方法如下：

每遇到2划掉它后面的第二个数字
每遇到3划掉它后面的第三个数字
每遇到4划掉它后面的第四个数字
每遇到划掉……哦，你知道怎么划了。

这就是1到100划完之后还剩下的数字：

你可能会注意到剩下的数字有个有趣的现象——它们经常成对出现，彼此只相差2，例如3和5、11和13、17和19、29和31，等等。计算表明，这种素数对将会持续出现，称为孪生素数，但目前尚未有人就此给出证明。

1742年，普鲁士数学家哥德巴赫给瑞士同行欧拉写了一封信，他在信中提出了一个猜想，即每个大于2的偶数都可以写作两个素数之和。例如8=3+5，18=11+7，以此类推。到目前为止，尚未发现能推翻哥德巴赫猜想的反例。但是，就像孪生素数猜想一样，哥德巴赫猜想也未能得到证明。2000年，希腊作家阿波斯托洛斯·佐克西亚季斯（Apostolos Doxiadis）的小说《佩特罗斯叔叔与哥德巴赫猜想》（*Uncle Petros and Goldbach's Conjecture*）在美国的出版方布鲁姆斯伯里和在英国的出版方费伯发表联合声明，表示在该书出版后两年内，若有人能证明哥德巴赫猜想，双方将向证明者支付100万美元的奖金。两年过后，还是没人证得出来，出版社的财务经理松了一口气。

体内生电

《弗兰肯斯坦》和电的复活能力

在十一月的一个阴郁的夜晚，我的工作终于完成了。在极度的焦急不安中，我把激活生命所需要的各种仪器放在我的周围，准备给躺在我脚下的躯体注入生命。当时已经是凌晨一点了，阴冷的雨滴狂乱地打在窗上，蜡烛也即将燃尽。突然，就在火苗临近熄灭的微光里，我看到那具躯体睁开了浑浊昏黄的眼珠，呼吸急促，四肢抽搐了起来。

《弗兰肯斯坦》（*Frankenstein*）第五章开篇，玛丽·雪莱，1818年

玛丽·沃尔斯通克拉福特·葛德文，即后来的玛丽·雪莱（Mary Shelley），1797年8月30日出生在伦敦卡姆登和圣潘克拉斯之间的萨姆斯镇。她的父母都是激进的作家：母亲玛丽·沃尔斯通克拉福特（Mary Wollstonecraft）是《女权辩护》（*A Vindication of the Rights of Woman*，1792）的作者，该书的主张包括男孩和女孩应接受平等的教育；父亲威廉·葛德文（William Godwin）是一位无神论者，也是无政府主义原则早期的提倡者。威廉·葛德文著作颇丰，包括《政治正义论》（*Enquiry Concerning Political Justice*，1793）和小说《卡列布·威廉姆斯》（*Caleb Williams*，1794）。

玛丽的母亲死于产褥热，去世时玛丽刚出生11天。几乎可以肯定这种疾病是医生在帮助玛丽分娩时意外使其感染的。后来，玛丽的父亲再婚了，她在一个汗牛充栋的房子里长大，许多大思想家经常光顾这里，包括博学的大诗人塞缪尔·泰勒·柯勒律治。父亲葛德文这样描述年方十五的玛丽："胆子特别大，有点傲慢，而且思想活跃。她的求知欲很强，在她所做的每件事上，她都展现出了坚不可摧的毅力。"

1814年，在玛丽17岁生日的几个月前，她和21岁的诗人雪莱相爱了。她的父亲不同意这门婚事，于是他们私奔到法国，最终在1816年底于伦敦完婚。当时，玛丽正在创作《弗兰肯斯坦》，人们普遍认为这部作品是"第一部真正的科幻小说"。

1816 年夏天，当 19 岁的玛丽·雪莱开始写作《弗兰肯斯坦》时，死神就已经缠上了她。玛丽在出生后就失去了母亲，而在 1815 年，她的第一个孩子出生仅几周后就夭折了。玛丽后来写道，在一场反复出现的梦境中，"我的小宝宝又活过来了；他只是有点冷，我们在火前为他擦了擦身子，他就活过来了。"

1816 年 6 月，玛丽、雪莱和玛丽的继妹克莱尔·克莱尔蒙特住在瑞士的日内瓦附近，离诗人拜伦勋爵和其医生约翰·威廉·波利多里的住处很近。当月的一天晚上，这些人发起了一场鬼故事比赛。15 年后，回顾这一事件，玛丽写道：

> 拜伦勋爵和雪莱……讨论了……生命原理的本质，以及生命原理是否有可能得以发现并传达给世人……也许这会让一具尸体死而复生；电疗已经可以达到这般效果了；也许某一生物的组成部分可以制造出来，聚集在一起，也能赋予其生命的温度。
>
> 随着谈话的进行，夜幕渐渐降临，甚至在我们语罢休息之前，巫术时刻①就已经过去了。当我的头枕在枕头上时，我并没有睡着，也不能说我在思考。我的想象力自作主张地占据并引导着我，使我脑海中产生了一系列的连续图像，这些图像远比平常想象的更加生动鲜活。我看到——我闭着眼睛，但精神上的视觉却很敏锐——我看到那个研习邪术的学生脸色苍白，跪在他组装的东西旁边；我看到一个狰狞的人影被拉长；然后，在某个强大的引擎的作用下，显示出生命的迹象，并以一种令人不安的、半死不活的方式微微颤动着。

在玛丽·雪莱创作《弗兰肯斯坦》的近 40 年前，意大利解剖学家路易吉·加尔瓦尼（Luigi Galvani）在青蛙的解剖上花费了数年。1780 年，他的研究兴趣发生了巨大的转变。当他的金属手术刀接触到蛙腿的内部神经时，他突然观察到了强烈的肌肉收缩。当钢制手术刀接触到用于固定蛙腿的铜钩时，也出现了类似的现象。加尔瓦尼进一步进行了许多实验，在其中一次实验中，暴风雨天气也引起了类似的肌肉收缩。这些实验的结果以及一系列的后续研究，使加尔瓦尼证明并发展了当代的生物电理论。1791 年，加尔瓦尼出版了《电对肌肉运动影响的评述》(*Commentary on the Effects of Electricity on Muscular Motion*)。

12 年后，即 1803 年，加尔瓦尼的侄子乔瓦尼·阿尔迪尼（Giovanni Aldini）在刚处决完毕的伦敦杀人犯乔治·福斯特（George Foster）的身上进行了几次实验。当时的报告中写道："在第一次使用电弧时，下巴开始颤抖，相

---

① 说法不一，可能指午夜刚过，也可能指凌晨 3~4 点。

邻的肌肉扭曲得吓人，左眼确实睁开了。"研究继续进行："将导体置于耳朵和直肠处，引起了肌肉收缩，比之前的实验要强得多……给人一种（几乎）要复活的感觉。"

加尔瓦尼的首版《评述》仅印刷了12份，其中的一份寄给了意大利物理学家伏特。起初，伏特是加尔瓦尼结论的热情支持者。然而，当伏特开始仔细研究他这位同胞的实验，并亲自重复其中的许多实验时，情况发生了变化。在加尔瓦尼看来，电流的产生发生于青蛙的肌肉中，而伏特的聪明之处在于意识到两种不同的金属的存在是电流产生的原因。伏特认为，青蛙本质上充当了一个极其灵敏的静电计（一种测量电流的仪器）。于是，伏特开始研究如何增加两种不同金属产生的电流。

伏特的实验致使其发明了电堆（electric pile），我们现在称之为电池（battery）（电池实际上是由一系列这样的电堆或单体电池组成的）。在对不同的金属对进行实验后，伏特确定了锌和银能达到最大的效果。然而，他也认识到，加尔瓦尼的青蛙为这一过程做出了必不可少的贡献——提供了导电液体。据此，伏特的第一个电堆由锌和银的圆盘交替组成，每个圆盘之间有盐水浸泡过的纸板，两端连有电线。电流的大小取决于所使用的金属，可以通过增加圆盘的数量来增加电流。这是人类第一次可以产生稳定的电流，这项发明彻底改变了科学。

> 要研究生命的起因，必须首先求助于死亡。
> 出自《弗兰肯斯坦》第三章
> 作者：玛丽·雪莱，1818年

伦敦皇家学会于1800年正式宣布伏特发明了"电堆"——几乎在同一时间，英国化学家戴维开始研究其潜在价值。在两年的时间里（1807—1808），戴维用一块电池发现并命名了钾、钠、钙和钡等元素。

1816年秋天，玛丽·雪莱在创作《弗兰肯斯坦》时，读到了戴维的《化学哲学原理》（*Elements of Chemical Philosophy*，1812），其中介绍了戴维在化学和电学方面的成果。一些学者认为戴维的成果为《弗兰肯斯坦》提供了灵感，奠定了将科学家表现为英雄式浪漫冒险家的传统。这的确有够科幻。

美国学者查尔斯·E. 罗宾逊（Charles E. Robinson）表示，《弗兰肯斯坦》有多达11个版本存在。我们能接触到的最早的文本是小说的第一份完整草稿，其中约有87%的内容留存了下来。在玛丽撰写手稿时，她的丈夫雪莱提出了各种修改建议。这些建议包括：将一些句子和段落开头的"而且（And）"和"但是（But）"删除；以及在使用关系从句时，将关系代词"that"改为"which"。据估计，在成稿时共计72000字的小说中，珀西·雪莱总共贡献了4000至5000字。然而，这部作品仍是属于玛丽·雪莱自己的杰作。

行行好，
把证明过程写出来吧

小定理和大定理

皮埃尔·德·费马（Pierre de Fermat，1601—1665）是一位律师，也是一位业余的数学家——说他业余是因为对于他提出的定理，他并不是总有兴致证明出来，诚如下文所述。费马成年后的大部分时间都是在法国图卢兹度过的。在费马的所有成果中，最有名的或当属费马小定理和费马大定理。

费马小定理有不同的表述形式，用于判断一个数字 p 是否为素数。若数字 p 为素数，a 为任意正整数，则：

$$a^{p-1} - 1$$

可被 p 整除。

例如：令 $p=13$，$a=2$，则

$$2^{12} - 1 = 4095$$

能被 13 整除（4095 除以 13 等于 315），所以 13 是一个素数。

按照费马的惯例，当他把这一定理给一位朋友看时，他并没有提供证明，因为他担心证明过程太长了。直到 100 年后，证明过程才由数学家莱昂哈德·欧拉发表出来。

费马还在他手头的《算术》（Arithmetica）一书（该书的作者是 3 世纪的希腊数学家丢番图）的空白处写下了一份声明，后称为费马大定理。直到 350 多年后，费马大定理才得到证明。("将一个立方数分成两个立方数之和，或一个四次幂分成两个四次幂之和，或者一般地将一个高于二次的幂分成两个同次幂之和，是不可能的。关于此，我确信我已发现了一种美妙的证明方法，可惜这里的空白处太小，写不下。")实质上，该定理是在说不存在使下列方程成立的正整数：

$$x^n + y^n = z^n, 其中 n \geq 3$$

费马大定理的一个特例是毕达哥拉斯定理（勾股定理），当 $n=2$ 时，3、4、5 可作为方程的一组解。

如何证明费马大定理？这一问题困扰了数学家们几个世纪。直到 1993 年 6 月，英国数学家安德鲁·怀尔斯（Andrew Wiles）在一份长达 200 页的文件中宣布找到了证明方法。但不出几个月，在怀尔斯的证明中就发现了一处错误。在另一位英国数学家理查德·泰勒（Richard Taylor）的帮助下，怀尔斯尝试修正这一错误。一年之后，两篇论文产生了——一篇是怀尔斯的长论文，另一篇是怀尔斯和泰勒合写的短论文。这一次，没有人对证明提出异议，这个故事也终于画上了句号。1995 年 5 月，著名期刊《数学年刊》用了整整一期刊示了这一证明过程。

> 我对数学问题也很有研究。我会解方程，无论是一次的还是二次的。关于二项式定理，我有许多见解。关于斜边的平方，我知道许多振奋人心的发现。我擅长积分和微分。我知道不同生物的学名。总之，在植物、动物和矿物的学问上，我是现代少将的典范。
>
> W.S. 吉尔伯特（W. S. GILBERT，1836—1911），英国剧作家《我是现代少将的典范》中的歌词，出自《彭赞斯的海盗》（1879 年）

臭气熏天

法拉第笔下的泰晤士河臭味横行

泰晤士河在 2012 年伦敦奥运会的开幕式上发挥了重要作用——谁能忘记曾为英格兰队出战 115 次的足球运动员大卫·贝克汉姆乘着快艇，携带奥运火炬沿泰晤士河逆流而上的标志性画面？这在 160 年前几乎是不可能的，因为贝克汉姆会感受到铺天盖地的臭味，这是人们污染了河流的结果（我在此处说得很客气）——努力忍着不吐时很难假装潇洒——我懂的，因为我试过。

1858 年的夏天特别炎热，因此河水的气味非常糟糕，以至于被称作"大恶臭（The Great Stink）"。来自社会各阶层的人都不能幸免于难。为了解决这场恶臭，土木工程师约瑟夫·巴泽尔杰特（Joseph Bazalgette）设计了全新的污水处理系统。然而，这已经是法拉第撰文痛斥河水恶臭的三年之后的事了。1855 年，著名科学家法拉第忍无可忍，就泰晤士河的现状给《泰晤士报》的编辑写了一封信（内容见下页）。他在信中生动地描述了当时河流的污染状况，景象十分令人不悦。

在法拉第的信刊出两周后，《笨拙》杂志（Punch）刊登了一幅诙谐的漫画《法拉第递名片给泰晤士老爹[①]》，并附了一行字："我们希望这位邋遢的老头可以向博学的教授请教请教。"

[①] 泰晤士河的绰号。

先生：

　　今日下午一点半至两点之间，我搭乘汽船在来到了伦敦桥和亨格福德桥之间的区域；当时水位较低，我想应该快要涨潮了。河水的样子和气味一下子就吸引了我的注意。整条河的河水成了一种不透明的淡褐色液体。为了测试其浑浊度，我把一些白色的卡片撕成碎片，将碎片弄湿，这样就能很容易地沉入水中。之后每当汽船抵达一处码头，我就把一些碎片扔进水里；尽管当时光线充足，这些碎纸片在水深还不到一英寸的地方就看不清了；如果碎片在下沉时边缘朝下，在碎片的上半部分被水淹没之前，下半部分就看不着了。这种情况在圣保罗码头、黑衣修士桥、坦普尔码头、南华克桥和亨格福德桥都有发生；我毫不怀疑，在河的上下游还会出现这种情况。在几座桥附近，污物在水中翻卷成团。这些污物密集之甚，从水面上就能看到。

　　整条河流的河水普遍都很难闻；河水的气味和正从大街上的下水道里冒出来的气味是一样的；整条河流就是一条名副其实的下水道。我刚呼吸过乡下的空气，或许比其他人更加敏感；我觉得自己无法继续坐船前往兰贝斯或切尔西，我很乐意走上大街，只要离下水道远点，气味就比在河面上清新不少。我认为自己有责任将这些事实记录下来，也许有望引起那些有权或有责之人的注意，以改善河流的状况；我说的并不是什么比喻，也没有任何夸张的成分；只是在讲述纯粹的事实。如果有人有足够的权力，连街区内几座简易住宅附近的腐烂池塘都要清除，那他也肯定不会放任这样一条横贯伦敦的长河变成发酵的下水道。我所看到的泰晤士河的状况也许会被当成例外，但这种情况本不应该出现。与其说是例外，我更担心这会迅速发展成一种常态。如果我们对这一问题视而不见，我们就无法指望自己能免遭报应；如果在多年之后，炎热的季节不幸证明了我们的疏忽有多愚蠢，我们也不该感到惊讶。

您忠实的仆人
法拉第

7月7日于皇家学会

堕落与色情

名字愚蠢而真实存在的分子

2008年，来自布里斯托大学的化学家保罗·梅教授（Paul May）创作了《愚蠢或独特的分子名称》（*Molecules with Silly or Unusual Names*）一书。梅教授自1997年以来一直维护着相关的网站，本书就是由网站内容扩展而来的。我强烈建议你找来看看，尤其是当你的幽默感会时不时地让你犯傻时。恐怕我就是这种人。

书中包括以下内容：

双脲（Diurea）
当了解这种物质应用于化肥工业后，也许你不会感到惊讶。

杂种烷（Bastardane）
与金刚烷类似，这种分子在结构上偏离了标准的碳氢化合物笼式结构，因此被称为杂种烷——一个意外得来的孩子。

抑动蛋白（Profilactin）
由抑制蛋白（profilin）和肌动蛋白（actin）结合形成的复合物未获正式认可的名称，于是就有了抑动蛋白这一名称；肌动蛋白与肌肉的收缩有关，这个名字起得还是很恰当的。

企鹅酮（Penguinone）
之所以称为"企鹅"，是因为其二维结构（有点）像一只企鹅。企鹅酮是酮的一种，因此其英文名称以"-one"结尾。

铀酸根（Uranate）①

铀酸根是铀氧化物的阴离子（带负电的离子）的统称，如 UO_4^{2-}。硝酸铀也称为硝酸铀酰（在英语中音似"You are a night rate"，指夜间费率，这种说法并不常见，译者注）。也许白天是免费的（人们说，笑话总是老的好）。

砷唑（Arsole）②

一种含砷的环状分子，因《金属有机化学杂志》上刊登的论文《砷唑的化学性质研究》而崭露头角。如果告诉你该标题原本是用德语写的会不会不容易想歪？

色情酸（Erotic Acid）

这种物质可无法让你兴奋，实际上正确的写法是乳清酸（Orotic Acid）。但弗洛伊德③关于口误和笔误的看法可能还是有道理的，也许他应该多研究研究化学家。这种酸的名称被拼错了很多次，"色情酸"这个名称现在已经保留下来了。

金刚烷（Adamantane）

亚当·安特（Adam Ant）是20世纪80年代初最知名的流行歌手之一，也参与创作了《白马王子》（Prince Charming）和《不许动，交出来》（Stand and Deliver）等经典歌曲。很遗憾，这种结构类似于钻石晶胞的化学物质的名称与亚当·安特没有任何关系。金刚烷名称取自希腊语 adamas，意为"坚不可摧的"。

阿波罗11醇（Apollan-11-ol）

阿波罗11醇最初是在阿波罗11号登月时合成的。在二维空间表示时，该分子看起来就像小孩子画的火箭，具有尾翼和排气管。还有一个羟基连接到第11号碳原子上，使物质成了一种醇（-ol）。这个名字显然要比该分子原来的名字更容易让人记住：1,4,4,7-四甲基三环 $[5.3.1.0^{2,6}]$ 十一烷。

窗烷（Windowpane）④

窗烷是一种碳氢化合物，化学式为 C_9H_{12}，其结构为四个正方形拼在一起形成的大正方形，因此形似窗户。窗烷从未被合成过，但有人合成了一种缺了一个角的版本——这样只剩三个正方形拼接成 L 形，这一分子被形象地称作"破窗烷（broken windowpane）"。

---

① Uranate 近似于 Urinate，是排尿的意思。
② Arsole 近似于英文中的粗话 Asshole，字面意思为肛门，常指代笨蛋、蠢货。
③ 弗洛伊德（1856—1939），奥地利精神病医师、心理学家、精神分析学派创始人。
④ Windowpane 本身有着"窗户玻璃"的意思。

天体音乐

Mensus eram coelos, nunc terrae metior umbras: Mens coelestis erat, corporis umbra jacet.

（我曾测量天空的高度，而今丈量大地的影深。精神归于天国，身影没于尘土。）

天文学家约翰尼斯·开普勒的墓志铭。根据其女婿的记载，这段话可能是开普勒自己写的。

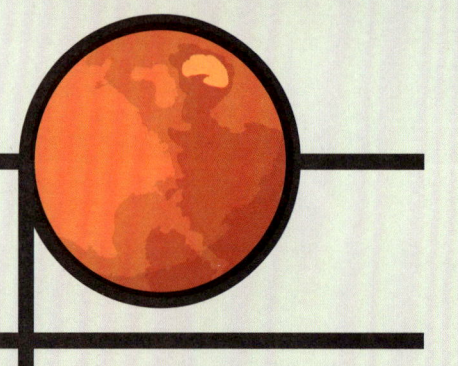

天空立法者开普勒

正如在本书其他部分介绍的，德国天文学家开普勒是科学史上巨人中的巨人——他是哥白尼体系的早期支持者，在16世纪初，开普勒发现了太阳系真实的排列方式，最终取代了哥白尼体系。开普勒的成就有一部分要归功于16世纪的杰出天文观测者、丹麦天文学家第谷。但讽刺的是，第谷曾力图证明地球绝不会移动。

利用第谷提供的极其精确的数据，开普勒得以确定火星是沿椭圆轨道运行的，而不是之前的所有体系所认为的圆形轨道，而且火星的移动速度是有变化规律的。对开普勒来说，这个意外发现带来了一个问题——既然圆看起来如此和谐，为什么上帝还要制造一个基于椭圆的系统？开普勒的这一想法受到了古代毕达哥拉斯学派的"天体音乐"的影响，认为天体的运动在天上产生了一种声景。

开普勒研究了每颗行星（当时有六颗已知的行星）在远日点（行星距太阳最远的地方，因此速度最慢）和近日点（行星距太阳最近的地方，速度最快）的速度。令人难以置信的是，他发现相关比例与音乐中的比例基本一致。例如，火星在近日点和地球在远日点的速度之比，与音乐中纯五度音程中的两个音高之比相同。经证明，开普勒的工作对科学是有实际意义的——开普第三定律就是开普勒研究行星速度所得出的重要成果之一。

开普勒三大定律

1

行星绕太阳运行的轨道是椭圆形的，太阳位于椭圆的一个焦点上（一个椭圆有两个焦点）。

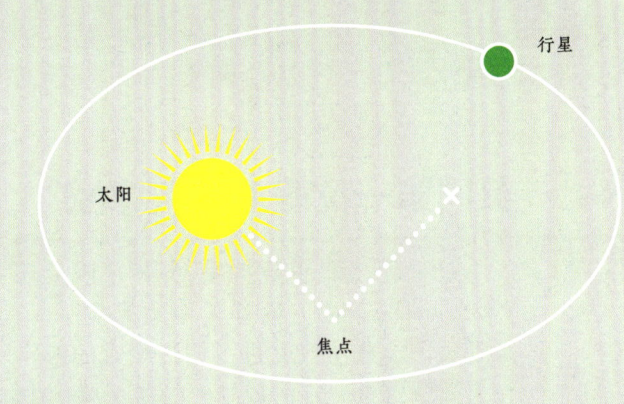

行星

太阳

焦点

2

行星和太阳的连线在相等的时间内扫过的面积相等——在行星距太阳最近（近日点）和最远（远日点）时也是如此。

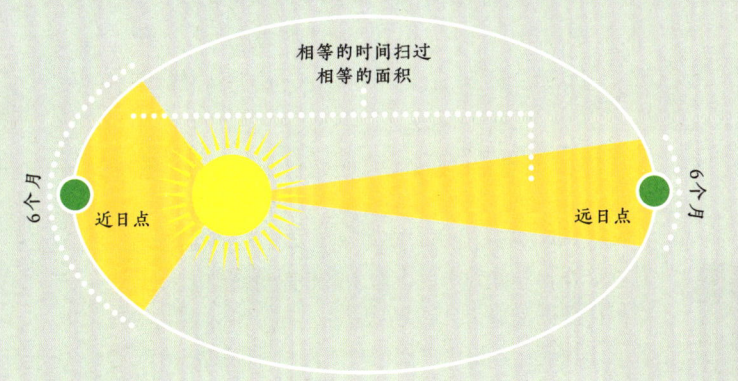

相等的时间扫过相等的面积

6个月

近日点

远日点

6个月

3

行星的公转周期（T）的平方与其距太阳的平均距离（a）的三次方成正比（$T^2 \propto a^3$）。

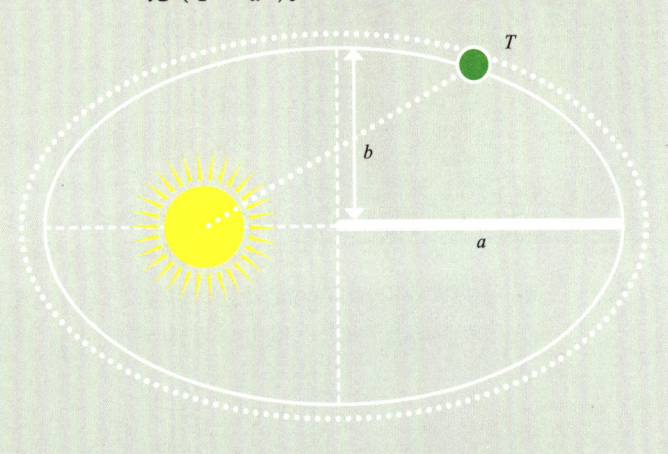

T

b

a

未受颂扬的科学女英雄

英国第一位职业女科学家

1762年，梦想成为音乐家并以此安身立命的威廉·赫歇尔（William Herschel）离开了他的家乡——德国西北部的汉诺威。他来到英国，在伦敦度过了相当艰难的四年后，搬到了巴斯。赫歇尔在巴斯取得了一定的成绩，收了一些学生，还在著名的泵房（Pump Room）内演出过。此时，他的经济条件比以往任何时候都要好，于是开始将他的兄弟姐妹带到巴斯。几乎没有受过教育的妹妹卡罗琳·赫歇尔（Caroline Herschel）于1772年来到巴斯，帮忙打理家务。威廉教授了卡罗琳一些声乐知识，很快卡罗琳就成了公开演出的常客，在亨德尔的清唱剧《弥赛亚》等作品中担任首席女高音。

卡罗琳·赫歇尔

自从来到英国后，威廉对天文学的兴趣越来越浓。在他妹妹到来后，天文学开始挤占他的音乐时间。威廉建造了自己的望远镜，把自家的地下室改成了玻璃厂，以生产比当时的镜片性能更好的产品，还将自己的天文观测结果写成论文予以发表。卡罗琳开始花费越来越多的时间协助自己的哥哥进行研究，一打磨镜片就好几个小时，这耽误了她的音乐事业。

威廉的这些努力得到了回报，他发现了后来被称为天王星的行星，并想把它命名为乔治星，以讨好英王乔治三世。而德国天文学家约翰·埃勒特·波得（Johann Elert Bode）则提出了天王星这一名称，并最终胜出。然而，威廉就此赢得了国际声誉。第二年，国王想让他去温莎担任皇家天文学家，并提供每年200英镑的津贴，他接受了这一职位。虽然这实际上为卡罗琳的音乐生涯画上了句号，但在威廉的训练下，她已经成了一名助理天文学家。

家中天文台

威廉·赫歇尔建造的高达 6 米的反射式望远镜，在他于 1781 年发现天王星的两年后首次使用。

卡罗琳是一位细致的观察者，她开始专攻星云和彗星的研究。1786 年 8 月 1 日，卡罗琳发现了第一颗彗星，后来又发现了七颗。1787 年，卡罗琳从国王那里获得了每年 50 英镑的津贴，成了英国第一位职业女科学家。卡罗琳的名气越来越大。1790年，她收到了巴黎天文台台长寄给她的一封信，收件人写的是"卡罗琳·赫歇尔小姐，著名天文学家，斯劳[1]"。卡罗琳工作起来一丝不苟，甚至在她哥哥结婚后，她被迫独自居住时仍在继续工作。1828 年，她获得了伦敦天文学会[2]的金质奖章。到了晚年，卡罗琳回到了汉诺威，开始撰写自己的回忆录。她于 1848 年去世，享年 97 岁。

下面这首诗歌是由美国瑞典裔作家、艺术家西夫·塞德林（Siv Cedering）创作的。1985 年，塞德林凭借这首诗赢得了科幻诗歌协会创设的雷斯灵奖。这一现代作品精彩地呈现了卡罗琳·赫歇尔的生活，也深刻地提醒着我们科学界还有一些无名的英雄。

卡罗琳·赫歇尔的来信

威廉不在身边，
而我关注着上天。
我发现了八颗新彗星和三个星云，
此前未曾有人发现。
我正在为弗拉姆斯蒂德[3]的观测记录
准备一份索引；
以及五百六十颗恒星的名目，
这些星星被《不列颠星表》遗漏；

还有对这本书的勘误。
威廉说我对数字很有研究，
我便处理起了
所有必要的化简和计算。
他说我的直觉很准，
我的望远镜一转
就能发现一个又一个的星团，
我便要将每晚的观测安排周全。

我帮他擦拭我们新造的望远镜，
既要擦面镜，还要擦透镜。
这是现存最大的望远镜。
你能否想象
把它转向天上某个新的角落，
看到地球上从未有人发现的事物
内心会多么激动？
其实我倒希望威廉在皇家学会忙碌
或者泡在俱乐部。
这样当我做完了其他的工作，
就可以彻夜扫视星空。

有时，当我独立于黑暗之中
揭开了宇宙的又一个秘密，
我就会想起那些久违的姐妹的名字，
我们的书籍记录着科学，
却将她们遗忘。

色萨利的阿伽妮克[4]，
希帕蒂娅[5]，

---
[1] 斯劳，英国地名。
[2] 1831 年更名为英国皇家天文学会。
[3] 指约翰·弗拉姆斯蒂德（John Flamsteed, 1646—1719），英国首任皇家天文学家。《不列颠星表》（*Britannic Catalogue*）收录了他对数千颗星星的观测结果。
[4] 色萨利的阿伽妮克（Aganice of Thessaly），亦作阿格莱奥妮克（Aglaonike），活跃于公元前 2 世纪左右，被认为是古希腊第一位女天文学家，相传她能预测月食会在何时、何地发生。懂得占星术的女性会被称作"色萨利女巫"。
[5] 希帕蒂娅（Hypatia, ?—415），古埃及数学家、天文学家、哲学家，也是世界上第一位女数学家，因被控为"异教徒"而遭到暴徒的袭击，惨死于恺撒瑞姆教堂。

希尔德加德[①],
凯瑟琳娜·赫维留[②],
玛利亚·阿涅西[③]

——仿佛星星自己也能将她们铭记。

你知道希尔德加德
提出宇宙的日心说时
比哥白尼早了300年吗?
你知道她写下万有引力的观点时
比牛顿早了500年吗?
但谁会听她的呢?
她只是一位修女,一介女流。
如果说那是一个黑暗的时代,
那我们的时代又该如何看待?
至于我的名字,也终将被人遗忘。
但我不会像阿伽妮克一样被控为女巫,
基督徒也不会像对待亚历山大城的希帕蒂娅那样,
威胁着把我拖到教堂,害我命丧。
这位能言善辩的年轻女子
曾设计出仪器,
能将天体的位置和运动精确测量。

无论寿命长短,人生很短暂,我才埋头苦干。
无论地位高低,与星星相比,全都不值一提。
有些秘密,我亲爱的姐妹,
该由我们揭晓。
你的名字,就像我的名字,
如歌曲般动听。

尽快回信,
卡罗琳

> 他冲破了天空的屏障
>
> 威廉·赫歇尔的墓志铭
> 赫歇尔葬于英格兰伯克郡
> 阿普顿与查尔维教区
> 的圣劳伦斯大教堂

---

① 指希尔德加德·冯·宾根(Hildegard von Bingen,1098—1179),德国女性神学家、作曲家及作家,也是哲学家、科学家、医师、语言学家、社会活动家及博物学家。
② 凯瑟琳娜·赫维留,全名伊丽莎白·凯瑟琳娜·库普曼–赫维留(Elisabeth Catherina Koopmann–Hevelius,1647—1693),波兰女天文学家,协助其丈夫约翰·赫维留(Johannes Hevelius)从事天文学研究。在丈夫去世后,凯瑟琳娜·赫维留完成并出版了他的遗作《天文导览》(*Prodromus astronomiae*)。
③ 玛利亚·阿涅西(Maria Agnesi,1718—1799),意大利女数学家、哲学家,她是首位编写了数学教材的女性,也是首位女性数学教授。

黑体研究

量子的诞生

美国物理学家阿尔伯特·迈克尔逊（Albert Michelson）因其在光速测量方面的研究获得了 1907 年诺贝尔物理学奖。1899 年，迈克尔逊发表了这样一项声明——一项任何科学家都不应发表的声明，他宣称："物理科学中更重要的基本定律和事实都已被发现，而且这些定律和事实现在十分稳固，因此它们由于新的发现而被取代的可能性非常小。"他的这番话就相当于在科学界宣称泰坦尼克号"不会沉没"。

在迈克尔逊发表声明 40 年前，德国物理学家古斯塔夫·基尔霍夫（Gustav Kirchhoff）提出了"黑体"的理论概念——一种理想的能量吸收体和辐射体，以研究物体的温度和其辐射颜色之间的关系。例如，铁在特定的温度下总是发红光，随着温度升高，铁在一定温度下会发出橙光、黄光，继而是白光。为了测量这种关系，黑体提供了完美的测量方法。黑体是黑色的，能够吸收所有入射的电磁辐射（即所有不同形式的光）。相应地，黑体会发出辐射，可以对此进行测量。科学家希望能推导出描述在特定温度下辐射强度如何随波长变化的公式（当铁变红时，辐射光在可见光区域的红色部分最为强烈）。

科学中存在一个普遍问题，即理想模型往往很难成为现实。直到 19 世纪 90 年代，制造黑体才具有实践的可能。1893 年，德国物理学家威廉·维恩（Wilhelm Wien）得出了一个公式，称为"维恩位移定律"，与当时公布的实验数据相当吻合。但定律与实验观察之间存在差异——在低频区，即光谱的红外端，差异相当明显——许多人认为是实验出错了，而不是定律出错了。柏林大学理论物理学教授马克斯·普朗克（Max Planck）希望能对该定律进行证明，并着手开展相关的工作。当普朗克埋头苦干的时候，关于理论预测和实验数据间差异的争论越来越多，最终，定律的重大缺陷还是显现了出来。

利用更精确的数据，普朗克得出了一个与数据完全相符的公式，他认为这是对维恩公式的一种改进。唯一的问题是，所有人（特别是普朗克），都不清楚这个公式到底意味着什么。还有很多工作要做，迫使普朗克几乎需要对自己所持的每一项科学假设进行验证。

> 科学家的举止令人厌恶，除非你支持他们的理论；之后你就可以向他们借钱了。
>
> 马克·吐温
> （Mark Twain，1835—1810），
> 美国作家

惊世奇闻

19 世纪 70 年代，奥地利物理学家路德维希·玻尔兹曼（Ludwig Boltzmann）基于概率论对热力学第二定律进行了统计学描述。在吸收了玻尔兹曼的想法后，普朗克开始觉得自己走上了正确的道路。但他即将发现的成果彻底超出了他的预料。经过努力，普朗克推导出了一个似乎与理论和数据相符的公式，并于 1900 年 12 月 14 日首次对外发表。这一公式出乎意料地简单，但也震撼了世界：

$$E = h\nu$$

其中 E 为能量，ν 为频率，h 为常数。

这个公式的含义十分惊人：能量就像物质一样，是由非常小的离散单位组成的，普朗克称这些单位为"能量子"。因此，能量的增加和减少是"一段段的"，就像上下楼要走楼梯一样。此前，人们一直认为能量的增加和减少是平滑、连续的，就像滚上、滚下一座平整的山丘一样。公式中的 h 称为普朗克常数，其值为 6.626×10^{-34} J·s（焦耳·秒），是物理学中最小的量之一。

自此，量子这一概念走进了我们的世界。1905 年，爱因斯坦在其关于光电效应的论文中确立了这一概念；1913 年，丹麦物理学家尼尔斯·玻尔（Niels Bohr）在其关于原子结构的研究成果中进一步扩展了这一概念。

上述成果最终进一步发展成了量子力学和量子电动力学。如果没有这些突破和其他量子领域的进展，就没有我们今天使用的晶体管、超导体或激光，这还只是丰硕成果中的三个例子，而我也不能用电脑来写这本书了。马克斯·普朗克于 1918 年获诺贝尔物理学奖，可谓是实至名归。

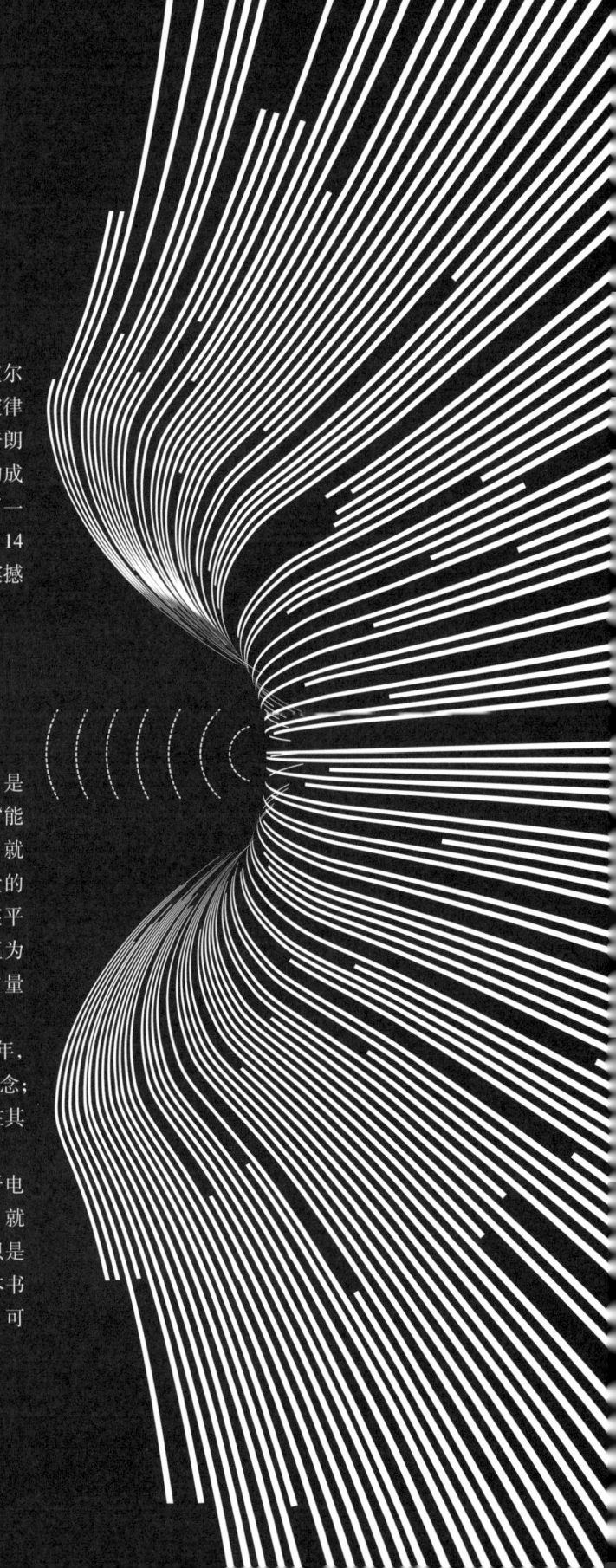

失去"冥"分

行星的定义

在 1930 年发现冥王星之后，我们说太阳系由九大行星组成，这一事实可以用一句口诀来记住：

水金地火木土天，海王冥王绕外边。[1]

然而，在 20 世纪 90 年代和 21 世纪初，当人们发现其他一些与冥王星大小相近的天体，出现了一场小危机——当时有人认为冥王星属于柯伊伯带[2]。这导致了一场激烈的辩论，讨论行星到底是什么。

为了解决这个问题，国际天文学联合会（IAU）制定了如下定义：

---

[1] 在英语中，可用 "My Very Easy Method Just Speeds Up Naming Planets" 来记忆，句中每个单词首字母对应九大行星。若改为八大行星，句子改为 "My Very Educated Mother Just Served Us Nachos"。
[2] 柯伊伯带，得名于美国荷兰裔天文学家杰拉德·柯伊伯（Gerard Kuiper，1905—1973），他提出在太阳系边缘存在一个冰物质运行的带状区域，后来得到验证。

行星是具有下列特征的天体：

A
围绕恒星运转。

B
质量必须足够大，能以自身引力克服刚体力，从而可达到静力平衡的形状（近于球体）。

C
清空了轨道邻近区域。

冥王星未能满足最后一个条件，因此遭到了降级（冥王星及类似的天体现在称为类冥矮行星）。因此，我们今天的太阳系只有八大行星，而新的口诀也应运而生：

水金地火木土天，只剩海王绕外边。

在太空中留下踪迹

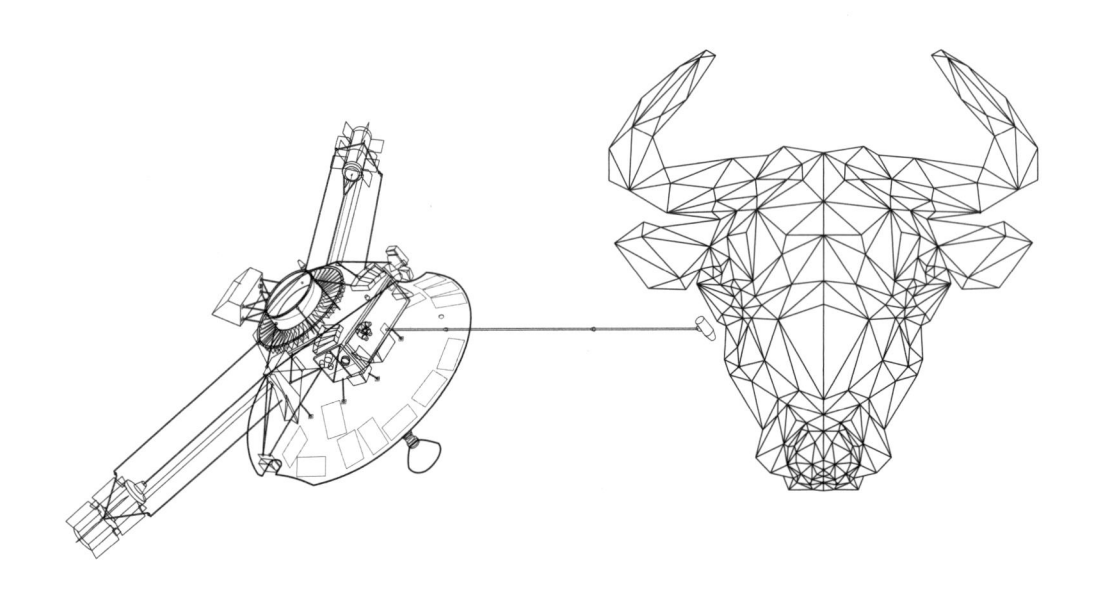

"先锋 10 号"带去了地球的明信片

"先锋 10 号"(Pioneer 10)于 1972 年 3 月 2 日发射，计划成为第一台穿越火星和木星之间的小行星带的航天器，也是第一台接近木星的航天器。"先锋 10 号"也是第一台离开太阳系，驶入外太空的航天器。因为"先锋 10 号"的所及之处比人类之前抵达的任何地点都要遥远，人们在上面安了一块牌匾（如上图所示）。牌匾上的图案是由美国科学作家、天体物理学家卡尔·萨根（Carl Sagan）与他的妻子琳达·萨尔兹曼·萨根（Linda Salzman Sagan，艺术家兼作家），还有天体物理学家法兰克·德雷克（Frank Drake）一起创作的。设计该牌匾是为了告诉可能发现"先锋 10 号"的人，这一物体何时何地发射自何人之手。

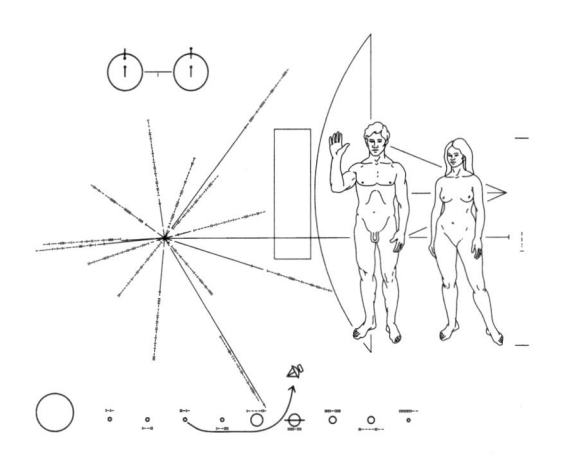

在"先锋 10 号"发射一周前，美国航空航天局对该牌匾上的符号作出了如下描述：

> 先锋号航天器，带着这块画有图案的牌匾，将成为第一个脱离太阳系、驶入星际空间的人造物体。其他星系中可能会有受过科学教育的居民，他们可能在数百万年后截获"先锋 10 号"。设计这块牌匾的目的是告诉他们，"先锋 10 号"是什么时候发射的，从哪里发射的，由什么样的生物发射的。（希望他们不会入侵地球。）所设计的图案刻在一块 6 英寸乘 9 英寸（15 厘米乘 23 厘米）的镀金氧化铝板上，这块金属板安装在航天器的天线支柱上，以帮助航天器免受星际尘埃的侵蚀。左边的辐射线代表了 14 颗脉冲星的位置，这是一种宇宙中的射电能量的来源，如此排列表示太阳是我们文明的母星。线条两端的"1-"符号是二进制数字，相对于左上方用"1"的统一符号表示的氢原子的频率，线条两端的数字代表着这些脉冲星在发射先锋号时的频率。因此，氢原子可以用作"通用时钟"，通过确定脉冲星频率定期减少的数值，另一文明便能确定自先锋号发射以来已经过去了多少时间。氢原子也可以用作"通用码尺"，用于测量右侧所示的人物形象和航天器的大小。氢的波长约为 20 厘米，乘以女人旁边显示的代表"8"的二进制数字，就可以得出她的身高：64 英寸（163 厘米）。这些数字代表了创造先锋号的生物的种类。男人举起了手，这是一种善意的姿态。图案的底部是几颗行星，自太阳由内向外排列，航天器的轨迹从地球出发，经过火星，在木星处转向。

2003 年，"先锋 10 号"与地球失去了联系，当时两者相距超过 120 亿千米。这艘航天器如今正大致朝着毕宿五的方向像幽灵一样地前进。毕宿五是一颗距地球 60 多光年外，是位于金牛座的恒星，航天器将需要 200 多万年才能抵达那里。具有同样设计的第二块牌匾挂在了"先锋 11 号"上，在"先锋 10 号"升空一年多后发射。在成为第一台近距离探索土星及其星环的航天器之前，"先锋 11 号"也前往了木星。与"先锋 10 号"一样，"先锋 11 号"在进入外太空时与地球失去了联系，现在正朝着射手座和银河系中心的方向移动。

事物的真实尺度
（缩小来看）

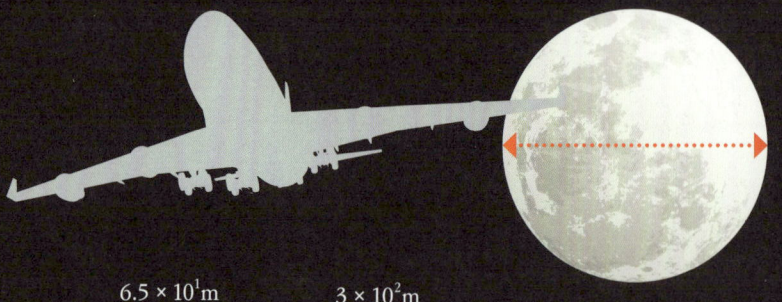

6.5×10^1 m
波音 747-400 的翼展

3×10^2 m
埃菲尔铁塔的高度

3.5×10^6 m
月球的直径

3.83×10^8 m
地球至月球的距离

5.5×10^0 m
长颈鹿的一般身高

4.2×10^4 m
马拉松的赛程

10^0 m　　10^3 m　　10^6 m　　10^9 m

1.1×10^5 m
赤道处 1° 纬度的长度

2×10^1 m
板球场球道的长度

1.3×10^7 m
地球的直径

8.85×10^3 m
珠穆朗玛峰的高度

130

1.4×10^9 m
太阳的直径

4×10^{16} m
到比邻星之间的距离,比邻星是距离太阳系最近的恒星

1.5×10^{11} m
地球至太阳的距离(即 1 AU 或 1 天文单位)

4.8×10^{12} m
太阳至冥王星的距离

10^{12} m　　10^{15} m　　10^{18} m　　10^{26} m

8.8×10^{26} m
可观测宇宙的直径

2.4×10^{12} m
盾牌座 UY 星,已知的最大恒星的直径

先天与后天

外部因素

多年以来，人们固有的普遍印象是：我们实际上是基因的奴隶，对于大自然分给我们的手牌，我们只能默默接着。爱德华·O. 威尔逊（Edward O. Wilson）——美国生物学家、社会生物学（研究进化对社会行为的影响）之父，曾活用了英国维多利亚时代作家塞缪尔·巴特勒（Samuel Butler）的话（"母鸡只是一个鸡蛋制造另一个鸡蛋的工具"）。威尔逊的这句话很有名，他说："有机体只是DNA制造更多DNA的方式。"然而，近年来这种"基因中心主义"的观点受到了一定的打击，部分原因在于表观遗传学研究的兴起。表观遗传学致力于研究基因如何在其他因素影响下产生不同的表达。

表观遗传学（Epigenetics）的意思是"在基因之上（upon the gene）"，研究的是基因表达的机制——本质上说，研究是什么开启、关闭了基因，以及是什么调整了基因的"响亮"或"安静"程度。现在人们明白，仅仅知道DNA"说"了什么还不够，了解细胞如何"解读"DNA也是至关重要的。事实证明，生活环境和食物等外部因素可以通过在DNA上作标记，极大地影响细胞对遗传密码的解读（尽管这些标记并不会影响DNA的排列顺序）。

英国生物学家内莎·凯里（Nessa Carey）在她2011年出版的《遗传的革命》（*The Epigenetics Revolution*）一书中打了这样一个比方：DNA就像一个剧本。莎士比亚的《哈姆雷特》已经上演过数千场了，尽管每一场演出都使用相同的剧本，但每一场演出对莎士比亚剧作的诠释都略有不同。进一步想，导演和演员可能在剧本上做了笔记，他们可能会强调、淡化甚至删减某一段落来帮助他们理解作品。从某种意义上说，这就是后天对DNA及其解读方式所产生的影响。

饮食的重要性

我们举一个极端的例子来说明饮食能有多重要：当蜂后建立新的蜂群时，会产下成千上万的卵。这些卵孵化后，所谓的内勤蜂会将蜂王浆喂给孵出的蜜蜂幼虫。三天后，内勤蜂不再给幼虫喂蜂王浆，幼虫只能以花粉和花蜜为食，最后发育成工蜂，准备开始酿造蜂蜜。然而，有极少数的幼虫可以继续以蜂王浆为食，最终成长为蜂后。令人难以置信的是，蜂后与工蜂体内的遗传物质不存在任何区别。这两种蜜蜂身体结构差异很大，具有不同的寿命和生理机能，而它们之所以发展成不同的个体，仅仅是因为饮食不同。它们在发育过程中所摄入的食物影响了其 DNA 中基因的表达。与之类似，某些爬行动物（如鳄鱼）的性别是由温度决定的。在这种情况下，人们无法通过染色体的组成来判断鳄鱼后代的性别，因为其性别取决于蛋在孵化的关键时刻所处的温度。

类似的事情也发生在我们自己的体内，甚至比上述现象更让我们惊讶——即细胞分化。就像上文中的蜜蜂一样，人体干细胞起初都具有相同的遗传密码，但在分化过程中，会自动转化为心脏细胞和肾脏细胞，在体内不同位置各司其职。

英国发育生物学家康拉德·沃丁顿（Conrad Waddington）在其 1957 年出版的《基因的策略》（The Strategy of the Genes）一书中描述了表观遗传的图景，生动地展示了细胞分化的过程。

沃丁顿用一个即将从山上滚下去的球来比喻细胞分化。球代表了一个有可能发生特化的细胞。随着这个球不断行进，它可以沿着山坡上任何一条山谷滚下，直到最终停在底部，抵达多个终点中的某一个——不同的山谷代表了不同的发展过程和最终特化成的不同类型的细胞。当细胞到达山底时，它已经完成了特化，成为心、肺或肾中的细胞。而现在要让该细胞变成另一种类型的细胞，比如说把心脏细胞变成肾脏细胞，会是非常困难的，因为这需要将球沿着陡峭的斜坡再推回去。如果可以的话，最好的选择是让球原路返回，以恢复其分化潜能。科学家们目前正在研究如何使其成为可能。

表观遗传学已经成为科学界最重要的研究领域之一，对所有人都具有重大意义。人们开始逐渐了解在基因层面上发生了什么，以及这会如何影响我们的生活。在未来，你可能会听到更多与之相关的消息。

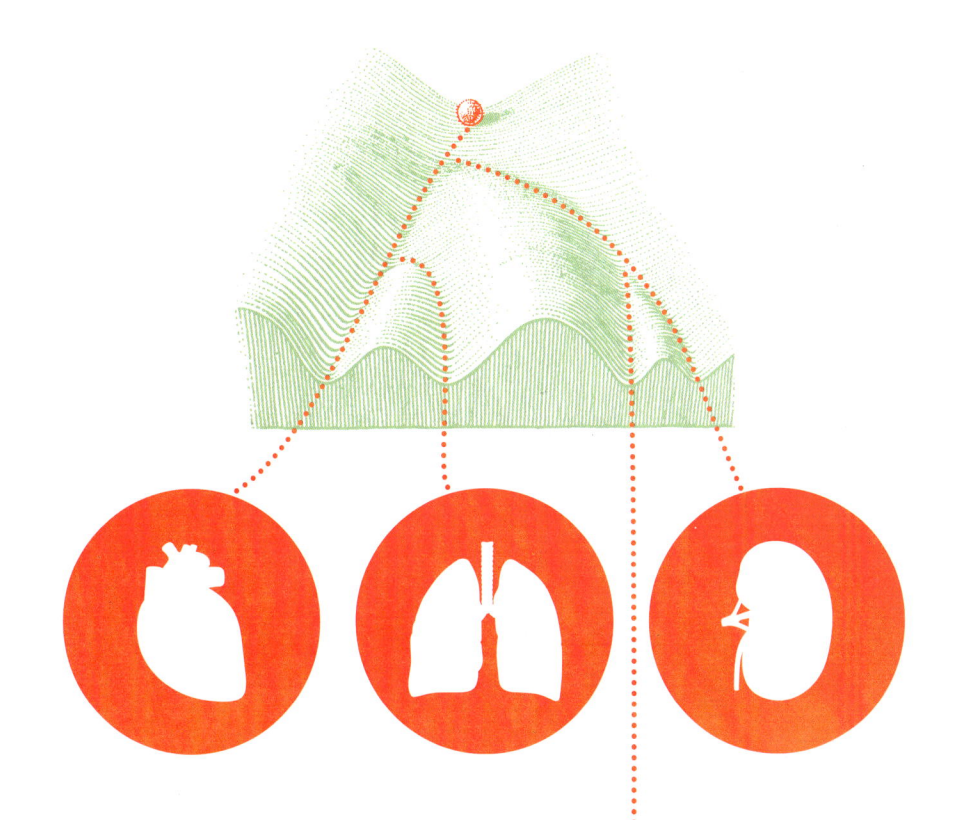

一道明亮如初的普世之光 ①

追赶光速

直到 17 世纪，人们才开始测定光速，用 c 来表示。为了确定光速，伽利略设计了这样一场实验：将相距几千米的两盏提灯的灯光遮住，然后再揭开。这个实验是不可能成功的，因为 c 是一个如此巨大的数值，但实验所展现的观点还是很重要的。

1676 年，丹麦天文学家奥勒·罗默（Ole Rømer）首次在光速测量中取得重大突破。通过观察木星对其卫星的连续掩食，他算出光速的数值是每秒 214000 千米。这与真实值仍有较大的差距，但至少是在合理的误差范围内——也就是说，罗默还是测出了光速是一个非常大、非常大的数值。在测定光速的历史中，下一位重要人物是英国人詹姆斯·布莱德利（James Bradley），他在 1742 年接替埃德蒙·哈雷（Edmund Halley，哈雷彗星以其名字命名）成为皇家天文学

---

① 标题出自亚历山大·蒲柏（Alexander Pope，1688—1744）的长诗《批评论》（*An Essay on Criticism*），原句为"One clear, unchanged, and universal light"。

家。在观察恒星视差（从不同点观察恒星所产生的方向上的差异）时，他得到了非常准确的结果：301000 千米/秒。

19 世纪，法国物理学家莱昂·傅科（Léon Foucault）、美国物理学家阿尔伯特·迈克尔逊等人取得了进一步的进展；在 20 世纪，光速数值得到进一步的精确。到了 1983 年，真空中的光速测定为每秒 299792.458 千米，一直沿用至今。

1905 年，爱因斯坦提出了一项假设：光速是不变的；无论观察者的如何运动，光速都是不变的。光速不变原理是爱因斯坦狭义相对论的重要部分，其他内容还包括质能方程 $E=mc^2$。

2011 年 9 月，意大利的一个科学家团队与欧洲核子研究中心合作开展了一个科研项目，他们宣布的实验结果似乎表明中微子的亚原子粒子的速度比光速还快。如果是真的，这将颠覆物理学，预示着爱因斯坦相对论的终结。2011 年 11 月，研究人员重复了实验，得到了相同的结果。然而，在 2012 年 3 月，来自同一意大利实验室的不同小组的结果显示，中微子正好以光速运行，他们随后很快就发现第一组的实验存在硬件问题——这让所有人都松了一口气。

> 一闪一闪的小星星，
> 我不好奇你是什么，
> 在光谱分析仪里
> 看你就是氢。
>
> 佚名

为彩虹添色①

看不见的光线

我们经常听到有人为自己的艺术而受苦,那有没有人为科学而受苦呢?牛顿自然是受过苦的。在研究颜色的过程中,他经常用自己的眼睛做实验,包括盯着镜子反射的太阳看。他花了四天时间才将视力恢复到差不多的水平,而且在接下来的几个月里,他的视觉反复出现问题。

更令人震惊的是,牛顿还对自己的眼睛动过手脚。在一本笔记中,牛顿说自己曾将一根粗针插在眼睛和眼窝之间,尽可能靠近眼后。然后他将粗针按下,以改变视网膜的曲率。当他持续调节粗针的压力和眼睛的运动时,他就会看到"白茫茫的一片和彩色的圆圈"。牛顿还做了一些不那么危险的实验:他用从当地集市上买来的棱镜进行光学研究,从而证明了白光是由彩虹的各种颜色组成的。一个多世纪后的1800年,英国德裔天文学家威廉·赫歇尔开始研究这些颜色是否具有不同的温度。赫歇尔将吊灯的一部分用作棱镜,将太阳光分成了不同的光谱色。然后,他在光谱的两端放置了两支温度计作为"对照",用第三支温度计来测量每种颜色的温度。赫歇尔很快发现,当他从紫光测到绿光再测到红光时,温度会升高。这是一个激动人心的发现,但事情不止于此。在赫歇尔做实验的时候,太阳沿着既定的路线持续移动,这意味着散射的光线也会轻微地移动。原本一直测量红光的温度计,现在刚刚位于红光之外。赫歇尔惊奇地发现,温度计现在测出了更高的温度——太阳光中似乎包含着一种人眼看不见的光线。通过一个精心设计的实验,赫歇尔意外地发现了红外辐射,而有关红外辐射的假设在1737年就由法国数学家、物理学家埃米莉·沙特莱提出过了。一年后,即1801年,很快就有人发现了紫外辐射,就像等到了下一辆公共汽车一样。

詹姆斯·克拉克·麦克斯韦

---

① 标题出自莎士比亚的历史剧《约翰王》(*The life and death of King John*):"[A]dd another hue unto the rainbow...is wasteful and ridiculous excess",有"画蛇添足"的意思。

$$v = \frac{c}{\lambda}$$

$$v = \frac{E}{h}$$

后来，苏格兰科学家詹姆斯·克拉克·麦克斯韦（James Clerk Maxwell）提出了他著名的四个方程，认为可见光、红外线和紫外线都是以光速传播的电磁波，只是频率和波长有所不同。这些方程还预测了许多其他形式的电磁辐射，都与左侧的方程有关。其中，v 为频率，c 为光速，λ 为波长。在之后的 50 年里，微波、无线电波、X 射线和伽马射线的发现使这一图景更加完整，形成了左下角的电磁波谱。

后来提出的量子理论认为能量只能以一份一份的形式存在（这实际上就是光子的本质——一团能量），这使得方程产生了不同的版本。E 代表光子的能量，h 是普朗克常数——其数值极小，为 6.626×10^{-34} J·s（焦耳·秒）。常数的提出者——德国物理学家普朗克最初认为这一常数只是用于解释实验结果的权宜之策。但后来，普朗克常数成了这门新科学的关键部分。由上述方程还可得到，电磁波的能量与其频率 v 成正比：频率越高，能量就越大。因此，无线电波的能量最低，而伽马射线的能量最高。这就是为什么伽马射线会对人体组织产生如此大的伤害。（你可能会注意到该方程与赫歇尔的发现不一致，赫歇尔的温度计的示数随着频率的降低而升高——这涉及其他因素。）

记忆口诀

电磁波谱由最低能量到最高能量的排列，其首字母顺序可以用这样一句英文记住，即 Rabbits Mate In Very Unusual eXpensive Gardens（直译为：兔子交配在非同寻常又昂贵的花园里），如下图。

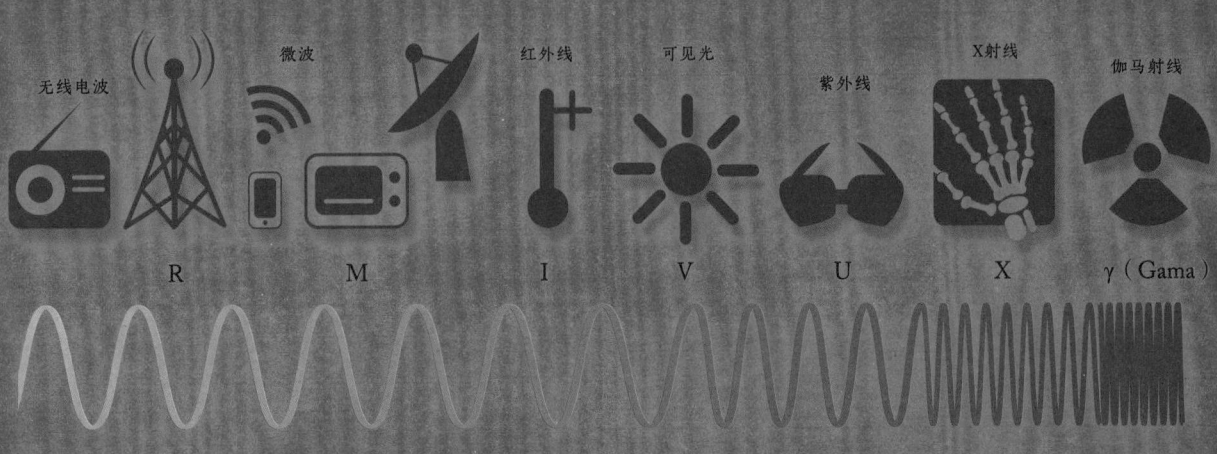

无线电波		微波		红外线	可见光	紫外线	X射线	伽马射线
R		M		I	V	U	X	γ（Gama）

波长减小，频率增加，能量增加

新的射线

庆祝伦琴发现 X 射线

如果把手放在放电管和屏幕之间,在手的浅色影像中可以看到骨头的深色暗影……为简洁起见,我将使用"射线(rays)"这一表述;为了将这种射线与其他射线区分开来,我将称之为"X 射线"。

1901 年首届诺贝尔物理学奖得主、德国物理学家伦琴在公布自己于 1895 年 11 月 8 日取得的发现时这样说道。

伦琴的"射线"具有重大的科学意义,将会在医学和物理学领域分别引起重大的转变。伦琴的"射线"由此在整个欧洲引起了轰动。到了 1896 年 2 月初,用 X 射线拍摄"阴影相片"的生意已经十分盛行。在伦琴于 1895 年 12 月 28 日向维尔茨堡物理医学会提交初步报告后不到一个月的时间内,在《自然》杂志发表其译文的两天后,紧跟大众情绪的《笨拙》杂志就刊登了下面这首诙谐的诗歌:

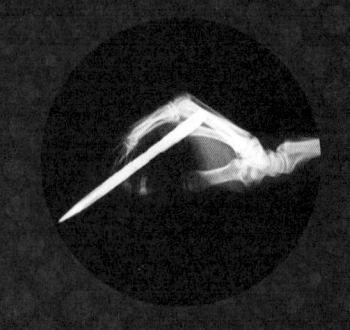

哦,伦琴,这是真实的消息,
而不是闲言碎语的把戏,
教我们人人都要小心你
和你那阴森恐怖的笑意。

我们不愿像斯威夫特博士一样
剥去皮肉,摆好骨头,
展示每处微小的缝隙,
还有关节供你窥探仔细。

我们只愿彼此端详
照片上的日常盛装,
你拍下了比裸体还糟糕的模样,
我们完全禁止你拍摄的图像!

最深情的男人也难以欣赏,
对着女士的骨架加以褒奖,
如若投以渴望的目光,
可能会被当成动物驯养!

不了,你留着当墓志铭就好,
刻碑留念也惹人烦恼,
或者离开这里,把射线对准
圣人、幽灵和贝赞特夫人!

科技百年标志

*Pilot ACE（Automatic Computing Engine，自动计算引擎）计算机是英国最早制造的计算机之一，也是图灵设计的更加完善的 ACE 计算机的前身。

10. 电报

1. X 光机

2. 青霉素

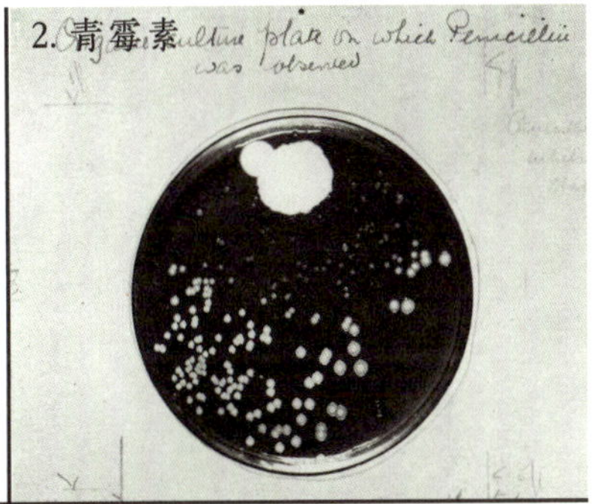

9. 福特 T 型车

3. DNA 双螺旋

科学博物馆
十大百年标志

为了庆祝 2009 年建馆百年，伦敦科学博物馆从所有的收藏品中选出了十大科学技术"百年标志"，并邀请人们投票选出他们心目中最伟大的一个。排名第一的是 X 光机，获得了总票数的 20%。第二名和第三名也是与医学相关的发现。

8. 蒸汽机

4. "阿波罗 10 号"登月舱

7. Pilot ACE 计算机

6. 斯蒂芬森的"火箭号"机车

5. V2 火箭发动机

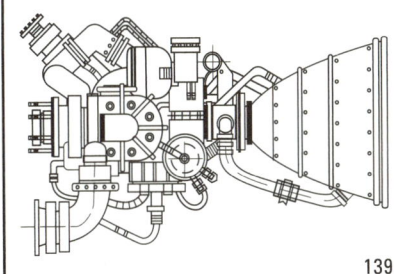

巧克力、微波炉和尺子

测量光速

经过 300 多年的实验和改进，人们才得出了如今作为标准的光速值。还有一种方法可以让我们自己算出光速，看起来可能有些令人惊讶。你只需要一样可以融化的食物（巧克力不错，但也可以用棉花糖或奶酪），一台微波炉，一个可在微波炉内加热的盘子以及一把尺子。

1. 将食物放在盘子上。

2. 取出微波炉中的转盘——盛食物的盘子在加热时不能移动，这很重要。

3. 将盘子放进微波炉。

4. 开小火，直到食物出现明显的融化点。先加热 30 秒试试。这些点与"波"的峰值有关，两处峰值之间的距离为波长的一半。

5. 出现融化点时，取出盘子，测量这些点的中心的间距。点与点之间的间距应该始终相同。

现在看一下微波炉的外壳，找到微波炉的加热频率（可能在微波炉背面）——这一数值通常为2.45GHz。

我们知道，$c=\lambda \nu$，也就是光速＝波长乘频率。

ν 是微波的频率。如果显示的是 2.45GHz，那么你在计算中所要使用的数值为 2 450 000 000（无论标明的频率具体是多少，所使用的单位几乎可以肯定是吉兆赫，1GHz 的数值是 1 000 000 000，记得在计算时进行换算）。现在，将其与 λ 相乘，也就是与你测得的结果的两倍相乘，以米为单位（例如，15 厘米是 0.15 米，2 倍为 0.30 米）。看看你得到的结果与真正的光速——299 792 458 米/秒有多接近。

热巧克力

巧克力的融化点是微波炉产生的驻波的波峰和波谷所导致的。波峰和其相邻的波谷之间的距离为波长的一半。

141

"像一只无法安定的天鹅"

一位文学巨匠对相对论的看法

1921年6月15日，英国作家劳伦斯（Lawrence）给一位朋友写信，确认已收到其寄来的爱因斯坦的《狭义与广义相对论浅说》（*Relativity: The Special and General Theory*）。这本书是为非专业人士而写的，劳伦斯在一天之内就读完了。

一年后，劳伦斯对这一新理论大加赞赏，宣称自己"非常高兴，爱因斯坦先生将宇宙永恒的轮轴去掉了。宇宙并不是一个转动的车轮。它是一团飞来飞去的蜜蜂。"劳伦斯随后将注意力从宇宙转移到了人际关系上，他在《无意识幻想曲》（*Fantasia of the Unconscious*）中写道："我们亟需一种人性相对论。"

讽刺的是，劳伦斯在其诗作《相对论》（*Relativity*）中却承认自己无法掌握新兴的相对论和量子理论。《相对论》一诗收录在他的诗集《三色堇》（*Pansies*）中，出版于1929年——是他去世的前一年。

D. H. 劳伦斯

相对论

我喜欢相对论和量子理论，
因为我读不懂它们。
它们让我感觉空间像是在不断变动，
像一只无法安定的天鹅，
不肯安坐，不肯被测量。
原子仿佛是冲动的小东西，
总是改变想法。

143

相对而论

爱因斯坦——是有史以来最伟大的科学家吗？

如果一定要问"谁是有史以来最伟大的科学家"这一存在争议的问题，那么除了牛顿和爱因斯坦之外，很难有人能挺进决赛。

1905 年是爱因斯坦的"奇迹之年"。当时爱因斯坦还是瑞士伯尔尼专利局的一名职员，当年他一共发表了五篇论文。其中一篇是关于布朗运动的，成功地终结了关于原子是否存在的争议；另一篇是关于光电效应的发现，爱因斯坦因此获得了 1921 年的诺贝尔物理学奖；也许最重要的一篇是关于狭义相对论的，爱因斯坦在文中写下："如果一个物体以辐射的形式放出能量 L，其质量将减少 E/c^2"。方程 $E = mc^2$ 由此诞生，这可能是有史以来最有名的方程。

1916 年，爱因斯坦对那篇关于狭义相对论的论文进行了扩展，将引力及其作用考虑进来，预示着广义相对论的诞生。1919 年，通过对日食的观测，爱因斯坦的理论得到了确切的证明，爱因斯坦由此进入了公众视野。下面这篇新闻报道出自当年年末的《纽约时报》——这则报道内容精彩，向全世界介绍了爱因斯坦并解释了他的理论，这种尝试在当时实属难得。

> 在科学界，功劳归属于说服世界的人，而不是第一个提出观点的人。
>
> 弗朗西斯·达尔文
> （Francis Darwin，1848—1925），
> 英国植物学家、查尔斯·达尔文
> （Charles Darwin）之子

爱因斯坦阐述自己的新理论

**这一理论摒弃了绝对时间和绝对空间的概念，
只承认两者与运动系统有关**

对牛顿理论的改进

**牛顿适用于大多数运动，但只是近似，
并不适用于高速运动**

像牛顿一样受到启发

只是爱因斯坦的灵感来自人从屋顶坠落而非苹果的坠落

《纽约时报》特别电报

柏林，12月2日——英国皇家学会11月6日在伦敦召开了会议，为爱因斯坦博士备受争议的新理论"相对论"盖上了象征其权威的官方印章，人类对宇宙的理解从此可能会发生根本性的变化。诚如德国的一些学者所言，自牛顿的引力理论问世以来，科学界还从没有过如此重要的发现。

《纽约时报》的通讯记者造访了爱因斯坦博士的住处，想听听他本人对著作的解释，外行人只能看出书上有七个印章。爱因斯坦博士的理论对人类思想产生的革命性影响可能足以与牛顿的成就相媲美，而他自己则谦虚地避而不谈。这位博士住在一栋时尚的公寓的顶层，建于柏林为数不多的高地上——可以说，他离自己研究的星星很近，但他不用望远镜观测，而是用理论的眼光来审视这些星星，而且只在自己数学公式的范围内进行研究；因为他不是天文学家，而是一位物理学家。

爱因斯坦博士在自己位于高处的图书馆里接受了采访。几年前，他看到有人从附近的屋顶上掉了下来——幸运的是，他掉在了柔软的垃圾堆上，几乎没怎么受伤就走掉了。这个人让爱因斯坦博士觉得：在坠落过程中，他并没有感受到所谓的重力作用，而根据牛顿的理论，重力会猛烈地将他拉向地球。这一事件，再加上沿着这一方向的进一步研究，让爱因斯坦博士产生了一连串复杂的想法。最终导致的，根据他的表述："不是对牛顿的引力理论的否定，而是对它的升华或补充。"

《泰晤士报》在请求采访爱因斯坦博士时，提到爱因斯坦博士在提交其最新的书稿时对出版商说，全世界能够理解这本书的人不超过12个，也提到编辑要求爱因斯坦博士用更加通俗易懂的措辞撰写自己的理论，不能只让12个人理解。读到这些，博士和善地笑了笑，但仍然坚持认为自己的想法很难被外行人理解。

"不过，"他说，"我想尽可能把话说明白。首先我想谈谈我的概念与牛顿的引力定律之间的区别：想象一下，地球没有了，取而代之的是一个像房间一样或整栋房子一样大的盒子悬在那里，盒子里的人在中心自然地悬浮，没有任何力牵引着他。再想象一下，用一根绳子或其他工具将这个箱子猛地拉向一侧，在科学中，这被称作为'变速运动'，与'匀速运动'相对。然后这个人自然就会到达另一侧的底部。由此产生的结果就像这个人遵守了牛顿的引力定律一样，但实际上并没有向任何物体施加任何的引力。这证明了变速运动在任何情况下都会产生与引力相同的效果。

"我已将这一崭新的想法应用于每一种变速运动，并由此推导出了数学公式，我确信与基于牛顿理论的公式相比，我的公式能提供更加准确的结果。然而，牛顿的公式十分接近实际，所以很难观察到牛顿的公式明显有悖于经验事实的地方。

"然而，水星的运动状态提供了牛顿理论的一个反例，这一问题在很长一段时间里困扰着天文学家。正如皇家天文学家弗兰克·戴森[①]爵士在皇家学会的会议上所说的，我的公式现已将这一点完全解释清楚了。

"另一个反例是光线在通过引力场时发生的偏转。牛顿的引力理论无法解释这一现象。

"根据我的变速运动理论，光线在接近能产生引力的物体时，一定会发生偏转，此时变速运动开始起作用。

"上一次日全食使得关键的测试得以进行，当时的观察结果证明，恒星发出的光线必定经过太阳附近，之后到达地球，光线偏转的程度符合我的公式的计算结果，这证实了我的想法。到目前为止，人们一直认为这是引力的效应，而实际上这是变速运动的效应。拥有精密的仪器，还坚持不懈地对这项艰巨的任务予以最为密切的关注，那支由最具才能的科学家组成的英国观测队由此得出了这些结论。"

"为何要将你的理论命名为'相对论'？"通讯记者问道。

"相对论指的是时间和空间的相对性，"爱因斯坦博士回答道，"伽利略和牛顿认为，时间和空间是绝对的实体，而宇宙的运动系统则依赖于这种绝对时间和绝对空间。力学就是建立在这一概念的基础之上的。由此得出的公式适用于所有的低速运动；但后来人们发现，这些公式不符合电动力学中常见的高速运动。

"这促使荷兰的洛伦兹教授[②]和我本人提出了狭义相对论。简而言之，狭义相对论摒弃了绝对时

阿尔伯特·爱因斯坦

[①] 弗兰克·戴森爵士（Sir Frank Dyson，1868—1938），英国天文学家，曾任格林威治天文台台长。1919年参与了日食的观测，从而证明了爱因斯坦的理论。
[②] 指亨德里克·安东·洛伦兹（Hendrik Antoon Lorentz，1853—1928），理论物理学家、数学家，是经典电子论的创立者，他推导出了爱因斯坦的狭义相对论基础的变换方程，即洛伦兹变换。

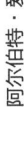

空，认为在任何情况下，时间和空间在运动系统中都是相对的。有了这一理论，迄今为止电动力学以及力学中无法用旧公式解释的所有现象——这样的现象有很多，都得到了令人满意的解释。

"直到现在，人们还认为时间和空间是独立存在的，即使其他东西都不存在——即使没有太阳，没有地球，没有星星。而现在我们知道了，时间和空间并不是宇宙万物的容器，如果没有内容物，即没有太阳、地球和其他天体，时间和空间就根本不可能存在。

"这就是狭义相对论，构成了我的理论的第一部分，涉及所有匀速运动的系统；也就是说，这些系统都以不变的速度在一条直线上运动。

"渐渐地，我产生了一个想法，在科学中似乎是一种非常矛盾的想法，即相对论可能同等地适用于所有的运动系统，甚至适用于变速运动的系统。因此，我提出了广义相对论的概念，这构成了我的理论的第二部分。

"就在我推导适用于变速运动的公式的时候，有人从屋顶上掉下来的这件事让我产生了一种想法，即引力或许可以用变速运动来解释。"

"如果没有绝对的时间或空间构成所谓宇宙万物的容器，"通讯记者问道，"那么以太会怎样？"

"迄今为止科学所设想的以太并不存在，美国知名学者迈克尔逊[1]的著名实验证明了这一点。该实验表明，地球运动对以太的影响无法通过光速的变化被观察到。如果旧的观念是正确的，这种影响就应该被观察到。"

"对于相对论这一革命性理论，您自己是否坚信它是正确的，还是对此仍有所保留？"

"我坚信不疑，"爱因斯坦博士回答道，"前面提到的两个例子已经证实了我的理论。但仍有一项验证尚未完成，即光谱学测试。根据我的理论，恒星发出的光谱线一定会受到该恒星所施加引力的影响而略微偏移。然而，到目前为止，检验出来的结果是与之矛盾的；但是，即便目前测试结果如此，我也毫不怀疑自己的理论最终会得到证实*。"

就在这时，图书馆里的一位老先生敲响了正午的钟声，提醒爱因斯坦博士他在柏林的别处另有约见。传统的时间和空间仍对爱因斯坦博士施以其一贯的绝对暴政，而他却曾如此轻蔑地谈论两者的存在。采访就此结束。

---

* 后来的实验表明，爱因斯坦在这一点上也是正确的。

[1] 指阿尔伯特·迈克尔逊，本条目还提到了他的以太漂移实验。

热门读物

英国皇家学会科学图书奖

皇家学会科学图书奖（Royal Society science books prize）于1988年首次颁发，其设立的目的是"鼓励撰写、出版和阅读优秀、易懂的科普图书"。自设立以来，由于该奖项曾多次更换赞助商，所以在不同时期也有着不同的名字：罗纳-普朗克科学图书奖（Rhône-Poulenc Prize for Science Books，1990—2000）、安万特科学图书奖（Aventis Prize for Science Books，2001—2006）、皇家学会科学图书奖（Royal Society Prize for Science Books，2007—2010）、皇家学会温顿科学图书奖（Royal Society Winton Prize for Science Books，2011—2015）以及皇家学会·洞察投资科学图书奖（Royal Society Insight Investment Science Book Prize，2016年至今）。除2009—2010年外，相应的皇家学会青少年图书奖也一直与该奖同步颁发。

1999年《数字情种》（*The Man Who Loved Only Numbers*），保罗·霍夫曼（Paul Hoffman）

1998年《枪炮、病菌与钢铁》（*Guns, Germs and Steel*），贾雷德·戴蒙德（Jared Diamond）

1997年《骨中智慧》（*The Wisdom of Bones*），阿兰·沃克（Alan Walker）与帕特·希普曼（Pat Shipman）

1996年《瘟疫的进程》（*Plague's Progress*），阿诺·卡伦（Arno Karlen）

1995年《消费者的优良化学指南》（*The Consumer's Good Chemical Guide*），约翰·埃姆斯利（John Emsley）

1994年《基因的语言》（*The Language of Genes*），史蒂夫·琼斯（Steve Jones）

1993年《记忆的生成》（*The Making of Memory*），史蒂文·罗斯（Steven Rose）

1992年《第三种黑猩猩》（*The Rise and Fall of the Third Chimpanzee*），贾雷德·戴蒙德（Jared Diamond）

1991年《奇妙的生命》（*Wonderful Life*），斯蒂芬·杰·古尔德（Stephen Jay Gould）

1990年《皇帝新脑》（*The Emperor's New Mind*），罗杰·彭罗斯（Roger Penrose）

1989年《争执所在》（*Bones of Contention*），罗杰·勒温（Roger Lewin）

1988年《与风险共存》（*Living with Risk*），英国医学会（British Medical Association）

2021 年《纠缠的生命》(*Entangled Life*),
默林·谢尔德雷克(Merlin Sheldrake)

2020 年《诠释人性》(*Explaining Humans*),
卡米拉·庞(Camilla Pang)

2019 年《看不见的女性》(*Invisible Women*),
卡罗琳·克里亚多·佩雷斯(Caroline Criado Perez)

2018 年《青少年大脑使用说明书》(*Inventing Ourselves*),
萨拉-杰恩·布莱克莫尔(Sarah-Jayne Blakemore)

2017 年《荷尔蒙战争》(*Testosterone Rex*),
科迪莉亚·法恩(Cordelia Fine)

2016 年《创造自然》(*The Invention of Nature*),
安德烈娅·武尔夫(Andrea Wulf)

2015 年《人类世的冒险》(*Adventures in the Anthropocene*),
加亚·文斯(Gaia Vince)

2014 年《迷人的材料》(*Stuff Matters*),
马克·米奥多尼克(Mark Miodownik)

2013 年《寻找希格斯粒子》(*The Particle at the End of the Universe*),
肖恩·卡罗尔(Sean Carroll)

2012 年《信息简史》(*The Information*),
詹姆斯·格雷克(James Gleick)

2011 年《波行天下》(*The Wavewatcher's Companion*),
加文·普雷托尔-平尼(Gavin Pretor-Pinney)

2010 年《生命的跃升》(*Life Ascending*),
尼克·莱恩(Nick Lane)

2009 年《好奇年代》(*The Age of Wonder*),理查德·霍姆斯(Richard Holmes)

2008 年《改变世界的6℃》(*Six Degrees*),
马克·林纳斯(Mark Lynas)

2007 年《哈佛幸福课》(*Stumbling on Happiness*),
丹尼尔·吉尔伯特(Daniel Gilbert)

2006 年《电学宇宙》(*Electric Universe*),
戴维·博达尼斯(David Bodanis)

2005 年《预知社会》(*Critical Mass*),
菲利普·鲍尔(Philip Ball)

2004 年《万物简史》(*A Short History of Nearly Everything*),
比尔·布莱森(Bill Bryson)

2003 年《右手,左手》(*Right Hand, Left Hand*),
克里斯·麦克马纳斯(Chris McManus)

2002 年《果壳中的宇宙》(*The Universe in a Nutshell*),
史蒂芬·霍金(Stephen Hawking)

2001 年《测绘深海》(*Mapping the Deep*),
罗伯特·孔齐希(Robert Kunzig)

2000 年《宇宙的琴弦》(*The Elegant Universe*),
布赖恩·格林(Brian Greene)

打破常规

引起范式转移之书

1962 年，一本关于科学史和科学哲学的专著出版了，其销量远超 100 万册，并向世界介绍了范式转移（paradigm shift）这一概念。这本书就是美国科学哲学家托马斯·库恩（Thomas Kuhn）的《科学革命的结构》（*The Structure of Scientific Revolutions*），该书通过审视历史上的科学实践，对当时的普遍观点提出了强烈质疑。普遍观点认为，科学的进步是在前人的基础上逐步进行的，因此可以说科学正在稳步地走向对世界的真实描述。

库恩首先对他所称的"常规科学（normal science）"进行了描述。他以牛顿力学作为"常规科学"的例子：牛顿力学由一套成熟的科学思想组成，这套思想决定了科学共同体要做什么样的研究，通常是寻找他们期望找到的东西。然而，随着时间的推移，这个"范式"中有越来越多反常的实验现象无法得到解释，这时危机就会出现，从而引起革命。在这种情况下，通常会有一群科学家继续在原有的范式下工作，试图挽救原有范式。同时，另一个团体可能分裂出来，致力于新范式的诞生。随着时间的推移，新范式可能会获得越来越多科学家的支持，直至某一时刻，科学发生了范式转移。据此，起初革命性的世界观成了普遍接受的现状。

哥白尼提出的日心说是范式转移的典型例子。但范式很少有平稳转移的。马克斯·普朗克的"黑体问题"导致了量子理论的诞生（见第 124 页），从而开启了一场科学革命。如普朗克所言："一个新的科学真理取得胜利的方

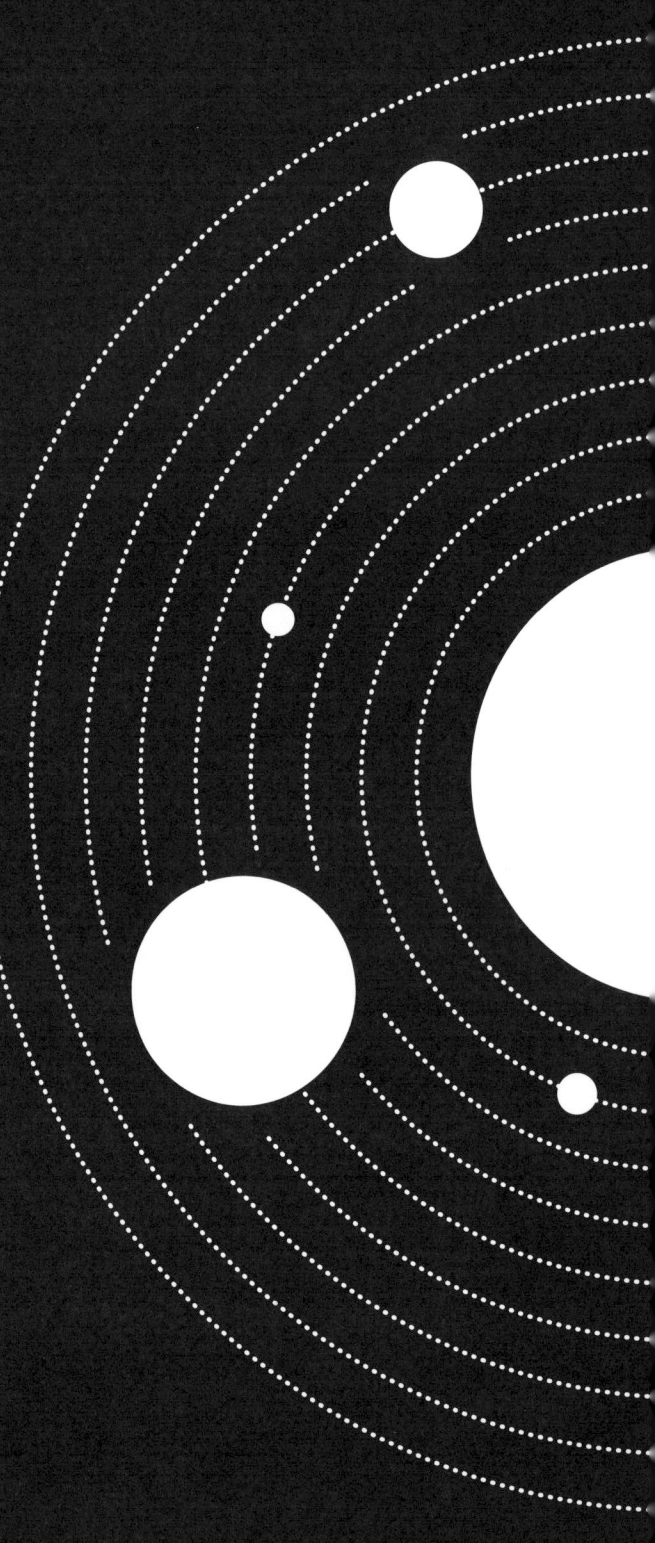

式并不是说服反对者,让他们看到真理之光,而是等这些反对者最终故去,而熟悉这一真理的新一代成长起来。"

库恩这本书产生的影响之一是——书中似乎认为科学中存在"不可通约性"(incommensurability)——新范式所讨论的概念与旧范式中的概念没有任何联系。举例来说,"不可通约性"意味着爱因斯坦广义相对论中的引力与牛顿经典力学中的引力完全不同,这两位科学家谈论的是两件不同的事情(有人认为,他们理论各自的数学基础就印证了这一观点)。如果库恩所言不差,那么科学就不能说是建立在以前的基础上的。

相反,库恩的结论是,科学只是搬到了一个完全不同的建筑物中。这种解释在科学界自然不会很受欢迎。而库恩的观点自身也有许多的问题,尤其是库恩实际上只描述了科学史上最重要的时刻——比如哥白尼革命、量子理论和相对论,而且几乎所有这些都是关于物理科学的。加拿大哲学家伊恩·哈金(Ian Hacking)说:如果把生命科学(自库恩写书以来,生命科学在科学界的地位已显著提升)考虑进来,库恩的论断就不那么令人信服了,因为生命科学对理论的依赖更少,而且比物理科学更具分析性。但毫无疑问,《科学革命的结构》已经产生了影响,引发了一场理解科学实践的革命。

> 先了解事实,然后你就可以随心所欲地扭曲事实了。
>
> 马克·吐温

左、右、左、右

自由 ← 数学　物理学　生物学　化学　地质学　医学　工程学 → 保守

立场
科学的各个学科按自由到保守的顺序排列如上。

科学家的立场

1969年，就在尼克松当选美国总统的几个月后，有一份调查问卷寄给了6万多名美国大学教授。研究人员通过该问卷可以获得调查对象的300多条信息，其中许多信息与他们的立场取向有关。受访者中有1707名物理学家、1884名化学家、2916名数学家、812名地质学家、4567名生物科学家、2395名医学院的教职人员，还有4382名工程师。三年后，《科学》杂志发表了一篇论文，详细介绍了各学科之间，以及成绩斐然的科学家和他们更多的"普通同事"之间的基本立场分歧。研究人员观察到了一些非常有趣的趋势。

研究人员发现，学科与学者的立场倾向之间存在明显的关联。社会科学家和人文学者比科学家更具自由倾向，而科学家又比工程师更具自由倾向。

研究人员认为，其结果表明，一个学科的智力活动强度与其从业人员的自由倾向程度和变革导向程度之间存在联系——而越是以实践为基础的学科，其从业人员越是保守。研究人员还发现，在学科内部，成绩斐然的学者持有更加自由的立场观点，而数量更多的"普通学者"则更加倾向于保守。

进化——发生于家族之中

伊拉斯谟·达尔文笔下崇高的自然形象

在查尔斯·达尔文出版《物种起源》近60年前,他的祖父伊拉斯谟·达尔文医生(Erasmus Darwin,1731—1802)创作了《自然的神殿——社会的起源》(*The Temple of Nature, or, The Origin of Society*)。这是一部歌颂进化的赞美诗,诗中讨论了"生命的产生""生命的繁殖""思想的进步"以及"善与恶"等主题。

伊拉斯谟·达尔文是伯明翰月光社(Lunar Society)的成员(下图为一幅绘制于1870年的月光社的插图),其他成员还包括两位生产蒸汽机的合伙人:瓦特和马修·博尔顿(Matthew Boulton);约瑟夫·普里斯特利(Joseph Priestley,氧气的发现者);还有匠心独具的陶艺家乔赛亚·韦奇伍德(Josiah Wedgwood)。《自然的神殿》是达尔文医生最后的作品,这首诗歌"将运作中的自然所呈现出的美丽而崇高的形象按照事物发展的时间顺序……清楚地展示出来,由此取悦读者"。

自然的神殿

第一篇(节选)

遥远的水面下存在着有机的物种,
诞生后孕育在珍珠般的巢洞之中,
最初的模样如此微小,
用球面镜片也观察不到,
有的在地上走动,有的在水中飘摇。
这些生命,一代又一代地繁衍,
取得新的力量,长出壮硕的躯干,
成群的植物自此涌现。
游鱼、走兽和飞禽有了呼吸的空间,
高大的橡树,是树木中的巨人,
抵挡着洪水和电闪雷鸣,
鲸鱼,是难以衡量的怪物,
高傲的狮子,是平原的君主,
老鹰在天空翱翔,
它的锐眼不惧怕阳光,
蛮横的人类,支配着狼虫虎豹,
他们习语言,有理性,会思考,又骄傲
眉毛一挑,蔑视着尘俗的土地,
还喜欢自诩为上帝。
并非生来就有完备的外形和感觉,
生命始于胚胎,或者微观的实体。

> 一项成功的研究需要四个G:Glück, Geduld, Geschick und Geld(德语:运气、耐心、技能和金钱)。
>
> 保罗·埃利希(Paul Ehrlich,1854—1915),德国科学家,转引自佩鲁茨撰写的《丽塔和四个G》,《自然》杂志,338,791(1988)

空气中有电

电离辐射的种类

提及放射性，就不得不提电离辐射。顾名思义，电离辐射是一种能够产生电离的辐射，也就是说，电离辐射击中的任何物体都会产生带电粒子，从而改变物体的化学性质，使其更容易反应。电离辐射对生物体可以产生巨大的影响。

我们每时每刻都暴露在电离辐射中，其中大部分都属于本底辐射。宇宙射线、地下的岩石、氡气、水和食物等都会产生本底辐射。例如，香蕉含有天然存在的钾 –40 这种钾的放射性同位素。令人难以置信的是，甚至有一种指标叫作"香蕉等效剂量"，其制定是为所照射到的人工辐射，特别是为会照射到普通群众的人工辐射提供参照（在美国机场进行一次 X 光安检的辐射剂量大约是香蕉等效剂量的 2.5 倍）。

> 如果你不是溶液的一部分，那你就是沉淀物的一部分。
>
> 佚名

除了平常的本底辐射，辐射的其他来源包括工作环境（例如，飞机上的机组成员受到的宇宙射线辐射要高于平均水平）、医疗程序（包括 X 射线扫描和 CT 扫描）、工业辐射，还有之前核事故、核爆炸遗留下的辐射。

电离辐射的种类包括：

α 射线　　β 射线　　γ 射线　　X 射线　　宇宙射线

阿尔法（α）粒子——α 粒子与氦原子的原子核相同，由两个质子和两个中子组成。α 射线是迄今为止最重的辐射，很容易被一张纸或皮肤的表层阻挡。然而，如果摄入了辐射源，α 射线就会对人体造成极大的危害。2006 年底，俄罗斯记者、前克格勃官员亚历山大·利特维年科（Alexander Litvinenko）因钋–210 中毒而死。这是钋的一种放射性同位素，可能是投在一杯茶中让他服下的。钋–210 仅以发射 α 粒子的形式发生衰变。

贝塔（β）粒子——β 粒子是高速电子，因此具有较高的能量。β 粒子的穿透力比 α 粒子更强——β 粒子大约可以穿透 1~2 厘米厚的皮肤，但无法穿透几毫米厚的铝板。

伽马（γ）粒子——γ 粒子产生高能的电磁辐射，因此没有质量。γ 射线具有极强的穿透力，可以穿透人体，造成巨大损害。

X 射线——与伽马射线相比，X 射线频率较低，波长较长，能量较小。但 X 射线也属于电磁辐射，可以穿透人体。大剂量照射 X 射线会造成损害，因此在牙科等医疗领域使用 X 射线要受到严格控制。

宇宙射线——尽管叫作宇宙射线，但实际上并不是射线，而是带有电荷的亚原子粒子——通常是质子，但也有电子和原子核。它们在外太空中以各种方式产生，比如超新星爆炸。据估计，在我们睡觉时，每晚约有 100 万条宇宙射线穿过我们的身体（对身体无害）。由于这些射线可以穿透得很远，粒子物理实验是在地下深处进行的，以尽量减少宇宙射线对粒子碰撞实验的干扰。

检测辐射量

天然辐射

我们始终生活在辐射之中。下面这张饼状图由世界核协会（WNA）的一张图表改编而来，统计了我们每年所接触的辐射源。世界核协会是"代表全球从事核行业的人员和组织"的机构，根据其统计，我们所接触到的辐射中有85%为天然辐射（当然，这一比例会受到各种因素的影响，比如居住地点）。

42% 氡
11% 食物和饮用水
14% 药物
1% 核工业
18% 建筑物和土壤
14% 宇宙

辐射源

> 当涉及原子时，只能使用一种诗歌般的语言。
>
> 尼尔斯·玻尔（Niels Bohr，1885—1962），丹麦物理学家

> 长期以来，大众分成了两部分：一部分认为科学无所不能，另一部分害怕科学无所不能。
>
> 迪克西·李·雷（Dixy Lee Ray, 1914—1994），美国海洋生物学家，原子能委员会前主席，华盛顿州首位女州长

辐射的计量单位有很多，包括由国际单位制（SI）的导出单位贝克勒尔（Bq）、戈瑞（Gy）和希沃特（Sv）。贝克勒尔用于衡量放射源的活度。1Bq 表示每秒发生 1 次衰变（1 次衰变表示电离辐射发射 1 次粒子，例如 1 次 α 衰变发射 1 个 α 粒子）。戈瑞是衡量辐射能量吸收剂量的单位，指的是单位质量的物体所吸收的辐射能量。由此，1Gy 表示每千克物体（如人体）吸收了 1 焦耳的辐射能量。

然而，测量吸收剂量不一定是评估其生物效应的最佳方式，因此也不一定是评估其危险性的最佳方式。不同的物体，比如说不同的人体组织或器官，受影响的方式也不同。于是，为了更好地了解辐射的风险，有必要将吸收剂量转化为希沃特，即剂量当量。计算剂量当量需要用吸收剂量乘以辐射权重因子。辐射权重因子与辐射类型、辐射能量相关，由国际放射防护委员会（ICRP）确定，并定期更新。因此，当我们想确定辐射对我们产生多大影响时，就需要以希沃特为单位。辐射的剂量有多大，辐射的类型是什么，遭受辐射的时长是多少，都会对结果产生影响。

下表对不同的剂量进行了比较（留意表中的辐射时长）。

辐射剂量，单位为毫希沃特（mSv）	事件
10000	单次辐射达这一剂量，受辐射者会在几周内死亡
6000	1986 年切尔诺贝利核电站事故发生后一个月内死亡的工人所受辐射剂量的典型值
5000	单次辐射达这一剂量，将导致 50% 的受辐射者在一个月内死亡
1000	尽管并不致命，单次辐射达这一剂量会导致辐射病，包括恶心与白细胞数量的减少
1000	累积辐射达这一剂量，若干年后会导致 5% 的受辐射者患上致命的癌症
400	2011 年日本福岛核泄漏事故中，每小时辐射量的最大值
350	1986 年切尔诺贝利事故发生后，迁出居民所受的辐射量
260	伊朗拉姆萨尔部分地区本底辐射水平的年平均值（未发现对健康产生的影响）
100	使患癌概率显著增加所需的最低年剂量
20	目前核工业雇员每年所受辐射的限值
16	心脏 CT 扫描
10	全身 CT 扫描
9	纽约—东京极地航线的机组成员每年所受的辐射量
5.9	芬兰每人每年所受本底辐射量的平均值
2.7	英国每人每年所受本底辐射量的平均值
0.2	胸部 X 射线检查
0.005	135 克（4.75 盎司）巴西坚果／牙齿 X 射线检查

产生放射性的途径

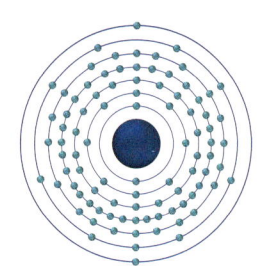

铀衰变的 14 步

铀——元素周期表中位列第 92，在自然界中天然存在，可能是最著名的放射性物质。正是通过对铀的实验，法国物理学家贝克勒尔于 1896 年首次发现了放射性现象，并因此与法国科学家玛丽·居里和皮埃尔·居里共同获得了 1903 年诺贝尔物理学奖。铀也是第一次可控链式核反应所用的放射性物质，还是 1945 年投放于日本广岛的原子弹的核心物质。因此，铀为我们了解放射性材料的一些特性提供了完美的途径。

天然铀 99% 以上是以同位素铀-238 的形式存在的（一种元素的不同同位素仅在其原子核内的中子数量上有所区别——铀的同位素还有 5 种，其中之一是铀-234，见右侧的衰变链）。铀-238 不稳定，会逐渐衰变。它的半衰期（质量减少一半所需的时间）超过 40 亿年。此外，铀的自然衰变要经过 14 个步骤，每个步骤都会产生辐射，最后衰变为铅的同位素铅-206。尽管这不是炼金术士梦寐以求的点石成金术，这种由一种物质到另一种物质的转化仍是自然界最迷人的过程之一。

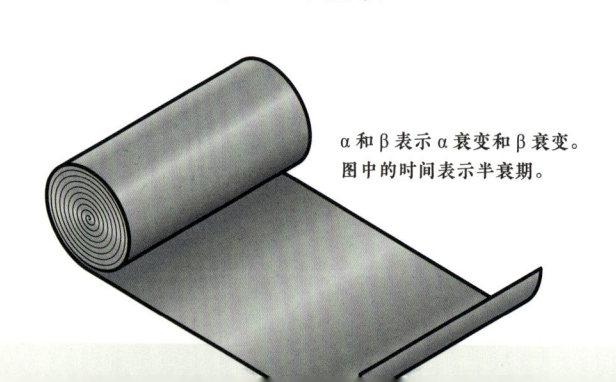

铀-238 → α，45 亿年
钍-234 → β，24 天
镤-234 → β，1.2 分钟
铀-234 → α，240000 年
钍-230 → α，77000 年
镭-226 → α，1600 年
氡-222 → α，3.8 天
钋-218 → α，3.1 分钟
铅-214 → β，27 分钟
铋-214 → β，20 分钟
钋-214 → α，160 微秒
铅-210 → β，22 年
铋-210 → β，5 天
钋-210 → α，140 天
铅-206（稳定）

α 和 β 表示 α 衰变和 β 衰变。图中的时间表示半衰期。

变成核反应堆的体育馆

第一座核反应堆

很难相信,世界上第一座核反应堆是在刚关闭不久的斯塔格球场内建造起来的。这座橄榄球球场归芝加哥大学所有(球场现在的位置在原址的西北方向,相隔几个街区),核反应堆就建在观众席的下方。

该核反应堆建于1942年秋末,称为芝加哥一号堆,由多层石墨块固体组成,石墨块的中间是含有金属铀和(或)氧化铀的燃料层。每隔一段距离就设有一根水平的传动轴,上面有三组由石墨表面镀镉制成的"控制棒",控制棒可以抽出,也可以重新插入。正是这些控制棒使得链式核反应能够在科学家团队的操控下以预期的方式进行。1938年获诺贝尔物理学奖的意大利物理学家恩利克·费米(Enrico Fermi),同年移民到了美国,并在四年后领导了此项目。

12月2日,核反应堆的测试准备就绪。这项测试从上午9点45分开始。在接下来的6个小时里,在缓慢且谨慎的操作下,控制棒被一点点地抽出。下午3点36分,核反应能够自发进行。在反应持续了28分钟后,费米下令重新插入主控制棒,停止了反应。这是一项了不起的成就。

当天晚些时候,美国物理学家、全权负责该项目的亚瑟·康普顿(Arthur Compton)致电哈佛大学校长詹姆斯·B.科南特(James B. Conant),他告诉科南特:"意大利航海家已经登上了新大陆"。科南特问道:"当地人怎么样?""非常友好",这是康普顿的回答。但是,并非所有人都对取得的成就感到喜悦。当在场的大多数人都离开后,费米的一位科学家同事、美国匈牙利裔物理学家利奥·西拉德(Leó Szilárd)对他说,他认为这一天会作为"人类历史上黑暗的一天"而载入史册。

一号堆
芝加哥核反应堆的一个缩尺模型。

与上帝无关的三位一体

制造第一颗原子弹

1945 年 7 月 16 日上午 5 时 30 分，就在费米领导的科学家团队首次实现可控链式核反应（见第 159 页）的两年半后，第一颗原子弹在美国新墨西哥州的霍尔纳达德尔穆埃托沙漠[①]成功引爆。这项核试验名为"三位一体（Trinity）"，是规模宏大的曼哈顿计划（Manhattan Project）的高潮部分。曼哈顿计划耗资超过 20 亿美元（相当于今天的 300 亿美元），这项科学计划主要是在新墨西哥州的洛斯阿拉莫斯（Los Alamos）开展的。

正如美国国家原子博物馆（现为美国国家核科学与历史博物馆）出版的《三位一体核试验场》（Trinity Site）一书所说：直到 8 月 6 日，原子弹投在了日本广岛之后，公众才正式了解到了这次试验。但有许多人当时就已经意识到有极其重要的事情发生了。在整个新墨西哥州和其他地区都可以看到三位一体的爆炸所发出的光。几分钟后，爆炸产生的蘑菇云攀升至超过 11500 米的高度。爆炸的威力相当于 2 万吨 TNT 炸药；或者说相当于近 2000 架 B-29 轰炸机的炸药量，这款轰炸机又名"超级空中堡垒（Superfortress）"，是美国在第二次世界大战中投入使用的最大的轰炸机。投放于广岛的原子弹的威力大约是这次爆炸的 4/5。三位一体核试验消灭了 1.6 千米内的全部生物。

《纽约时报》记者、曼哈顿项目的官方记者威廉·L. 劳伦斯（William L. Laurence）以一种可怕的美感描述了这项试验，他写道：

> 就在那一瞬间，仿佛从地底升起了一道不属于这个世界的光，像好多个太阳的光加起来那样耀眼。世人从未见过这样的日出：一个超级巨大的绿色太阳在不到一秒的时间内攀升至超过 8000 英尺（约 244 千米）的高度。它越升越高，直至云层，耀眼的光芒照亮了周围的大地和天空。随着它的上升，一堵直径约 1 英里（约 1.6 千米）的巨大火墙不断地向上迸发。火焰的颜色产生了变化，从深紫色变为橙色。火墙不断地扩张，直径越来越大，同时还在上升。元素的力量在束缚了数十亿年后得以释放。

威廉·L. 劳伦斯，《纽约时报》，1945 年 9 月 26 日，关于 1945 年 7 月 16 日的三位一体核试验的报道。

[①] 霍尔纳达德尔穆埃托，即西班牙语 Jornada del Muerto，意为"死亡之旅"。

冷血无情

不同的体中心温度所致症状的粗略指南。

36~37℃ 无症状， 体温正常	35~36℃ 起鸡皮疙瘩， 双手麻木， 呼吸和脉搏加快	34~35℃ 行动迟缓， 轻度意识模糊
32~34℃ 通常不再颤抖； 思维缓慢， 言语不清	**辨别失温症的体征** 人的正常体温为36~37℃。而失温症指的是体温过低以致产生危险，定义为人体的体中心温度低于35℃，这是极其严重的。图中所列的体征和症状仅作一般性指导，因为个体之间存在很大的差异。举例来说，有的人只要体中心温度下降4℃就会失去意识，有的人体温未降至25℃也会死亡。	30~32℃ 无法行走， 瞳孔放大
28~30℃ 半昏迷， 脉搏缓慢， 心律不齐		25.5~28℃ 失去意识
20℃ 心跳停止	17℃ 脑电活动停止	13.7℃ 恢复过来的病患的最低体温纪录

161

滋生的不仅是想法

巴氏消毒法的历史

路易斯·巴斯德（Louis Pasteur, 1822—1895）或许是法国有史以来最伟大的科学家，他一手推动了细菌致病论（the germ theory of disease）的发展。巴斯德对微生物的兴趣始于他对发酵的研究，而这一研究最终使得一种消毒方法以他的名字命名：巴氏消毒法。巴氏消毒法首先应用于葡萄酒产业，后来才被牛奶生产商采用。

巴斯德有力地推翻了当时占主流的自然发生论学说——生物体可以从无生命的物体中产生的观点。随后，巴斯德的目光转向了传染病背后的致病机理，特别是法国南部的蚕所患的疾病，这些疾病引发了丝绸行业的危机。与此同时，也有其他人正在研究炭疽病的病因，这是一种人畜共患的致命性疾病。

1870年，巴斯德完成了对蚕的研究。此时，关于微生物是否为炭疽病的病因尚无定论，许多科学家对此持否定意见。主要的问题是，如果疾病是微小的生物体导致的，那疾病是如何在没接触过染疫动物的健康牲畜中突然爆发的？此时，细菌致病论的发展史中的另一个响亮的名字——德国的小镇医生罗伯特·科赫（Robert Koch）来到了故事之中。

1876年，科赫在仔细研究了炭疽杆菌的生命周期之后，产生了一个绝妙的见解，即致病的孢子可以在通常环境下存活很长时间，随后一旦进入动物体内就会激活。科赫扩大了自己的研究范围，并很快得出了结论：特定的微生物会引起特定的疾病。科赫迈出了全新的一步，这需要让世界上的其他人信服。疫苗的发展对这一观点

路易斯·巴斯德

> 物理学家在周一、周三和周五采用波动说，在周二、周四和周六采用粒子说。
>
> 威廉·亨利·布拉格（William Henry Bragg, 1862—1942），英国科学家，1915年诺贝尔物理学奖获得者之一

的接受起到了很大的推动作用——少量的病原体在进入人体后，可以刺激人体产生抵抗疾病的抗体。

自 1879 年起，巴斯德一直在研究炭疽病。在 1881 年上半年，巴斯德自信地宣布他和他的团队已经成功地生产出了炭疽病的疫苗，并且愿意公开进行科学试验，以证明疫苗的有效性。这次试验在巴斯德的一位质疑者的农场里进行，有 50 只健康的羊被围了起来，其中的一半注射了疫苗，剩下的 25 只则保持原样。两周后，50 只羊全都注射了据称可导致疾病的微生物。在三天之内，"对照组"中的 25 只羊全都死了，只有那些注射过疫苗的羊还活着。此次公开演示是一场意义非凡的胜利，将巴斯德推上了科学的神坛。

科赫法则

细菌致病说尽管迈出了成功的一步，但仍未能彻底证明特定微生物会导致特定疾病。目前的实验基本上只是个案，所用的方法不具有普遍性，不足以证明细菌致病论是正确的。人们需要一种更加普遍的验证方法。这里，我们需要再次提到罗伯特·科赫。在对炭疽病进行研究后，科赫认为需要制定一组系统的检验条件，如果这些条件得到满足，就能证明某种疾病是由某种微生物引起的。这组验证条件现在称为"科赫法则（Koch's postulates）"，规定如右：

1 必须证明该微生物出现在每一个病例中。

2 存在将该微生物分离后进行纯培养的可能。

3 为健康的生物体接种该微生物时，应当会导致相应的疾病。

4 致病后，该微生物可以再次分离、培养。

163

从希腊粒子到葡萄干布丁等模型

原子简史

英文中的"原子（atom）"一词来自古希腊语 atomos，意思是"不可分割"。原子存在的想法最早是由希腊哲学家米利都的留基伯（活跃时间在约公元前 450—前 420 年）和德谟克利特（约公元前 460—前 370 年）提出的。他们认为存在不可分割的物质粒子，即原子，在虚空中四处运动。我们能够感知到世界的变化，就是因为原子有着不同的排列方式。

英国健康新闻记者安德鲁·格雷戈里（Andrew Gregory）在 2001 年出版的《找到了！科学的诞生》（*Eureka! The Birth of Science*）一书中明确指出，原子论者在原子世界和所感世界间所做的区分极富前瞻性。这一源自古代的观点得到了后继思想家的完善和扩展，在公元前 1 世纪罗马哲学家卢克莱修（Lucretius）创作的《物性论》（*On the Nature of Things*）一诗中发展到了顶峰。原子学说在 15 世纪的重新发现成了美国文学史学者斯蒂芬·格林布拉特（Stephen Greenblatt）的著作《大转向：世界如何步入现代》（*The Swerve: How the World Became Modern*）的主题，该书荣获 2012 年的普利策奖（Pulitzer prize）。

然而，直到 19 世纪初，英国科学家道尔顿测量了原子量，原子的概念才真正产生了实际影响。从这时起，人们才理解每个元素都是由不同数量的原子组成的，由此产生了各自的化学特性，而不同的原子数又使得元素具有不同的重量。

1897 年，英国物理学家汤姆森宣布发现了电子。不到 10 年后，他发现了原子中的电子数与其原子量之间存在关联（事实上，与原子量存在关联的是元素的原子序数，但此时原子序数尚未得到定义——原子序数取决于原子中的质子数，而质子此时尚未发现）。这促使汤姆森提出了原子结构的"葡萄干布丁"模型，即电子分布在整个原子之中，其余部分是一种带正电荷的云，使得原子整体不显电性。

或许很难相信，直到 1905 年人们才接受了原子的实际存在，不再认为原子只是一个有用的理论概念。就在这一时期，爱因斯坦利用了统计力学中相对较新的数学方法，证明了原子是布朗运动产生的原因。在此 70 多年前，布朗在观察水中的花粉颗粒时注意到了这一现象。布朗运动是指悬浮在液体中的粒子的无规则运动，以苏格兰植物学家布朗的名字命名。

一枚直径 15 英寸的炮弹

不过，原子结构的葡萄干布丁模型并没有坚持多久。1911 年，汤姆森以前的学生卢瑟福，一位出生于新西兰的英国物理学家，提出了一个新的模型，以解释他在两年前进行的一项实验所得出的惊人结果。在这项实验中，极少数的 α 粒子在射向金箔后反弹了回来。如果葡萄干布丁模型是正确的，这种情况就不应该发生，也就是说，如果原子是一种云，就不应该有粒子反弹回来。卢瑟福对此的评论让人印象深刻："这非常不可思议，几乎就像你朝一张纸巾发射了一枚直径 15 英寸（约 38 厘米）的炮弹，而炮弹却反过来击中了你一样。"在卢瑟福的新模型中，原子内有一个微小的带正电荷的原子核，几乎拥有原子的全部质量——α 粒子就是因为击中了原子核才会反弹。电子"围绕"着原子核运行，就像行星围绕着太阳运行一样。今天，学校里仍会教授这种原子模型。然而，卢瑟福模型无法解释电子如何停留在轨道上。按照经典力学的观点，电子会逐渐损失能量，从而螺旋着掉入原子核。1913 年，丹麦物理学家玻尔将原子量子化，从而给出了解答。玻尔认为，电子的能量不是任意的，而只能占据特定的能级。打个比方，想象一个网球，它代表一个电子；还有一系列可以放置网球的台阶，代表着能级。台阶越高，能量就越高，反之亦然。在原子中，为了让电子在不同能级之间移动，就需要以电磁辐射的形式放出或吸收能量。能量并不是一点一点地损失的，螺旋之问就此得以解决。正是由于这项成果，玻尔在 9 年后获得了诺贝尔物理学奖。

几个世纪以来，人们一直在争论光到底是一种粒子还是一种波。到了20世纪初，人们普遍认为光既是一种粒子，又是一种波。1924年，在玻尔获得诺贝尔奖后不久，法国物理学家德布罗意在其博士论文中断言，电子也具有波粒二象性。之后，奥地利物理学家薛定谔意识到，每个波都可以用相应的方程进行描述，于是他开始研究如何用方程来描述德布罗意的发现。1926年，这一观点以薛定谔方程的形式展现在世人面前。方程中的Ψ（大写的希腊字母ψ，读作"普西"）代表波函数——薛定谔认为波函数与电子所带电荷的云状分布有密切关系。这是因为薛定谔方程涉及的是粒子的概率分布，即粒子处于特定位置的可能性。现在，电子的运动已无法准确追踪（因为已将概率的概念引入其中），这促使德国物理学家海森堡在1927年提出了"不确定性原理"，即不可能同时准确地知道电子的位置和动量（涉及其速度、质量和运动方向）。有一种想法是，如果知道宇宙中每个粒子的位置和动量，那就可以知道它们的过去和未来，不确定性原理的提出让这种想法化为了泡影。决定论已亡。

问：

为什么量子物理学家踢球不行？

答：

因为当他们找到了球门，就找不到动量；当他们有了动量，就找不到球门。

碳原子的玻尔原子模型

在一个碳原子中，原子核由六个质子和六个中子构成。六个电子围绕着原子核——两个电子位于第一能级，四个电子位于第二能级。

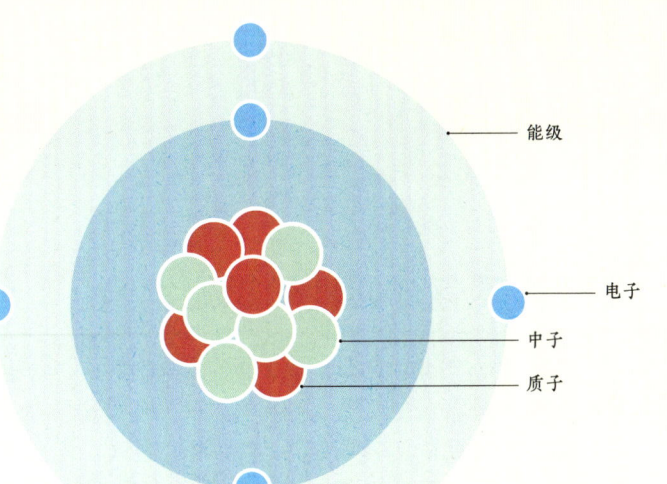

- 能级
- 电子
- 中子
- 质子

受激电子

当一个电子所处的能级发生改变时，能量以电磁辐射的方式转移。

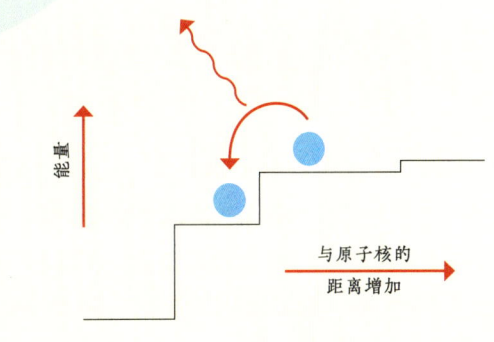

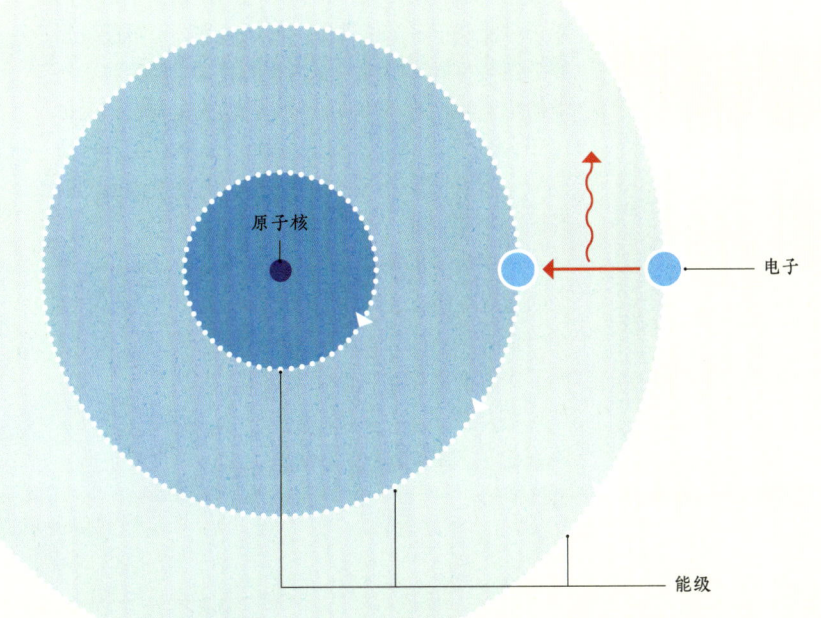

能量

与原子核的距离增加

原子核

电子

能级

放猫出包 ①

薛定谔具有开创性的思想实验

1935 年，奥地利物理学家薛定谔发表了一场思想实验，可以说是世界上最著名的思想实验。这场思想实验涉及一只猫，它既不是活的也不是死的。这听起来像是无稽之谈，但量子理论就是这样的——这一思想实验想要人们关注量子理论中最奇怪的部分。而且，正如丹麦物理学家玻尔所说："那些第一次接触量子理论却没能感到震惊的人不可能理解量子理论。"

1927 年，索尔维物理学会议在布鲁塞尔召开。会上，有人试着阐明最新的量子理论研究有什么意义，所形成的观点称为"哥本哈根诠释"，其核心在于观察的作用。从本质上讲，玻尔和他的支持者所理解的量子理论是这样的：他们推测亚原子事件以概率的形式存在，只有以某种方式观察到该事件时才能将其确定下来。比方说，在某一范围内，一个给定的粒子可能位于多个位置中的任何一处，有可能位于哪个位置与概率有关。而当我们观察、检测粒子所处的位置时，正是我们的实际行动决定了粒子具体位于何处。此刻，让我们把这一复杂的观点捋清楚——他们想要表达的是，现实只有在被观察的时候才会安定下来，成为特定的建构。

对于薛定谔来说，他无法接受这种亚原子水平上的不稳定状态会对我们日常的宏观世界产生的潜在的影响。爱因斯坦曾写信鼓励薛定谔。为了回应爱因斯坦，薛定谔设计了这场思想实验，以强调有关理论的荒谬之处。实验是这样的：

埃尔温·薛定谔

> "怎么了，"渡渡鸟说，"最好的解释就是亲自试试。"
>
> 刘易斯·卡罗尔（Lewis Carroll, 1832—1898），英国作家、数学家，出自《爱丽丝梦游仙境》（*Alice's Adventures in Wonderland*，1865 年）。

---
① 原文 Letting the Cat Out of the Bag，英语俚语，有"泄露秘密"的意思。

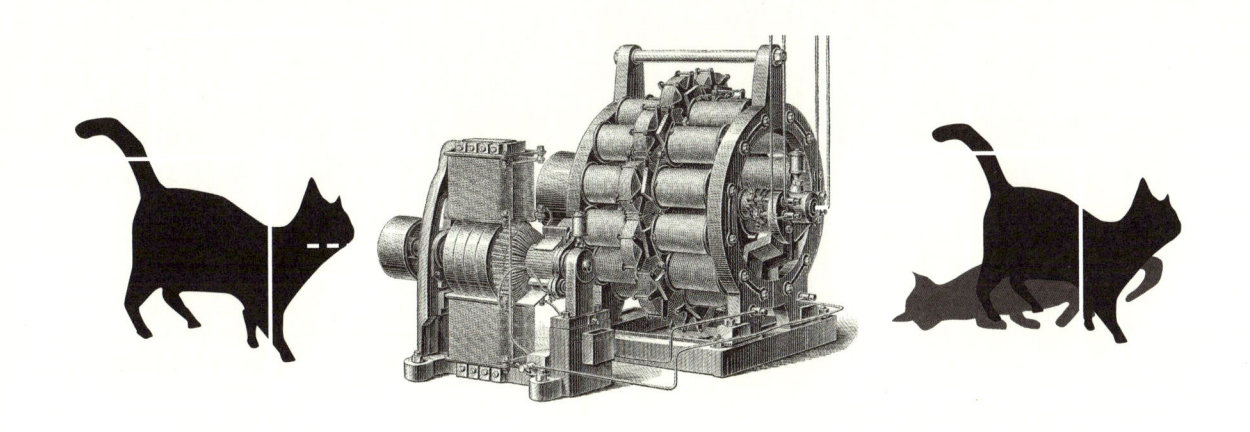

将一只猫关在一处铁室里，铁室中配置了下述的邪恶装置（必须确保装置不会受到猫的直接干扰）：在一根盖革计数管内放有少量的放射性物质，数量极少，可能在一小时内只有一个原子发生衰变，但也有同样的概率没有原子发生衰变；如果有原子发生了衰变，计数管就会放电，电流通过继电器让一把锤子落下，砸碎装有氢氰酸的小瓶。使整个系统运行一个小时，在没有原子衰变的情况下，猫就是活着的；而有一个原子衰变，猫就会中毒身亡。为了体现这一点，整个系统的波函数会把活猫和死猫（措辞不当，见谅）均匀地搅和在一起。

玻尔一意孤行，拒绝认同这一思想实验挑战了自己的理论，他坚持认为在观察之前，猫就是既死又活的。薛定谔的猫设计出来是为了嘲笑玻尔的观点，却在科学以外的领域产生了影响，这可能有些讽刺。文学界尤其喜欢将这一悖论作为主题，相关的创作包括厄休拉·勒古恩（Ursula le Guin）不留情面的短篇小说《薛定谔的猫》（Schrödinger's Cat）和弗雷德里克·波尔（Frederik Pohl）的科幻小说《量子猫的到来》（The Coming of the Quantum Cats）。薛定谔的猫还催生了一些戏谑的诗歌，也许审美价值不高，但娱乐性不低，比如玛丽莲·T. 科赫尔（Marilyn T. Kocher）的这首：

薛定谔的猫的故事

薛定谔把猫喊来，说道：
"你既是活的，又是死的。
线性组合的状态
推定两种命运同在。"
可怜的小猫震惊得说不出话来。
"我要告诉 SPCA[1]。
在我看来，你的宠物理论
极端暴力，像一场天灾。"

然后这只小猫做了什么？
她盯着薛定谔，"μ"[2] 了一声出来。

---

[1] The Society for the Prevention of Cruelty to Animals（爱护动物协会）的缩写。
[2] μ，读作"miu"，音近"喵"。

"无名"科学家

有影响力的女科学家

随便翻开一本科学史的书籍，你会发现里面很少提到女性科学家。原因有很多，但主要有两点：过去的女性缺少在科学领域工作学习的机会；另外，她们承受着根深蒂固的偏见。然而，几个世纪以来，尽管妇女们面临着艰巨的挑战，她们仍然为科学的进步作出了许多贡献。以下是我最敬佩的几位女科学家，还有对她们所取得的成就的简要介绍。

1706—1749 年

艾米莉·沙特莱
（Émilie du Châtelet）

她将牛顿的《原理》翻译成法文，并附上了自己的评论，将一些内容解释清楚，也对牛顿的这本巨著进行了补充，她对能量守恒定律的推导过程是其中的重要内容。

1769—1858 年

简·马舍特
（Jane Marcet）

她是《化学对话——更适合女性阅读》（1805 年）一书的作者。这本书一共出版了 17 版，将当时还是装订工学徒的迈克尔·法拉第领入了电化学的世界。

1711—1778 年

劳拉·巴斯
（Laura Bass）

她是欧洲的首位女教授，也是牛顿理论的专家，在牛顿理论的传播过程中发挥了重要作用。

1799—1847 年

玛丽·安宁
（Mary Anning）

她是许多化石的首位发现者，包括完整的蛇颈龙化石，还有英国的双型齿翼龙化石。

1758—1836 年

玛丽-安妮·保尔兹·拉瓦锡
（Marie-Anne Paulze Lavoisier）

她为丈夫安托万·拉瓦锡（Antoine Lavoisier）绘制了清晰而细致的插图，促进了拉瓦锡的化学研究成果的传播。

1818—1889 年

玛丽亚·米切尔
（Maria Mitchell）

她发现了 C/1847 T1 彗星，之后当选为美国艺术与科学院（the American Academy of Arts and Sciences）的首位女院士。她后来成了美国首位专业女性天文学家。

1850—1891 年

索菲亚·柯瓦列夫斯卡娅
（Sofia Kovalevskaia）

她研究了土星环的结构，还拓展了微积分的内容。她是首位获得博士学位的女性。

1867—1934 年

玛丽·居里
（Marie Curie）

她可能是最著名的女科学家。她是首位获得诺贝尔奖的女性，也是首位获得了两次诺贝尔奖的人——一次是为了表彰她对放射性的研究，另一次是为了表彰她发现了镭和钋，以及后来对镭的研究。

1910—1994 年

多罗西·霍奇金
（Dorothy Hodgkin）

她是第三位获得诺贝尔化学奖的女性，她确定了维生素 B_{12} 的分子结构，该分子包含 100 多个原子；后来，她又确定了胰岛素的蛋白质结构。

1854—1923 年

赫莎·埃尔顿
（Hertha Ayrton）

她是电弧领域的权威专家，旧名为菲比·萨拉·马克斯。在 1958 年之前，她是国际电气工程师协会唯一的女性会员。

1878—1968 年

莉泽·迈特纳
（Lise Meitner）

她是核裂变的发现者之一，一举开创了核时代并推动了放射性研究的发展。

1917—1966 年

卡洛琳·帕克
（Carolyn Parker）

她是首位获得物理学专业研究生学位的非裔美国人。她参与了曼哈顿项目，主要负责研究放射性元素钋。

1863—1914 年

艾达·弗伦德
（Ida Freund）

她是剑桥大学纽纳姆学院化学与物理学科的教学主管，是力图改善英国女校的科学教学条件的主要人物。

1892—1916 年

艾丽丝·鲍尔
（Alice Ball）

她是在夏威夷大学取得硕士学位的首位非裔美国人和首位女性，她开发了一种治疗麻风病的药物。她去世时年仅 24 岁。

1920—1958 年

罗莎琳德·富兰克林
（Rosalind Franklin）

她是一位 X 射线晶体学家，DNA 研究中至关重要的 51 号照片就是她拍摄的。这张照片在判明 DNA 的双螺旋结构的过程中起到了关键作用。

亦假亦真

小说中的科学家

令人惊讶的是，从事科学工作的人数这么多，小说中却鲜有科学家登场。下面这份名单列出了有科学家登场的小说，该名单的部分内容来自网站 lablit（实验室文学），该网站致力于促进"虚构作品与现实生活中的科学文化"的传播。

无论合适与否，名单中没有任何名字起得像科幻小说的书，比如阿道司·赫胥黎（Aldous Huxley）的《美丽新世界》（Brave New World），从而使得这份名单能够尽可能地立足于"现实世界"。我承认自己并没有完全做到这一点。

《布拉柴维尔的海滩》（Brazzaville Beach），威廉·博伊德

在本书中，有一位生态学家前往非洲研究灵长类动物，借此逃避她与一位杰出但也有缺点的数学家的婚姻。该书于 1990 年获得了麦克维蒂奖和詹姆斯·泰特·布莱克纪念奖

《金壳虫变奏曲》（The Gold Bug Variations），理查德·鲍尔斯

《时代》杂志将这部创意满满的作品评选为 1991 年最佳小说。这部作品以两个爱情故事为核心，涉及包括遗传学、计算机编程、佛兰德斯美术和作曲在内的多门学科的知识。鲍尔斯还是《上层林冠》（The Overstory）和《迷惑》（Bewilderment，2021 年布克奖短名单入围作品）的作者，这两部作品都可以列入本名单中。

《爱因斯坦的梦》（Einstein's Dreams），艾伦·莱特曼

人们有时会将这部作品与伊塔洛·卡尔维诺（Italo Calvino）的《看不见的城市》（Invisible Cities）和豪尔赫·路易斯·博尔赫斯（Jorge Luis Borges）的《迷宫》（Labyrinths）相提并论。书中，一系列的寓言相互关联，展现了 1905 年爱因斯坦在完成狭义相对论的定案时所做的梦。

《丈量世界》（Measuring the World），丹尼尔·凯曼

  原作为德文书，是一部国际畅销书。作者幽默地设想了18、19世纪两位德国思想巨人——博物学家洪堡和数学家高斯（Carl Friedrich Gaus）会面时的场景。

《黑暗之物》（This Thing of Darkness），哈里·汤普森

  2005年布克奖长名单入围作品。该书重新演绎了著名的"小猎犬号"的旅程，重点讲述了航行后的30年间，"小猎犬号"的船长罗伯特·菲茨罗伊与科学家达尔文这位乘客之间的关系。

《船热》（Ship Fever），安德烈娅·巴雷特

  1996年美国国家图书奖获奖作品。本书是一部以19世纪为背景的短篇小说集，其灵感来自科学实践，字里行间透露着科学的人情味。

《与化石打交道的女孩》（Remarkable Creatures），特蕾西·雪佛兰

  这部小说展现了玛丽·安宁的生活，她是19世纪早期英国多塞特郡莱姆里杰斯市的一位化石收集者和销售者，她的发现奠定了古生物学这门新科学的基础。但是，由于她是一位女性，她的发现几乎没人认可。

《追日》（Solar），伊恩·麦克尤恩

  这是一部与气候变化有关的讽刺小说，作者在他创作的许多小说中都借鉴了科学知识。2010年，这部作品获得了专为滑稽小说设立的波灵格大众伍德豪斯奖。

《想……》（Thinks），戴维·洛奇

  一部构思巧妙的校园小说，通过一位男性认知科学家和一位女性小说家的视角（两个人开始了一段不正当的恋情），审视了意识这一谜题。

《塔中情人》（Two on a Tower），托马斯·哈代

  通过描写一位乡绅的妻子和一位比小她十岁的贫穷的天文学家之间的关系，哈代想"将两个渺小的生命的情感史置于恒星宇宙的宏大背景之下。"

《博士的爱情算式》(The Housekeeper and the Professor)，小川洋子

这部短篇小说讲述了一个动人的故事：一位年轻的母亲受雇照顾一位数学家，多年之前这位数学家的头部受了伤，只记得事故发生前的所有事，但对事故发生后的任何事情都无法保持 80 分钟以上的记忆。每天，管家都要从头做起，但她很快就学会了用数学语言和数学家对话。

《加尔各答染色体》(The Calcutta Chromosome)，阿米塔夫·高希

这是一部富有想象力的作品，故事在 19 世纪末研究疟疾的英国医生罗纳德·罗斯与现代之间来回切换。在现代，一位罗斯的崇拜者渴望发掘这位诺贝尔奖得主的发现背后隐藏的真相——比小说还离奇。

《新人》(The New Men)，C. P. 斯诺

这部小说出版于 1954 年，是斯诺的《陌生人和兄弟们》(Strangers and Brothers)系列的第六部作品，主要讲述了第二次世界大战期间，一群科学家致力于研究可控核裂变的故事，还涉及政府对他们的管理。

《阿罗史密斯》(Arrowsmith)，辛克莱·路易斯

1926 年普利策小说奖获奖作品，然而作者拒绝受领。故事讲述了马丁·阿罗史密斯的人生历程，从他降生于美国中西部，出身卑微，讲到他在科学领域取得的成功。他的妻子死于一场瘟疫，但他最终找到了治疗的方法。

《诺贝尔的囚徒》(Cantor's Dilemma)，卡尔·杰拉西

这部小说的作者是一位著名的化学教授，小说深入探究科学研究背后阴暗的高风险政治，也探讨了为争取诺贝尔奖，有些人会走多远。

《开普勒》(Kepler)，约翰·班维尔

这是班维尔的《革命》三部曲中的第二部作品，再现了天文学家约翰尼斯·开普勒的一生，介绍了开普勒所处的时代，以及开普勒对宇宙奥秘的探索。

《心身问题》(*The Mind-Body Problem*)，丽贝卡·戈德斯坦

在这本书中，一位美丽的哲学专业的毕业生抵制着她所受到的严格、正统的犹太教教育。她发现自己的生活漂泊不定，最终因对社会地位的渴望而嫁给了普林斯顿大学的一位杰出的数学家。然而，他们各自的世界观发生了冲突，主要是因为两者对探讨了几个世纪的心身问题（理解我们的肉体与精神世界之间的联系存在着困难）所持的立场不同。

《印度职员》(*The Indian Clerk*)，戴维·莱维特

小说的内容以受人尊敬的英国数学家G.H.哈代（G. H. Hardy）和自学成才的数学天才斯里尼瓦瑟·拉马努金（Srinivasa Ramanujan）之间的交往为基础。1913年，拉马努金只是马德拉斯的一名职员。哈代在读过拉马努金绝妙的定理之后，邀请他访问了剑桥大学。

《实验之心》(*Experimental Heart*)，詹尼弗·罗恩

这部浪漫又惊险的当代小说的作者正是lablit网站的创始人，主要介绍了两位在实验室工作的科学家和他们取得成果前所承受的外部压力。

π 的历史

圆周率的小数点后……

18 世纪，莱昂哈德·欧拉（Leonhard Euler）将希腊字母 π 引入数学，用来表示圆的周长与直径的比值。在当时，这就已经是一个历史悠久的概念了，许多的古代文明都已经有了粗略计算 π 的方法。

古代的 π
古巴比伦人给出的比值为 $3\frac{1}{8}$，古埃及人给出的比值为 $\frac{256}{81}$。

《圣经》中的 π
《圣经》所记载的比值为 3。

希腊的 π
古希腊人算出了各种比值，算得最准的是 2 世纪的数学家希帕克斯（Hipparchus）算出的 $\frac{377}{120}$，小数部分的前 4 位都是准确的。

亚洲的 π
在第一个千禧年到来之前，中国和印度的天文学家准确地算出了圆周率小数点后 3 至 6 位的数字，这些人包括印度的阿耶波多（Aryabhata，476—550）[1] 和中国的祖冲之（430—501）[2]。

更加精确的 π
直到 1424 年，贾姆希德·马苏德·阿尔·卡西（Jamshid Masud al-Kashi）出版了《论圆周》（al-Risala al-Muhitiyya），将圆周率精确到小数点后的第 16 位，圆周率的计算取得了重大进展。

欧洲的 π
16 世纪末，欧洲人以更加严肃的态度致力于 π 的计算，掀起了一股准确计算 π 的风潮。

---

① 499 年，阿耶波多完成了《阿里亚哈塔历书》，精确算出了圆周率小数部分的前 4 位。
② 祖冲之是世界上首位精确算出圆周率小数部分前 6 位的数学家。

圆周率，用希腊字母 π 表示，是数学中的一个常数，由圆的周长（c）除以直径（d）计算而来。

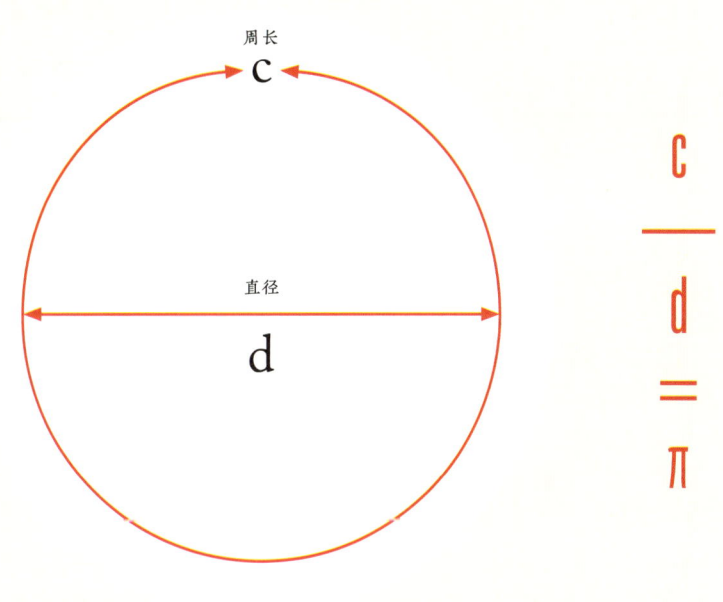

$$\frac{c}{d} = \pi$$

周长 c

直径 d

如果有人急切地想知道后面的数字，那我就多写一点吧：

3.1415926535897932384626433832795028841971693993751058209749445923078164062862089986280348253421170679821480865132823066470938446095505822317253594081284811174502841027019385211055596446229489549303819644288109756659334461284756482337867831652712019091456485669234603486104543266482133936072602491412737245870066063155881748815209209628292540

无穷无尽的圆周率

到了现代，由于计算机技术的发展，圆周率的计算已经突破了人类的极限。只要有时间和意愿，就可以无穷无尽地算下去。

177

印第安纳州的 π

拿圆周率变现的企图

2000多年来，人们致力于解决化圆为方①的问题：用直尺和圆规作出一个正方形，其面积与一给定的圆的面积完全相等。1882年，这一希望破灭了，德国数学家费迪南德·冯·林德曼（Ferdinand von Lindemann）发现π实际上是一个超越数，意味着π不是任何代数方程的根。但这未能打消美国医生埃德温·J.古德温（Edwin J. Goodwin）的念头，他在1897年为印第安纳州起草了一份法案，打算确立一项"新的数学真理"——他要化圆为方。

1897年1月18日，印第安纳州众议院第246号法案交由州议会审议。令人惊讶的是，古德温竟想为此申请版权，以从中牟利。他在法案的开头写道，将该法案"捐献给教育事业，若1897年州议会正式接受并通过了该项法案，则仅限印第安纳州免费使用，无须支付版税"。

古德温的新真理只有一处重大缺陷。该法案的第二条中隐含着实现该方法所必须遵从的"第四个重要事实"，即"直径和周长的比是四分之五比四"，或者说比值为3.2。因此，古德温基本上是想在州法中确定π=3.2，而不是3.1459……然后用这一"事实"牟利！

令人惊讶的是，2月5日，印第安纳州议会以67票赞成、0票反对的表决结果通过了这一法案。随后，该法案提交至印第安纳州参议院，由禁酒委员会对其进行一读，并在2月12日正式交由参议院审议。值得庆幸的是，通过一次偶然的机会，常识得到了伸张——普渡大学的数学家克拉伦斯·亚比亚他·沃尔多教授（Clarence Abiathar Waldo）在参观州议会大厦时，无意中听到了参议院的辩论。他就该法案的内容对参议员进行了"培训"，于是该法案就被打入冷宫，表决无限期推迟了。这意味着该法案仍在某处徘徊。

希波克拉底月牙定理
希俄斯的希波克拉底（Hippocrates of Chios）发现图中的阴影区域的面积相等。这就让人们产生了可以化圆为方的错觉。

> 已故的数学家埋在哪里？
> ——埋在不对称性（Asymmetry②）里

---
① 化圆为方，squaring the circle，英语俚语，指"不可能的事"。
② Asymmetry，谐音 a cemetery，意为"一处公墓"。

情系豌豆的修道士

孟德尔与遗传学的基础

格雷戈尔·约翰·孟德尔（Gregor Johann Mendel，1822—1884）出生于奥地利帝国的西里西亚，是一位修道士，他的实验奠定了遗传学的基础。1866年，他发表了将自己在修道院的花园里进行了数千次豌豆育种实验所取得的结果。孟德尔发现，豌豆植物的花色等性状的遗传存在某种规律。他由此提出了分离定律（也称孟德尔第一定律）。

分离定律指出，生物体的特定性征的遗传模式是由两个单位控制的。现在我们知道这是由一对等位基因（alleles）控制的，或者说是同一位置的基因表达出来的不同的形态。一个生物体携带两份基因，其中一份来自父方，另一份来自母方。当生殖细胞形成时（有性繁殖），两份基因中只有一份能够进入生殖细胞。由于第一代后代（第一代子代）是由父母双方各自产生的生殖细胞结合而成的，其等位基因中既有来自父方的基因，又有来自母方的基因。因此，如果亲本植物中的一株是白花的纯合子，另一株是紫花的纯合子，那么第一代子代携带的一对等位基因为一个紫花基因和一个白花基因。

连续培育了几代豌豆之后，孟德尔清楚地认识到，有些性状是显性性状，有些性状是隐性性状，而且显性性状总会掩盖隐性性状的表达。这可以解释一些特定的遗传模式，也可以解释为什么有的性状可以隔代遗传。例如，让纯合的紫花豌豆和纯合的白花豌豆杂交，观察决定花色的等位基因的遗传情况，我们会发现第二代豌豆中没有开白花的，因为紫花是显性性状。但是第三代豌豆中又出现了白花，因为这一代的豌豆有可能继承两个白花的等位基因（如下图）。

进化论立足所依靠的坚实基础可能是查尔斯·达尔文奠定的，但正是格雷戈尔·孟德尔的研究使得人们有办法研究达尔文理论背后的机制。

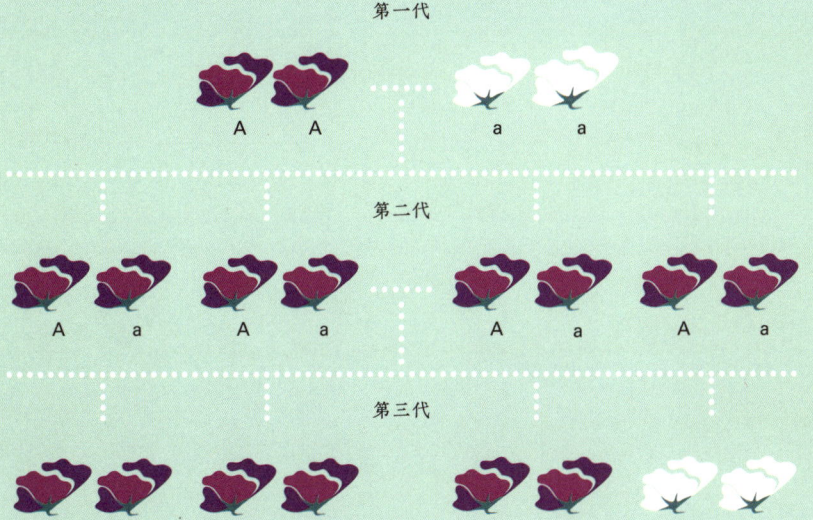

图解孟德尔遗传定律
图中，决定紫花的等位基因为显性基因，用大写字母 A 表示。只有当植物携带一对隐性的等位基因时才会开白花。

认识一下汤姆·特雷斯科普和他的朋友

纽伯里的六场讲座

约翰·纽伯里儿童文学奖是当今美国最负盛名的儿童文学奖。该奖项设立于 1922 年，由美国图书馆协会授予"为美国儿童文学作出最杰出贡献的作者"，开创了儿童文学奖的先河。该奖项以 18 世纪的英国出版商、书商约翰·纽伯里（John Newbery）的名字命名，他是图书界公认的首位专门从事儿童文学出版的人。

1761 年，纽伯里出版了《适合小绅士和小淑女阅读的牛顿哲学体系》（*The Newtonian System of Philosophy Adapted to the Capacities of Young Gentlemen and Ladies*），这本科普读物的目标读者可能是 10 至 12 岁的儿童。在这本书中，"汤姆·特雷斯科普（Tom Telescope[①]）在小人国社团举办了六场讲座"，讲座的内容是"为了这些国家的青少年的利益而收集、

[①] 特雷斯科普，音译自 Telescope，即望远镜。

整理的"，涵盖了18世纪自然哲学的全部内容，从物质、重力讲到人的五感，还不断提到年轻人熟悉的物体，如球和陀螺。下面的内容是第一场讲座的开头，非常清楚、简洁地介绍了牛顿第一运动定律。

当一个物体处于运动状态时，使其静止所需的力，与其处于静止状态时，使其运动所需的力一样多。因此，假设有一个男孩单手将球击出，而旁边的另一个男孩单手接住了球，那么，考虑到两个男孩相距不远，这个男孩让球停下，或者说让球处于静止状态所需要的力量，与另一个男孩让球运动所需要的力量一样大。

任何物质的整体或一部分都无法使自身开始运动或停下，因此，静止的物体将永远保持静止状态，除非它在某种外界因素的作用下开始运动；而运动的物体将永远保持运动状态，除非某种外界因素让其停止。

这在威尔逊大师看来是如此荒谬，以至于让他捧腹大笑。他说，有谁能跟我说他的铁环或陀螺能永远保持运动？日常经验告诉我，它们自己就会停下来了，不受任何物体的影响。我们的小哲学家对此很生气，在要求大家保持肃静之后，他说：汤姆·威尔逊，不要让笑声暴露了你的无知。如果你还打算听我的哲学课，了解事物的本质，你就得做好准备，听一些更加不同寻常的事情。你说没有任何东西接触陀螺或铁环，你忘记了它们与地面的摩擦或碰撞，以及它们在运动过程中受到的空气阻力，这是很明显的，虽然你并没有注意到这一点。我们也可以说一说陀螺或铁环与地球之间的重力和吸引力；但你们还无法理解这些，所以我们回到讲座中来，继续往下讲。

提醒我不要与汤姆·威尔逊一同站在错误的一方。

这本书取得了巨大的成功，印制了多个版本，不仅能够在爱尔兰和美国出版，还被翻译成荷兰语、瑞典语和意大利语。如今，许多历史学家认为，这本书极有可能是约翰·纽伯里亲笔写成的。几乎可以肯定的是，正是这种书籍的出版使得1802年，英国散文家查尔斯·兰姆（Charles Lamb）——显然是一个不怎么喜欢科学的人——在给诗人塞缪尔·泰勒·柯勒律治写信时抱怨："科学已经取代了诗歌，在儿童文学中比成年人的作品中更甚。难道就没有可能避开这遭人恨的祸害吗？"如果兰姆活到今天，他可能会觉得科学和诗歌都已经被"避开"了，当然是就儿童而言。

一位科学新人的罪过

调查牛顿的宗教信仰

人们普遍认为，牛顿是有史以来最伟大的科学家之一，他还具有虔诚的宗教信仰。牛顿反对三位一体，即基督教认为上帝具有圣父、圣子和圣灵三重位格的教理——这在17世纪是一种异端立场。牛顿花了大量的时间和精力，试图在古代文化的宗教典籍中发掘不为人知的知识。牛顿的研究包括想出破解圣经的方法，以解读圣经的预言符号——他对《但以理书》（*Daniel*）和《启示录》（*Revelations*）特别感兴趣。根据《但以理书》记载的时间，牛顿计算出世界末日，也就是末世，不会发生于2060年之前。我们至少还有几十年的时间应对。

1662年，作为一个19岁的青年，牛顿在一本笔记本上记录了他回忆起的自己所犯下的48宗罪，这让人们更加觉得牛顿是一介凡人（尽管牛顿显然不是凡人）。

牛顿的笔记很吸引人，能让一位科学巨人变回有血有肉的人。笔记还向我们展示了牛顿对宗教的热忱——他一向如此。右侧展示了笔记所列的一部分内容：

牛顿

- 公然使用某一词汇（上帝）
- 在祢的日子做了一根羽毛
- 不承认是我做的
- 在祢的日子喷水
- 在星期天的晚上做馅饼
- 威胁我的父母史密斯夫妇① 要放火烧他们和他们的房子
- 期盼死亡，并希望死亡能降临在某些人的身上
- 有不洁的思想、言行和梦境
- 偷了爱德华·斯托勒的樱桃面包
- 不承认是我偷的
- 把心思放在挣钱、学习和享乐上，而不在祢身上
- 给了我妹妹一拳
- 偷了我母亲放在盒子里的李子和糖
- 称多萝西·罗斯为汤妇
- 对我的母亲动怒
- 在祢的日子或其他时间跟别人闲聊
- 不爱祢和祢的美德
- 不愿接受祢的教诲
- 更惧怕人，而不是祢
- 用违法的手段帮我们脱离贫困
- 不渴望上帝赐福于力求诚实的我们
- 错过礼拜
- 殴打亚瑟·斯托勒
- 为了一片面包和黄油对克拉克师傅动怒
- 试图用掺了一半黄铜的王冠行骗
- 在星期天的早上拧绳子

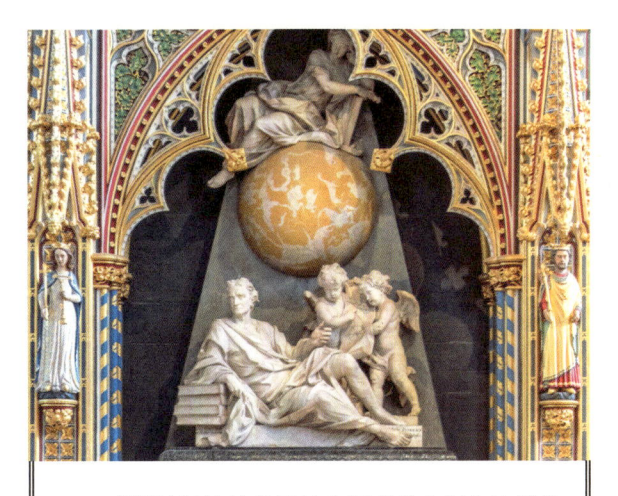

威斯敏斯特教堂里的牛顿墓碑上刻有这样几行字：

H. S. E. ISAACUS NEWTON Eques Auratus, / Qui, animi vi prope divinâ, / Planetarum Motus, Figuras, / Cometarum semitas, Oceanique Aestus. Suâ Mathesi facem praeferente / Primus demonstravit: / Radiorum Lucis dissimilitudines, / Colorumque inde nascentium proprietates, / Quas nemo antea vel suspicatus erat, pervestigavit. / Naturae, Antiquitatis, S. Scripturae, / Sedulus, sagax, fidus Interpres / Dei O. M. Majestatem Philosophiâ asseruit, / Evangelij Simplicitatem Moribus expressit. / Sibi gratulentur Mortales, / Tale tantumque exstitisse / HUMANI GENERIS DECUS. / NAT. XXV DEC. A.D. MDCXLII. OBIIT. XX. MAR. MDCCXXVI

翻译如下：

此处安葬着艾萨克·牛顿爵士，他凭借近乎天赐的心智和独有的数学原理，探索出行星的运行轨迹和形状、彗星的轨迹、海水的潮汐、光线之间的差异和由此产生的不同颜色，这是其他学者此前未能想到的。他在研究自然、古籍和圣经时展现出了勤奋、睿智和虔诚，他依据自己的哲学证明了上帝的万能与慈悲，并以自己的方式阐释了福音书的简明之理。人们为他欣喜：人类有着如此辉煌的荣耀！他生于1642年12月25日，卒于1726年3月20日。

---

① 史密斯是牛顿的继父的姓氏。

猴子审判

被告：进化论

1925 年 3 月 13 日，美国田纳西州通过了一部令人难以置信的法案——《巴特勒法案》（the Butler Act），法案规定，由田纳西州提供资金赞助的任何大学或公立学校都不得教授进化论。被发现有此类行为者都将面临高达 500 美元的罚款，这大约是一位教师的一半年薪。真要说起来，这反而成了一份挑战书。美国公民自由联盟刊登了广告，寻找一位愿意公然违法教授进化论的教师。这时，约翰·T. 斯科普斯（John T. Scopes）站出来了。

斯科普斯审判（亦称猴子审判）就此开庭，这是 20 世纪以科学为中心的法庭案件中最著名的案件之一。该案由美国前国务卿威廉·詹宁斯·布赖恩（William Jennings Bryan）代表控方，应诉的是著名的辩护律师克拉伦斯·达罗（Clarence Darrow）。这场审判通过广播传遍了美国，讽刺的是，这反倒成了一次绝佳的机会，可以向数百万群众解释进化论。

在审理的第八天，在法官明显的偏见之下，辩方的大部分论证都未被采纳。于是，辩方改变了辩护方针，承认有罪，斯科普斯被处以 100 美元的罚款。这使辩方获得了上诉的权利，有机会将此案交由州最高法院审理。两年后，田纳西州最高法院维持了《巴特勒法案》的有效性，但对斯科普斯的判决却因技术性问题被推翻——未经陪审团评估，就将可处的最低罚款提高了一倍；而且初审的"审判法官对该项罚款的征收超出了其管辖权"。直到 40 年后，该法案才得以废除，其内容转载如下：

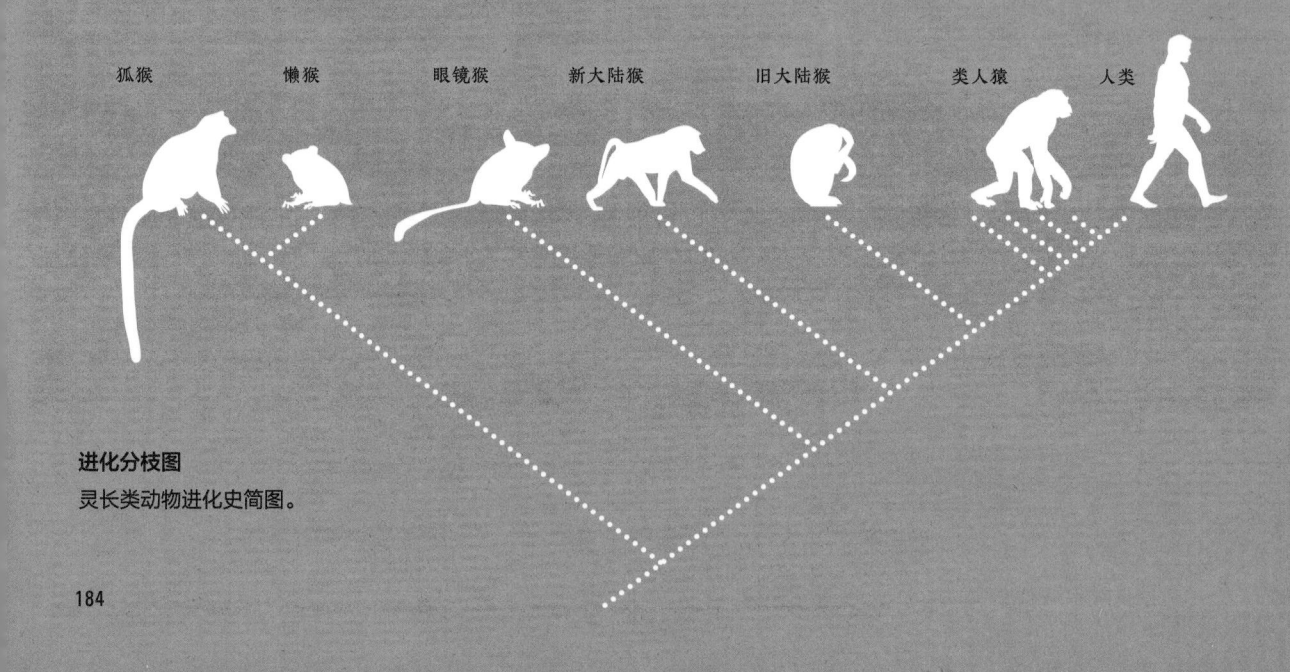

进化分枝图
灵长类动物进化史简图。

狐猴　　懒猴　　眼镜猴　　新大陆猴　　旧大陆猴　　类人猿　　人类

巴特勒法案

众议院法案 第 185 号

　　法案禁止田纳西州所有大学、师范学校和其他所有由田纳西州公立学校基金全额赞助或部分赞助的公立学校教授进化论，将对违法行为进行处罚。

　　第一条　经田纳西州议会立法通过，本州任何一所大学、师范学校和其他所有由田纳西州公立学校基金全额赞助或部分赞助的公立学校的任何一名教师，如讲授任何否认《圣经》记载的上帝造人的理论，或讲授人是由低级动物进化而来的理论，即属违法。

　　第二条　本法案进一步规定，任何教师如被发现违反本法，即属轻微犯罪，一经定罪，应对每项违法行为处以 100 美元以上，500 美元以下的罚款。

　　第三条　为保障公益事业，本法案自通过之日起生效。1925 年 3 月 13 日通过（注：1967 年 9 月 1 日废止）。

若地球足以为百万人提供衣食，会怎样？

科学的啦啦队

激进的英国诗人雪莱在短暂的29年生命中一直在与制度作斗争，他于1822年去世。在伊顿公学他不愿意顺从小男孩为大男孩服务的"制度"做别人的"小弟"，遭到了同学的排挤。在牛津大学，他只读了一个学期，因为他创作了《论无神论的必然性》（*The Necessity of Atheism*）又不肯撤回。这是他和他的大学朋友，未来的大律师、作家托马斯·杰斐逊·霍格（Thomas Jefferson Hogg）共同撰写的一本小册子，这本小册子传到了各学院的院长手中。

雪莱是一位求知若渴、涉猎广泛的读书人，他也是一位思想家，有着非凡的想法。我们很难找到哪位诗人，比他更痴迷于科学，期待着科学能够改善普通民众的命运。雪莱读过戴维的《农业化学原理》（*Elements of Agricultural Chemistry*，1813），光笔记就记了20多页。雪莱的大学宿舍里有各式各样的科学设备，包括一台电动机和一个气泵。

仅20多年后，也就是雪莱英年早逝的10年后，霍格在《新月刊与文学杂志》上记录了他与雪莱在牛津共度的时光。其中的一段文字讲述了雪莱的信念，即科学可以造福社会，改善每个人的福利待遇，特别是那些贫困的人。即使这段文字仅是转述，即使我们以今人的眼光阅读200年前的预言时仍需保持谨慎，雪莱的想法依然是了不起的。可以说，把一些细枝末节的事情调整一下，雪莱的几乎每一句预言都实现了。如雪莱所述，正是因为科学能让我们变得乐观，科学才会此重要、美妙。只不过，我们需要用雪莱的想象力来应用科学。

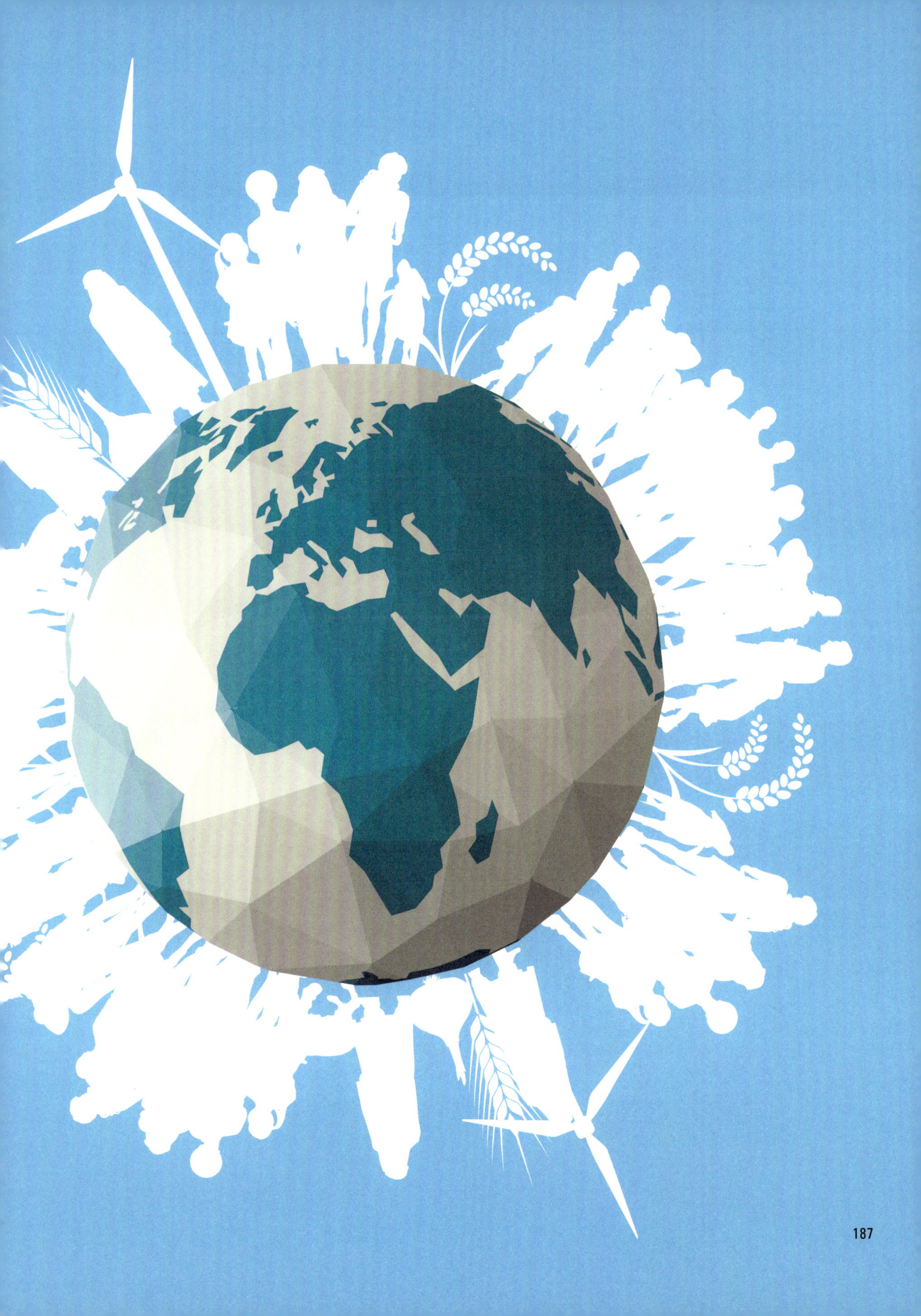

"大部分人的时间不是全都浪费在艰苦的劳作上了吗?"雪莱态度激昂,尖锐地问道,"我们全体人类……的这种奉献(因为那些……逃离苦海而放纵享乐的人如此之少……以至于实在不值得将他们考虑进来)难道不是生活所迫吗? 为此,人们连消遣或提高思想境界的闲暇都没有。然而,这种无休止的劳作仍然不足以让我们获得丰富的必需品,以满足基本的日常需要:有些人注定还在盼着这些东西,也有许多人被迫向供应不足妥协。

"有些物质能为动物提供营养,我们对其特殊性质所知甚少;这些物质的哪些品质滋养了动物,我们一无所知。近来,分析研究发展迅速,我们可以大胆地预测,很快我们就能发现这些物质的能力所在;揭晓了原因之后,我们接下来就能驾驭这些物质,按照我们的意愿达到预期的效果。

"即使我们目前所知甚少,将我们平常的食物烧成炭或石灰也很容易;我们希望,化学能够取得适当的进步,使我们很快能以同样的便利,从目前看来不宜摄取的物质中创造出食物。

"是什么原因导致一些土地显著肥沃,而另一些土地贫瘠得让人绝望? 从最高产的土壤中取一铲子土,再从最贫瘠的土壤中铲出等量的土壤,两者用肉眼看来不会有什么区别。真正的区别可能是非常细微的;使用化学品,学者可以进行彻底的改变,让不毛之地变成膏腴之地。

"水,就像空气一样,是由某些气体结合而成的:在取得科学发现的进程中,可能会发现一种简单而可靠的方法制备这种有用的液体,可以在任何情况下制得任意数量;有了充足的供水,非洲干旱的沙漠可能焕然一新,可能会立即长出广袤的草地,还有大片的玉米和水稻。

"如何产生热量始终是一个谜,但热质理论发展至今,我们大可接受这样一种观念:今后,也许就在不太遥远的未来,人们有可能做到随心所欲地产生热量,让最不宜人的气候暖和起来,十分容易,就像我们现在能将室温提高至合适或宜人的程度一样。然而,如果觉得我们将来足够熟练,能够供应巨大的热量,那就太过分了。但我们仍可以期待,很快我们就能掌握热量的性质和燃烧的原因,不用担心让人失望。至少,我们可以获取廉价的热量,代替那些昂贵又不方便使用的燃料。这些热量足以温暖我们的住处,也可用于烹饪,满足各种工艺需求。

"不进行实验,我们无法确认一种未知的物质是否可燃;当我们彻底研究了火的特性之后,也许我们就有能力将黏土、石头和水进行化学重组,让它们变得与木材、煤炭和石油一样可燃,毕竟结构的细微差异是肉眼无法看到的,燃起火焰的力量也许可以轻易地添加到任何物质中,或者从它们身上夺走。无论何时,最好是在这种季节,如果我们能够独自解决这一问题,如果我们能够为天下寒士供应充足的热能,他们会感到多么欣慰啊!

"对于那些并未密切关注科学的发展进程,不去扩充自己的认知,无法了解诸多可行性的人来说,这些推测可能显得很荒唐,而且似乎不可能实现;但有许多神秘的力量,有许多无法遏制的动因,它们的存在和引起的一些现象是所有人都熟悉的。如果有人知道如何支配电力,将它无往不利的能量发挥出来,那在这个人的手中,电会成为一种多么强大的工具啊;我们或许有办法无限地驾驭这种流体①:只需一只导电的风筝,我们可以自天上引下闪电!如果我们能加以引导,那这种从天而降的雷击会成为多么可怕的法宝;这种强大的力量会能帮我们揭开自然界的多少秘密!蓄电池是一种新型引擎;迄今为止,蓄电池的用处少之又少,但它已经创造了奇迹;数以百计的金属板块精心排布、电池槽规模庞大,如此非凡的组合怎么会产生不了效果呢?热气球尚未达到它注定可以达到的完美程度;在空中航行的技艺还处于最初也是最无助的萌芽状态;空中的水手仍要靠气囊漂浮,甚至都没有简陋的木筏让他们登乘;尽管这项发明很是奇妙,但如果拿它和我提到的一些主题相比,与化学学者的高瞻远瞩相比,它会显得微不足道,无疑就像一件玩具、一根羽毛;但人们也不该一味地对这一想法指点点。这项发明有望为出行提供巨大便利,能使我们轻松、迅速地穿越大片土地,毫不费力地探索未知的国家。为什么我们对非洲的内陆地区仍然一无所知?为什么我们不派遣无畏的驾驶员从各个方向穿越这座半岛,在几周的时间内勘察完毕?直射的阳光会将第一艘热气球的影子清楚地投映在地面上,当它悄悄经过那个迄今仍在遭受不幸的国度时,它会解放几乎每一个奴隶,永远地将奴隶制消灭。"

---

① 结合后文提到的风筝实验,雪莱将电称作"流体(fluid)"可能是受到了美国科学家富兰克林的影响。富兰克林认为电是一种没有重量的流体,并且存在于所有的物体当中。

5、4、3、2、1……
发射升空！

航天飞机的科学原理

每次发射后，航天飞机只需航行9分钟就能进入轨道，其速度超过28000千米/小时——比音速的22倍还多。有三个精心设计的化学反应帮助我们达到了这一速度。

两个火箭助推器与航天飞机外部的燃料箱相连通，主要负责为前两分钟45千米的航行提供动力。在发射升空时，航天飞机的总质量为2000吨，因此需要一个极大的抬升力来发射启动。助推器内的混合物成分包括燃料（铝粉）、强力氧化剂（高氯酸铵）和少量促进反应进行的催化剂（铁的氧化物，铁为正三价）。这些物质参与反应，产生水蒸气和一氧化氮。由于反应放热，助推器内的温度高达3000℃，产生的气体极速膨胀，制造了巨大的推进力。同时产生的还有固体氧化铝和氯化铝，也就是火箭排出的浓密的白色烟云的成分。

$$3Al(固)+3NH_4ClO_4(固) \rightarrow Al_2O_3(固)+AlCl_3(固)+6H_2O(气)+3NO(气)$$

助推器脱落后，由航天飞机自身的主发动机负责将其送入轨道。在接下来的六分钟内，主发动机利用的是储存在外部燃料箱中的液氢和液氧。反应产生的水蒸气以近10000千米/小时的速度从发动机中排出。

$$2H_2(液)+O_2(液) \rightarrow 2H_2O(气)$$

最后的推进系统负责在航天飞机进入轨道后对其进行操纵。该阶段所涉及的反应需按照要求启动和停止，这一点至关重要。这一步骤所用的燃料为一甲基肼，氧化剂为四氧化二氮。该反应会再次产生水蒸气，也会产生二氧化碳。

$$CH_3(NH)NH_2+5N_2O_4(液) \rightarrow 12H_2O(气)+4CO_2(气)+9N_2(气)$$

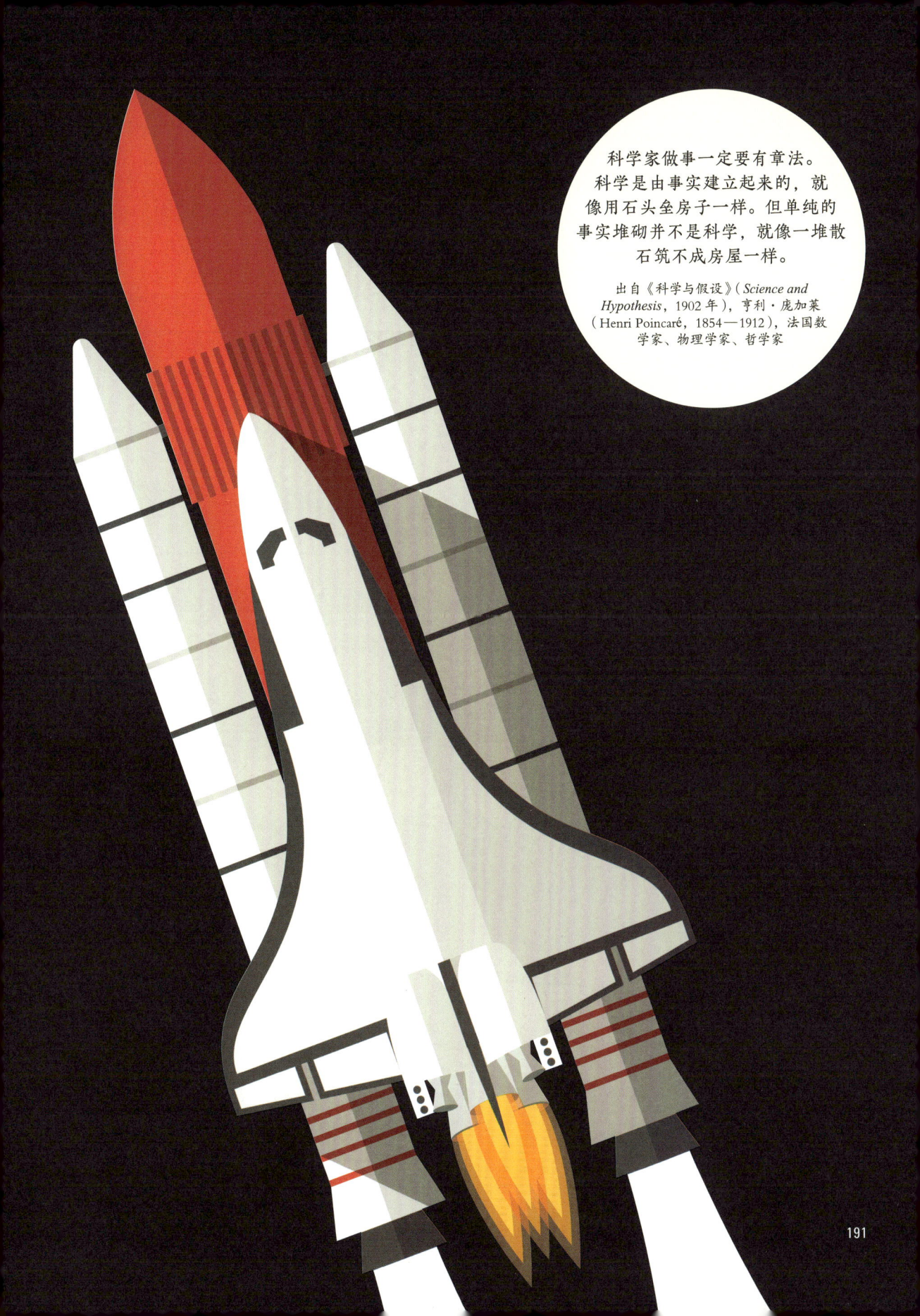

> 科学家做事一定要有章法。科学是由事实建立起来的，就像用石头垒房子一样。但单纯的事实堆砌并不是科学，就像一堆散石筑不成房屋一样。
>
> 出自《科学与假设》(*Science and Hypothesis*, 1902年)，亨利·庞加莱（Henri Poincaré, 1854—1912），法国数学家、物理学家、哲学家

忽冷忽热

逐渐升温

下图是开氏温度（K）的温度轴，标示了绝对零度至太阳的表面温度之间的各种温度。

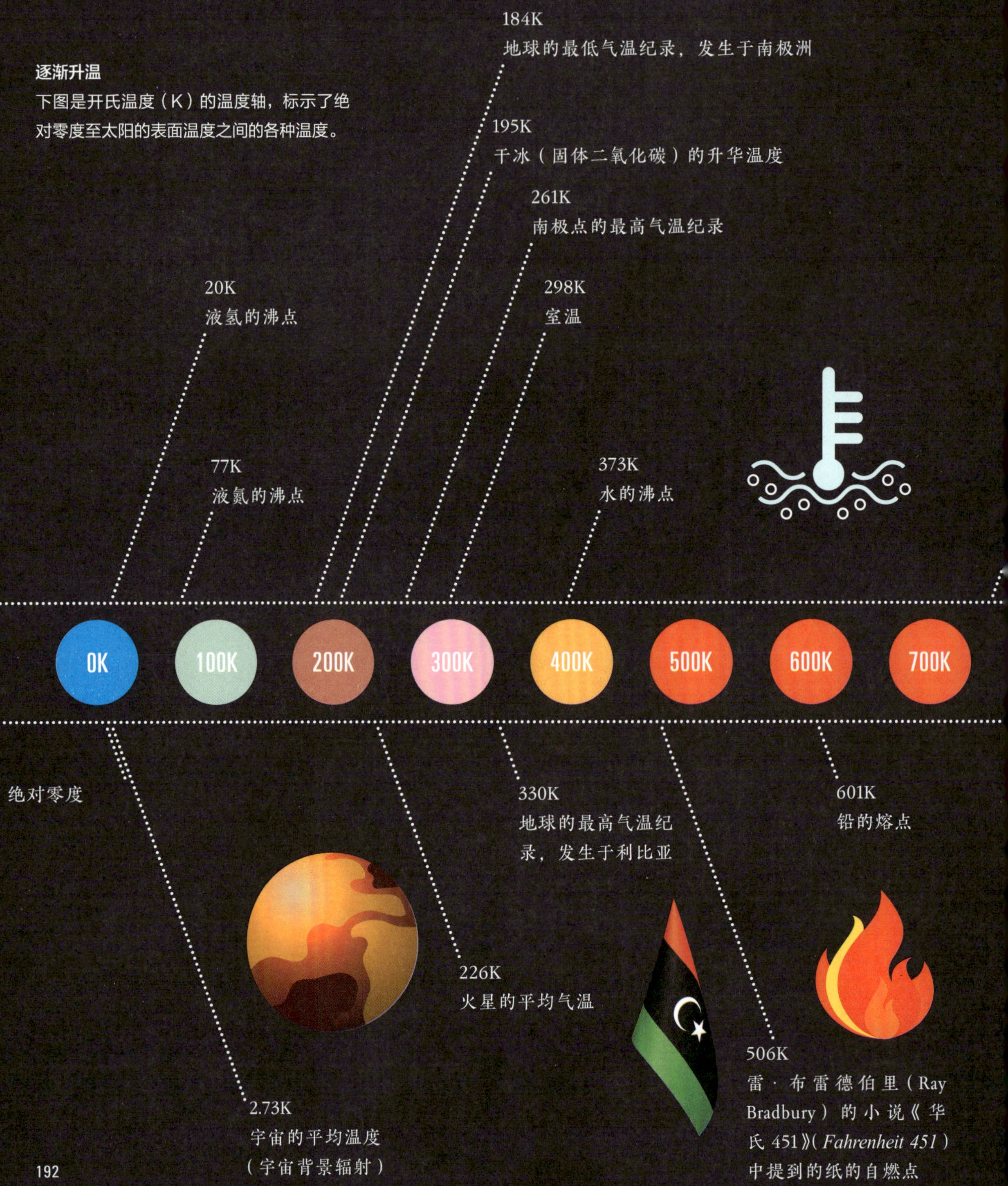

184K
地球的最低气温纪录，发生于南极洲

195K
干冰（固体二氧化碳）的升华温度

261K
南极点的最高气温纪录

298K
室温

20K
液氢的沸点

77K
液氮的沸点

373K
水的沸点

0K　100K　200K　300K　400K　500K　600K　700K

绝对零度

330K
地球的最高气温纪录，发生于利比亚

601K
铅的熔点

226K
火星的平均气温

506K
雷·布雷德伯里（Ray Bradbury）的小说《华氏451》(Fahrenheit 451)中提到的纸的自燃点

2.73K
宇宙的平均温度（宇宙背景辐射）

733K
金星的平均气温

1600K
航天器再入返回
时可达到的温度

1811K
铁的熔点

5780K
太阳的表面温度

| 800K | 900K | 1000K | 2000K | 3000K | 4000K | 5000K | 6000K |

1337K
金的熔点

一流理论作预测；二流
理论下禁令；三流理论作事
后的解释。

亚历山大·伊萨科维奇·基泰戈罗茨基
（Aleksandr Isaakovich Kitaigorodskii,
1914—1985），苏联物理学家、晶体学家。
1975 年 8 月，国际晶体学联合会（IUC）
的学术大会在阿姆斯特丹举办，基泰
戈罗茨基在讲座中如是说道。

193

实际要比所见多

理论之马与事实之车，孰先孰后？

狄更斯（Charles Dickens）的小说《艰难时世》（*Hard Times*）中担任学校校监的托马斯·葛擂硬，（下一页引用了他的台词），尽管本性极端，却是一类人的典型代表，他们对科学抱有特殊的看法，认为科学冷酷无情、绝对客观。

许多年来，人们认为科学理论仅凭纯粹的事实就能得出。简单来说，人们觉得掌握的事实越多，或考察的事实越多，理论可能就越可靠。然而，正如某人所困惑的那样，"问题在于事实的数量太多了"——你要如何确定其中哪些事实是相关的？

> 听着，我的要求是：事实。除了事实，什么都不要教给这些男孩子和女孩子。只有事实才是生活中最需要的。除此之外，什么都不要培植，别的东西都该连根拔掉。要训练有理性的动物的头脑，就得用事实：任何别的东西对他们全都无用处。这是我教育自己孩子的原则，也是我教育这些孩子的原则。用事实说话，先生！
>
> 《艰难时世》（1854 年）中托马斯·葛擂硬的台词，查尔斯·狄更斯著

事实引导理论的这种科学观还存在更大的问题——无论你作何努力，观察（科学家所掌握的事实的一般来源）在某种程度上几乎都会渗透着理论。这一观点是20世纪奥地利哲学家保罗·费耶阿本德（Paul Feyerabend）在发表于1960年的一篇论文中提出的（引文见下页）。

美国科学哲学家诺伍德·罗素·汉森（Norwood Russell Hanson）在《发现的模式》(Patterns of Discovery, 1958) 一书中也探讨了这一主题。之前，汉森举过一个自己设想的例子：开普勒和第谷于同时同地观察黎明。开普勒认为地球围绕太阳运行，而第谷认为太阳绕地球运行，地球是不动的。于是，汉森问道："黎明时分，开普勒和第谷看到的东边的景象是一样的吗？"就感觉材料而言，答案很明确："是一样的。"但是，汉森认为，"实际要比所见多"。任何对事物的观察都是"由以往的知识形成的"。开普勒认为黎明的产生是因为地球转向了太阳，而第谷则认为黎明是太阳围绕绕地球运行产生的昼夜循环的开始。正如小说中的大侦探夏洛克·福尔摩斯所批评的："……人们开始扭曲事实来适应理论，而不是调整理论来适应事实。"因此，也许会令人惊讶，但观察得来的证据并不一定足够充分，以证明某一理论的真实性。

反证

如果证明一种理论的真实性存在困难，那科学还有什么其他的选择吗？英国奥地利裔哲学家卡尔·波普尔（Karl Popper）提供了一种思路，他在1934年出版的《科学发现的逻辑》(Logik der Forschung) 一书中提出了证伪主义的概念，即始终应该试着证明一种理论是错误的。现在，判断一个科学理论或假设的好坏，第一个标准就是它是否可证伪。波普尔坚持认为，这就是科学与他认为的伪科学之间的区别。波普尔觉得弗洛伊德的理论就是伪科学，因为这些理论几乎不可能被证伪（无妨一试）。波普尔认为，理论的可证伪性越高越好，因为我们可以从错误中学到许多。蹑手蹑脚是不会有什么好处的。

证伪主义的思想无疑是有价值的，但也有其局限性。具有讽刺意味的是，波普尔最喜欢的一个科学史上的例子就说明了这一点。1919年，英国天文学家、物理学家、数学家亚瑟·爱丁顿（Arthur Eddington）乘船前往西非的一个岛屿。他此行的目的是通过观测日食来检验爱因斯坦的广义相对论，其中预测了光会因引力的作用而发生弯曲。爱丁顿回来后宣布，观测结果与理论的预测一致。到目前为止，一切顺利——这似乎完美地证明了证伪主义是如何运作的。广义相对论具有重大的意义，如果观测的结果与之不符，人们就会严重怀疑理论的真实性。

然而，科学史学者仔细研究了爱丁顿收集的数据，并得出结论：爱丁顿筛选了自己的观测结果。这些结果显然不能证明爱因斯坦的理论，甚至可以视为对它的证伪。然而，正是因为爱因斯坦的理论有着准确的预测能力，他的理论至今仍在不断完善之中。问题在于，说到底，爱丁顿记录的数据很差——不足以证明或推翻爱因斯坦的理论。这表明，证伪一种理论不光可以靠理论自身的错误，也可以靠其他的错误。

2011年的一项实验结果显示中微子的速度超过了光速，进一步说明了这个问题。当时，媒体聚焦于实验结果对爱因斯坦的狭义相对论所构成的挑战——实际上是对狭义相对论的证伪——并对此进行了大量的报道。然而，最后证明这场骚动是一个硬件错误引起的。

我们借助现有的理论来得出观察的
结论……而不是反其道而行之。

保罗·费耶阿本德（1924—1994），出自
《发现的模式》[①]，1960年载于《哲学评论》

———————
① 此文为对汉森所著《发现的模式》的书评。

妥协于节拍

阿尔弗雷德·丁尼生爵士（Alfred, Lord Tennyson）的诗作《罪恶的幻觉》（*The Vision of Sin*，1842 年）中有这样两句诗：

每时每刻都有一个人死去，
每时每刻都有一个人诞生。

这两句诗引起了英国数学家、分析机（可以说是第一台可编程的计算机）的设计者查尔斯·巴贝奇（Charles Babbage）的注意，他提供了一些诙谐的修改意见。巴贝奇在寄给这位伟人的信中评论道："我想都不用我说，这种说法会让世界人口总数永远保持不变，而众所周知的事实是，世界人口正不断地增长。因此，我冒昧地建议，在您的这一优秀诗作下次出版时，我所提到的错误应纠正如下：

每时每刻都有一个人死去，
而一又十六分之一人诞生。

我要补充一下，确切的数字是 1.167，但必须妥协于节拍，这是当然的。"

自不待言，9 年后这首诗的第二版出版了，丁尼生的诗句原封未动。

机器与人肩并肩

机器人三原则

在捷克语中，Robota 指的是强制劳动，或农奴。捷克作家、剧作家卡雷尔·恰佩克（Karel Čapek）在创作于1920年的剧本《万能机器人》（*Rossum's Universal Robots*，简称 R. U. R.）中引入了这个词，创造出"robot（机器人）"一词指代那些为人类工作的自动装置。剧中，机器人最终背叛、毁灭了人类。如今这种转折已经成为同类题材的故事中的经典桥段。

在该剧发表22年之后，科幻作家阿西莫夫在短篇小说《环舞》（*Runaround*）中提出了"机器人三原则"。这篇小说后来收录于阿西莫夫于1950年出版的故事集《我，机器人》（*I, Robot*）。阿西莫夫的想法是，如果遵循这些原则，机器人和人类应该可以安全共存。

阿西莫夫在后来的小说中增加了第四条原则，他将其命名为"第零原则"——"第零"是因为这一原则设计出来是要排在其他原则之前的。起这样一个名字也使得这些原则与热力学定律产生了共鸣（见第75页）。

第一原则
机器人不得伤害人类，也不得看到人类受到伤害而袖手旁观。

第二原则
机器人必须服从人类的命令，除非这条命令与第一原则相矛盾。

第三原则
机器人必须保护自己，除非这种保护与第一、第二原则相矛盾。

第零原则
机器人不得伤害整体人类，或对整体人类受到伤害袖手旁观。

> 思想对信仰它的人并不负有责任。
>
> 唐·马奎斯（Don Marquis）见于1918年《纽约太阳报》（*New York Sun*）日晷专栏

首先，不要伤害 ①

原版希波克拉底誓言

　　《希波克拉底文集》（*Hippocratic Corpus*）收集了 4 世纪至 5 世纪的近 50 年间，由多位作者撰写的约 60 篇古希腊医学论文，其中包括《希波克拉底誓言》（*Hippocratic Oath*），该文对医者的义务进行了规定。历史上，这份誓言曾被改写，反映了特定的时代与文化特征。后来任美国国家医学图书馆珍籍与早期手稿项目主管的迈克尔·诺斯（Michael North）在 2002 年翻译的这份誓言读起来分外有趣。

---

① 许多人以为"首先，不要伤害（First, do no harm）"是《希波克拉底誓言》的原句，实际上是一种误传。

本人敬谨起誓，医药之神阿波罗、阿斯克勒庇俄斯、海吉雅和帕那刻亚及天地诸神为证，愿以自身能力与判断力所及，遵守此言此约。

凡授我艺者敬之如父母，作为终身同世伴侣，彼有急需我接济之；视彼儿女，犹我弟兄，如欲受业，当免费并无条件传授之。凡我所知无论口授书传，俱传之吾子、吾师之子及发誓遵守此约之生徒，此外不传与他人。

我愿尽余之能力与判断力所及，遵守为病家谋利益之信条，并检束一切堕落及害人行为。

我不得将危害药品给予他人，并不作此项之指导，虽然人请求亦必不与之。尤不为妇人施堕胎手术。

我愿以此纯洁与神圣之精神终身履行职务。

凡患结石者，我不施手术，此则有待于专家为之。

无论至于何处，遇男或女，贵人及奴隶，我之唯一目的，为病家谋幸福，并检点吾身，不做各种害人及恶劣行为，尤不做诱奸之事。

凡我所见所闻，无论有无业务关系，我认为应守秘密者，我愿保守秘密。

倘使我严守上述誓言时，请求神祇让我生命与医术能得无上光荣，我苟违誓，天地鬼神共殛之。

"重""大"事项

计算地球周长的原始方法

古希腊科学家昔兰尼的埃拉托色尼（Eratosthenes of Cyrene，约公元前276—前195年）得知，在夏至这一天的中午，插在塞尼城（今埃及阿斯旺）的木棍没有影子。这意味着阳光是直射下来的。就在同一时间，插在亚历山大城的木棍投有影子，木棍与太阳光线之间的夹角为 $1/50$ 个圆。利用几何学的知识，很容易得出这一角度等于两根杆子延长至地心处产生的夹角，即 7.2°（360° 的 $1/50$）。

正午的影子
亚历山大城的木棍与太阳光之间的角度等于这根木棍与插在塞尼城的木棍之间的角度。

由测量及计算可知，塞尼城至亚历山大城的距离为地球周长的 1/50，埃拉托色尼估计这一距离为 5000 斯塔德。一些学者认为，1 斯塔德指体育场中一圈跑道的长度，大约为 157.5 米。如果埃拉托色尼采用了这一标准，那他计算出来的地球周长准确度高达 98%，因为得出的数值是 39375 千米，与真实值 40075 千米只差 700 千米。更多人认为，1 斯塔德的长度更有可能等于 185 米，即使用这一数值进行计算，也会得出相差不多的结果：周长 46250 千米，误差略高于 15%。考虑到在埃拉托色尼生活的时代，人们都不知道地球是球体，他的这一成就很了不得。

当然，埃拉托色尼的计算建立在一个假设之上，即地球是一个完美的球体，但事实并非如此。就像我们中的许多人有小肚子一样，我们所居住的星球的赤道也是隆起的，被描述为"略呈土豆状"。地球的密度也不是均匀的。由于地球的质量不均匀，在不同的位置上，引力的大小会因物体离地球重心的远近而有所不同。这就是导致世界各地重力系数的变化范围高达 ±0.5% 的主要原因之一——如果有人想减重，那我的一个建议是可以在赤道上称重。可悲的是，虽然他的体重会因此改变，但他的质量仍保持不变，所以对人的健康并没有什么影响。

还有一个实验更加怪异：2011 年底，有一位名叫克恩（Kern）的花园小矮人（人偶）开始在博客上记录"他"周游世界的经历。他的体重固定不变，这很让人羡慕。克恩在不同的地点为自己称重，每次都使用统一型号的电子秤，目的是精确地调查在世界各处，他的体重如何变化。以下是他的测量结果：

地点	体重（g）
南极	309.82
伍尔索普庄园，牛顿的苹果树下	308.59
德国巴林根（克恩的老家）	308.26
日本东京	307.9
澳大利亚悉尼	307.8
瑞士日内瓦欧洲核子研究组织（CERN）	307.65
墨西哥墨西哥城	307.62
印度孟买	307.56

本周的阅读任务如下……

静下心来，读一本不错的科学书

1999 年，现代图书馆（Modern Library，美国出版商）提供了一份名单，列有 100 本 20 世纪最佳非小说书籍。如果你想读本好书的话（当然，先读完我这本），名单中有许多关于科学和数学的书目可供参考。不过，这份名单也遭到了批评，特别是书籍的排名引起了争议（许多评委在评议时并不知道要搞排名）。每本书书名前面的数字表示这本书在完整的 100 本书的榜单中的排名。

5.《寂静的春天》(Silent Spring)
1962 年，蕾切尔·卡逊（Rachel Carson）

7.《双螺旋》(The Double Helix)
1968 年，詹姆斯·D. 沃森（James D. Watson）

11.《细胞生命的礼赞》
(The Lives of a Cell)
1974 年，刘易斯·托马斯（Lewis Thomas）

23.《数学原理》
(Principia Mathematica)
1910 年、1912 年、1913 年，艾尔弗雷德·诺思·怀特海（Alfred North Whitehead）与伯特兰·罗素（Bertrand Russell）

24.《人类的误测》
(The Mismeasure of Man)
1981 年，斯蒂芬·杰伊·古尔德（Stephen Jay Gould）

26.《可溶的艺术》
(The Art of the Soluble)
1967 年，彼得·B. 梅达瓦（Peter B. Medawar）

27.《蚂蚁的故事》(The Ants)
1990 年，博尔特·霍尔多布勒（Bert Hölldobler）与爱德华·O. 威尔逊（Edward O. Wilson）

34.《生长和形态》
(On Growth and Form)
1917 年，达西·汤普森（D'Arcy Thompson）

35.《我的思想与观念》
(Albert Einstein)
1954 年，爱因斯坦

37.《原子弹出世记》
(The Making of the Atomic Bomb)
1987 年，理查德·罗兹（Richard Rhodes）

40.《中国科学技术史》
(Science and Civilization in China)
1954 年，李约瑟（Joseph Needham）

69.《科学革命的结构》
(The Structure of Scientific Revolutions)
1962 年，托马斯·S. 库恩（Thomas S. Kuhn）

74.《南丁格尔传》
(Florence Nightingale)
1950 年，塞西尔·伍德翰姆－史密斯（Cecil Woodham-Smith）

87.《一个数学家的辩白》
(A Mathematician's Apology)
1940 年，G.H. 哈代（G. H. Hardy）

88.《费曼讲物理：入门》
(Six Easy Pieces)
1994 年，理查德·P. 费曼（Richard P. Feynman）

98.《驯服偶然》
(The Taming of Chance)
1990 年，伊恩·哈金（Ian Hacking）

> 现代数学的书可以分成两种，一种是看了一页看不下去的，另一种是看了一行就看不下去的。
> **杨振宁，1957 年诺贝尔奖获得者**

群贤毕至的下午茶

著名物理学家的聚会

与之前的"他们都怎么研究？"条目（见第9页）类似，下面是民间流传的另一个科学笑话。

有一天，世界上所有著名的物理学家决定举办一场下午茶聚一聚。幸运的是，门卫是一名研究生，他观察了一些客人……

- 大家慕牛顿之名而来（gravitated[①] toward Newton），但牛顿只是不停地以恒定的速度移动，没有任何反应。
- 爱因斯坦觉得这是一段"相对"较好的时光。
- 库仑享受了一次真正意义上的自我充电。
- 卡文迪许没有被邀请，但他还是鼓足勇气（had the balls[②]）露面了。
- 柯西作为现场唯一的数学家，仍试图与大家相处融洽（integrate[③]）。
- 汤姆森喜欢吃葡萄干布丁。
- 泡利来晚了，但与大多数活动都不相容，于是他走掉了。
- 帕斯卡的压力太大，无法自得其乐。
- 欧姆大部分时间都在抵制安培对时事（current[④] events）的看法。
- 哈密顿只去了一趟[⑤]自助餐台。
- 伏特认为这个社会前途（potential[⑥]）无量。
- 希尔伯特在大部分时间里都很疏离（spaced[⑦] out）。
- 海森堡可能出席了，也可能没出席[⑧]。
- 在场的居里夫妇容光焕发[⑨]。
- 范德华强迫（forced[⑩]）自己和别人来往。
- 维恩展现（radiated[⑪]）了丰富多彩的个性。
- 密立根滴了几滴意大利橄榄油[⑫]调味。
- 德布罗意大多只是站在角落里挥手（wave[⑬]）致意。
- 霍列瑞斯颇有"洞"见[⑭]。
- 斯特藩和玻尔兹曼进行了激烈（hot[⑮]）的辩论。
- 特斯拉的磁性人格吸引了每一个人。
- 康普顿有时会思维混乱（scatter-brained[⑯]）。
- 玻尔吃得太多，得了原子痛（atomic ache[⑰]）。
- 瓦特成了一位理直气壮（powerful）的演讲者[⑱]。
- 赫兹每分钟都要去几趟自助餐台[⑲]。
- 法拉第的胃口（capacity[⑳]）很大。
- 奥本海默喝醉了（got bombed[㉑]）。

---

① Gravitate 的名词形式为 gravity，是"引力"的意思；后半句话涉及牛顿第一定律。
② 直译为"拿着球"，指卡文迪许的扭秤实验，涉及两对铅制小球，测定了万有引力常数。
③ Integrate，也有"求……的积分"的意思。
④ Current，也有"电流"的意思；电阻的单位以欧姆的名字命名，表示导体对电流的阻碍作用。
⑤ 指哈密顿原理，任两点之间连线上动势的时间积分以真实运动路线上的值为驻值。
⑥ Potential，也有"电势"的意思。
⑦ Space，作为名词有"空间"的意思，指希尔伯特空间，是量子力学中的重要概念。
⑧ 指海森堡不确定性原理。
⑨ 居里夫妇研究的"放射"，英文为 ray，也有"光线"的意思。
⑩ Force，作为名词有"力"的意思，指范德华发现的分子间作用力，后称为范德华力。
⑪ Radiate，也有"辐射"的意思，指维恩的热辐射研究。
⑫ 指密立根油滴实验，密立根据此测定了电子所带的电荷量。
⑬ Wave，作为名词有"波"的意思，指德布罗意波。
⑭ 指霍列瑞斯发明的穿孔制表机。
⑮ Hot，有"热的"的意思，指热力学中的斯特藩–玻尔兹曼定律。
⑯ Scatter，有散射的意思，康普顿在研究X射线的散射时有所发现，后称为康普顿效应。
⑰ Atomic ache，与 Stomach ache 形近，是"胃痛"的意思，此处指玻尔的原子结构理论。
⑱ Powerful，也有"动力强大"的意思，指瓦特改良的蒸汽机。
⑲ 赫兹也是频率的单位，定义为每秒内周期性变动的重复次数。
⑳ Capacity 的同源词 capacitance 是"电容"的意思。
㉑ Get bombed，直译为"爆炸了"，指奥本海默领导了曼哈顿计划，被誉为"原子弹之父"。

一笔不为人知的债务

伊斯兰学者的影响

西方科学对伊斯兰学者有相当大的亏欠，尤其是在 8 世纪至 15 世纪之间，这一时期通常被不那么准确地称为"黑暗时代"。传统上，人们将这一时期视为知识进步的低谷，因为在此之前希腊人和罗马人取得的成就已经将人类的智慧发挥得淋漓尽致了——但事实远不止如此。

在这一时期，出生于 786 年左右的波斯天文学家、数学家穆萨·阿尔·花剌子米（Mūsā al-Khārizmī）发展了代数学。也正是在这一时期，规模宏大的"百年翻译运动"开展了。这是一项巨大的知识工程，大量用古希腊语或其他语言书写的文本被翻译成了阿拉伯语，而书中的思想后来又传回欧洲。其中就有人翻译了伊本·西那医生（Ibn Sina，他的拉丁文名字叫阿维森纳，Avicenna）的成果，他在第一个千禧年到来之际写下了多卷本的《医典》（*Al-Qanun Fi Al-Tibb*）。直到 17 世纪末，该书一直是欧洲的标准医学教科书之一。

如今，不断有学者发现黑暗时代的伊斯兰国家与此后在其他地方产生的科学"突破"之间存在着联系。其中最有趣的是，人们逐渐认识到，波兰天文学家尼古拉·哥白尼（Nicolaus Copernicus）在提出地球围绕太阳运行的观点时，可能使用了由伊斯兰天文学家首次提出的数学模型。

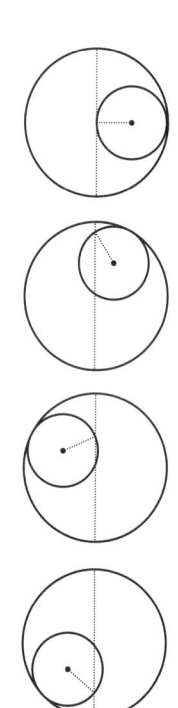

一个圆在半径为其两倍的圆内滚动，圆上各点做直线运动。

哥白尼在其 1543 年出版的开创性著作《天球运行论》（De revolutionibus orbium coelestium）中承认自己确实欠了伊斯兰思想的债，尽管没有具体提到相关思想可以追溯至 1200 年左右。不过，现在我们知道了，在伊斯兰天文学中就已经有大量的内容以数学为依据，驳斥了托勒密的观点（以地球为太阳系的中心），而真正推翻托勒密观点的是哥白尼体系。由于欧洲没有质疑托勒密的传统，现在越来越多的人相信，伊斯兰国家的一些成果对哥白尼产生了直接的影响。

加拿大麦吉尔大学的贾米尔·拉格普教授（F. Jamil Regep）提供了几个具体的例子，表明哥白尼可能受到了伊斯兰学者的影响：

• 哥白尼可能使用了图西双圆（Tusi couple）模型。该模型由波斯学者纳绥尔丁·图西（Naṣīr al-Dīn al-Ṭūsī）在 13 世纪提出，显示了一个圆在半径为其两倍的圆内沿滚动所产生的运动轨迹。（网上有关于图西双圆的动画，可以看到图西双圆是如何运作的，值得一看。）图西双圆使哥白尼巧妙地回避了托勒密体系的一个观点。《天球运行论》中的一个图表的字体采用了阿拉伯文惯用的形式，而不是拉丁文的形式，而《天球运行论》是用拉丁文写的。

• 《天球运行论》中的一节内容与图西的《备忘录》（Tadhkirah）中的一节内容惊人地相似，而图西的记述后来出现在许多伊斯兰作品之中。

• 14 世纪，在大马士革从事研究的伊本·艾西尔（Ibn al-Shāṭir）的作品中出现了几个天文模型。在发现艾西尔的作品之前，人们一直认为这些模型是由哥白尼提出的。这可能意味着哥白尼曾见过这些模型，又在自己的作品中使用了这些模型。

元素的颜色

钛
亮白色

铝
亮白色

烟花何以五彩斑斓

烟花独特的颜色是在火药中添加了金属及盐类物质而产生的。产生特定的颜色是由于添加了特定的金属及盐类物质，这与在实验室看到的焰色反应的颜色完全相同。

用火焰或点燃火药等方式加热金属盐时，金属原子中的电子会跃升至更高的能级。当电子回到正常状态，或者说基态时，能量就会以光的形式释放，每种金属所发出的光都有特定的波长。就烟花而言，其发出的光的频率位于可见光区，而正是这一频率决定了我们能看到什么颜色的烟花。

钠
黄色

钙
橙红色

锂
红色

铜
蓝色

钡
绿色

锶
红色

锶与铜混合
紫色

绚烂的北极光和南极光的背后也有着同样的原理。地球大气层中的氮、氧等元素的原子、分子内的电子，在太阳产生的带电粒子的作用下跃迁至更高的能级。当它们回到基态时，就产生了极光。环绕起舞，宛若仙境。

镁
亮白色

昨日，警方逮捕了两名儿童，其中一人在喝电池酸液，另一人在吃烟花。警方指控（charge[①]）了一名儿童，而释放（let off[②]）了另一名。

汤米·库珀（Tommy Cooper，1921—1984），英国喜剧演员

---
① 也有"为……充电"的意思。
② 也有"引爆"的意思。

史上最伟大的十个公式
——由尼加拉瓜邮政评选

数学公式邮票

1971 年，尼加拉瓜邮政部门发行了一套邮票，绘有其认为最能改变世界的 10 个数学公式。每张邮票的背面都写有该公式获选的理由，翻译如下：

$$1 + 1 = 2$$

原始人

这一算式虽然简单，却对人类产生了巨大的影响，因为它是计数的基础。如果不理解数字，人们只能以最原始的方式进行贸易；他们也没有办法确切地统计出牛羊的数量，或统计出部落有多少人口。这一发现直接促进了贸易的迅速发展，后来又催生了重要的科学测量的概念。

$$A^2 + B^2 = C^2$$

毕达哥拉斯（Pythagoras，公元前 570—前 497 年）

毕达哥拉斯定理（勾股定理）毫无疑问是几何中最常用的定理，它确定了直角三角形的三条边——A、B、C 的长度关系。毕达哥拉斯定理首次提供了一种以间接方式计算长度的方法，从而使人类能够进行测绘。古希腊人用毕达哥拉斯定理测量海上船只的距离、建筑物的高度等数值。如今，科学家和数学家还在不断地使用这一定理。

$$F_1 x_1 = F_2 x_2$$

阿基米德（Archimedes，公元前281—前212年）

阿基米德曾经说过："给我一个支点，我就能撬起地球。"简单的杠杆原理是所有工程的基础，无论是简单的一根撬棍，还是最先进的齿轮装置或起重机。对于机械和桥梁、楼房等一切结构设计来说，杠杆原理至关重要。每个螺母和螺栓都蕴含着这一原理。我们的汽车制动器、门把手、天平等大多数工具都是不同类型的杠杆。

$$e^{\ln N} = N$$

约翰·内皮尔（John Napier，1550—1617年）

内皮尔发明了对数，为算术提供了极大的便利。对数的发明使人们可以通过简单地加减数字的对数来进行乘法或除法运算，从而能更快地进行运算，包括涉及多位数字的复杂运算。对数在天文学和航海等领域产生的影响是巨大的，堪比现代的计算机革命。

$$f = \frac{G m_1 m_2}{r^2}$$

牛顿

是什么力量维持着行星和月球围绕太阳和地球运行？在牛顿时代到来之前，人们对这一问题所知甚少，甚至不清楚是什么力量阻止我们脱离地球表面，飞向太空。牛顿指出，万有引力的存在使所有物体相互吸引。公式表明，引力的大小取决于物体的质量，而我们却很难察觉到身边的事物存在引力，因为引力相对来说是很微弱的。

$$\nabla^2 E = \frac{Ku}{c^2}\frac{\delta^2 E}{\delta t^2}$$

詹姆斯·克拉克·麦克斯韦（James Clerk Maxwell，1831—1879 年）

一个世纪前，这位苏格兰的物理学家推导出了四个著名的方程式，总结了人类对电与磁的认识。随后，他用这四个方程推导出了邮票上的这一方程，还有另一个方程，预测了无线电波存在的可能。正是基于麦克斯韦的研究，我们才有了电视和无线电广播，有了远程通信和地面雷达、海上雷达和太空雷达。光、X 射线和其他类型的电磁辐射也遵循这一基本方程。

$$S = k \log W$$

路德维希·玻尔兹曼（Ludwig Boltzmann，1844—1906 年）

玻尔兹曼方程揭示了气体原子和分子的持续运动如何影响着气体的特性。在某些领域中，气体发挥着重要的作用，而玻尔兹曼方程正是由于在这些领域有所应用而产生了重大意义。例如，玻尔兹曼方程可用于所有蒸汽驱动或内燃驱动的机器；用于气体反应，以制造现代药物、塑料或其他化学品；用于气象观测；甚至可用于解释太阳、其他恒星和遥远星系的剧烈活动。

$$v = v_e \ln\frac{m_0}{m_1}$$

康斯坦丁·齐奥科夫斯基（Konstantin Tsiolkovsky，1857—1935 年）

作为航天技术的基本理论之一，这一公式显示了宇宙飞船在燃烧所携带的燃料时，其速度会如何变化。该公式可由艾萨克·牛顿的三大运动定律之一直接推导而来。没有这一公式，人们便无法向月球和行星发射航天器，或是让航天器绕地球运行，而且这一公式还指导人们研发出了制导火箭，可在战争中使用。

> 在侦查艺术中，最重要的是能够从众多的事实中辨别出哪些是偶然的，哪些是重要的。
>
> 《瑞门村乡绅案》（The Adventure of the Reigate Puzzle）中夏洛克·福尔摩斯的台词，阿瑟·柯南·道尔（Arthur Conan Doyle, 1859—1930）著

$$E = mc^2$$

爱因斯坦

这一方程式是核时代的根基所在。方程简要地表明，少量的物质可以转化为大量的能量。在试爆原子弹和氢弹时，我们可以看到核能以一种壮观、暴力的方式得以释放。不过，人类也想方设法地在核反应堆中"驯服"了核裂变，为我们的家庭和工厂供热、发电。

$$\lambda = \frac{h}{mv}$$

路易·德布罗意（Louis de Broglie, 1892—1987 年）

光是能量的一种转移方式，既可以表现出粒子性，又可以表现出波动性。德布罗意发现了与之相对应的情况，即构成物质的基本粒子也具有类似于波的特性。德布罗意的波长公式对物理学产生了巨大的影响，催生了现代光学（光子）元件和电子元件（如晶体管），可应用于无线电、电视、计算机、航天器和军事武器等多个领域。基于该公式，科学家还能发明出功能强大的电子显微镜。

附录

重温科学

科学课——这门课让你害怕还是快乐？对我来说，这要看任课教师是谁，还要看讲授的领域是什么（告诉你一个秘密：我从来没有接触过电路，这可能就是你在本书中找不到任何与电路相关的内容的原因）。但是，学校开设的科学课奠定了我们大部分（也可能全部）科学知识的基础。因此，复习一下你可能已经在学校里学过的一些知识并没有什么坏处。

我会从我最喜欢的内容之一讲起（不要在聚会上被我逼到墙角，真的）——原子。

化学满是烂笑话，无法让你"氪"然失笑

在记忆深处搜寻一下，你可能回想起来，元素周期表中包含了 118 种元素，所有的物质都是由这些元素组成的，而构成元素的最小单位是原子。原子本身由三种亚原子粒子组成：质子、中子和电子（可在"种类繁多"条目中读到相关内容，见第 86~89 页——实际情况要比这复杂得多，但我们现在不需要想得太复杂）。原子核位于原子的中心，由聚集在一起的中子和质子组成。只有这两种粒子对元素的原子质量有所贡献。中子和质子的质量大致相同。另一方面，与原子核相比，电子的质量可以忽略不计，它们"围绕着原子核运行"。

周期表中的元素按原子序数递增的顺序排列，原子序数由质子数决定——特定元素的所有原子总是具有相同的质子数。例如，碳的原子序数是 6，这意味着每个碳原子中有 6 个质子。

一种元素的每个原子都有相同数量的质子，却并不见得有相同数量的中子。不同种类的同位素都是同一元素的原子，但它们所含的中子数量不同。例如，碳有三种天然存在的同位素：碳-12、碳-13 和碳-14（连接号后面的数字指的是同位素的相对原子质量，因此，由于碳原子均有 6 个质子，碳-13 的原子一定包含了 7 个中子）。

正如上文所提到的，电子围绕原子核运行，原子核内的质子和中子聚集在一起。质子的相对电荷是 +1，电子的相对电荷是 –1（中子不带电）。因此，拥有相同数量的质子和电子意味着该原子整体呈电中性。例如，一个电中性的碳原子含有 6 个质子——因此它的原子序数是 6，电子数也是 6。

围绕原子核运行的电子有着明确的运行区域，称为电子层。每一层对应一个电子能级，只能容纳固定数量的电子。第一层，也是能量最低的电子层，最多只能容纳两个电子。周期表的前 20 种元素的每一外层都可以容纳 8 个电子。沿着周期表原子序数递增的顺序观察元素时，你会发现电子会按顺序依次填满这些电子层。因此，氢（周期表中的第一个元素）在第一层中有一个电子，而氦在第一层有两个电子。现在第一层已满，则下一元素，锂，在第一层中有两个电子，第二层中有一个电子。到了氖元素（原子序数为 10），第一层（两个电子）和第二层（八个电子）都排满了，所以氖的下一个元素，钠（原子序数为 11），在第三层中有一个电子。原子的最外电子层称为价层。

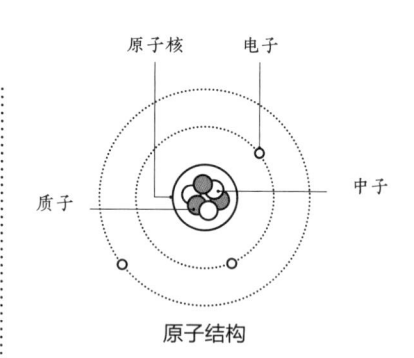

如果一个原子以某种方式失去或获得一个电子，此时质子就比电子多（或少），那它就会成为一个离子。如果失去一个电子，就会形成

原子结构

一个带正电的离子（阳离子）；如果获得一个电子，就会形成一个带负电的离子（阴离子）。金属一般会失去电子形成阳离子，而非金属一般会获得电子形成阴离子。金属和非金属相互反应时就会发生这种情况，比如钠和氯结合形成氯化钠（食盐的成分）。在这种情况下，一个氯原子从一个钠原子那里获得了一个电子，它们之间形成了离子键。有一句话可以很容易记住阳离子和阴离子之间的区别："阳离子很正点（电）"。化学离子的表示方法是在元素的符号后面标上相关的电荷，用上标表示，例如：Li^+，Ca^{2+}，F^-，和 O^{2-}。

"胞"你喜欢

综上，所有的物质都是由元素周期表中的一种或多种元素构成的。将范围扩大一些（但仍属微观），则所有的生命，我们称为生物体（organisms），都是由细胞构成的。动物细胞和植物细胞在许多方面都很类似，但也有一些本质的区别，如图所示。

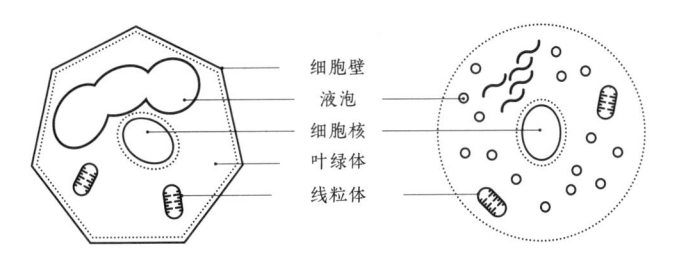

植物细胞（左）与动物细胞（右）的结构

两类细胞的相同之处是：

· 细胞膜是一种薄而多孔的膜，使相关的气体和化学营养物质能够进出细胞。

· 细胞核实际上是细胞的"控制中心"。它还含有细胞中的遗传物质。

· 两种类型的细胞在细胞核外都是流体环境，细胞内的其他物质都位于其中，称为细胞质。

· 植物细胞内有一个巨大的囊状结构，称为液泡。液泡内有高浓度的营养物质，也可以帮忙处理废物。并非所有的动物细胞都有液泡，而在那些拥有液泡的动物细胞中，它们的液泡要比植物细胞的液泡小得多，也少得多。

· 线粒体是两种细胞的"动力车间"，因为它们会产生腺苷三磷酸（ATP）分子，是所有生物体内的能量货币。

然而，植物细胞和动物细胞之间也存在着巨大的差异：

· 只有植物细胞才有结实的细胞壁，由纤维素组成。这就是植物如此强韧的原因。

· 只有植物细胞才有叶绿体——顾名思义，该细胞结构含有叶绿素。叶绿体使植物具有绿色的外观，并负责进行光合作用，即植物将二氧化碳和水转化为葡萄糖等糖类，为自己提供能量的过程。

你觉得自己是什么人？

基因是遗传的基本单位，人们曾花了一个多世纪的时间理解这一概念。但直到分子生物学家詹姆斯·沃森（James Watson）和弗朗西斯·克里克（Francis Crick），在化学家罗莎琳德·富兰克林（Rosalind Franklin）的重大贡献之下，破解了脱氧核糖核酸（DNA）的结构，遗传学研究才开始突飞猛进。

DNA分子是我们所有基因的所在之处，我们体内处处都有DNA（基因是DNA的一部分，长短不一）。如今DNA结构已广为人知，是双螺旋结构——有点像一架扭曲成螺旋状的梯子（如图）。

尽管生物体DNA中的信息决定了生物体的大部分特征，但DNA无法分毫不差地预测一切，连细枝末节都能决定。通常把DNA看作一份蓝图，但把它看作一个配方，甚至是一份有待诠释的剧本可能会更好。

800个人的寿命连接起来可以跨越五万多年的时光。但在这800人中，有650人的人生是在山洞或更糟的环境中度过的；只有最后的70人才有有效的沟通手段；只有最后的6人

DNA双螺旋

看到过印刷品，有测量温度的方法；只有最后4人可以精确地测量时间；只有最后的2人有电动机可用；而我们物质世界中的绝大多数物品都是在第800人的人生中开发出来的。

《技术转让评估》（*Assessing Technology Transfer*）（NASA报告SP-5067号），1966年，第9~10页

在植物和动物体内，DNA（与其他材料一起）缠绕成染色体，染色体看起来像两个线状结构的物质系在一起。人体的每个细胞内都有46条染色体，共23对。如果你是女性，那其中的一对由两条X染色体组成；如果你是男性，则由一条X染色体和一条Y染色体组成（只有男性才携带Y染色体）。唐氏综合征（Down's syndrome）这种疾病是体内多了一条21号染色体而导致的。

形成精子和卵细胞时，每个精子或卵细胞内最终只包含一对染色体中的一条。因此，每个卵细胞内都有一条X染色体（来自女性的XX染色体），而有一半的精子细胞会携带一条X染色体，另一半精子细胞携带一条Y染色体（来自男性

的 XY 染色体）。当精子和卵细胞结合时，染色体的数量会恢复至 46 条，其中一半的遗传物质来自父亲，另一半来自母亲。胎儿的性别取决于精子细胞提供的是 X 染色体还是或 Y 染色体。

自然之力

牛顿有多项成果闻名于世，但在学校里你最有可能学到的是他的三大运动定律。下面是牛顿本人对定律的表述：

牛顿第一定律

任何物体总保持匀速直线运动或静止状态，直到外力迫使它改变运动状态为止。

该表述的前半句介绍了惯性的概念。后半句接着告诉我们，物质的这一特性只会受到外力的影响。因此，如果物体处于静止状态或运动状态，它会保持静止状态，或持续运动，除非施加外力。想象一下，如果你的桌子上有一辆玩具车，它会保持静止状态，直到你对它施加一个力——比如说推它一下。一旦你推了它，其他的力就开始作用于它，最明显的就是摩擦力。如果你在太空中推了玩具车一下，它会走得更远，因为随后作用在它身上的力数量更少、力度更弱。

牛顿第二定律

运动状态的变化程度总与所施加的动力成正比，并且变化的方向与施加的力方向位于同一直线上。

公式 $F=ma$，或者说力等于质量乘以加速度，是对牛顿第二定律最恰当的概括。由该公式可知，施加的力越大，产生的加速度就越大。想象一下，用尽全力踢足球与轻轻地踢足球之间的区别。该公式还告诉我们，物体的质量越大，则为了让它移动，需要施加的力就越大。想象一下，推一辆玩具汽车和推一辆真车之间的区别。

这让我们明白了质量和重量之间的重要区别。质量是以千克（kg）为单位进行衡量的，表示物质的多少。同一物体在宇宙中的任何地方，质量都是相等的。

而某一物体的重量取决于重力，重力以牛顿（N）为单位进行衡量，表示力的大小。因此，根据上面的公式，一个质量为 m 的物体受到的重力，满足 $W=ma$。此处的 "a" 对应重力加速度，g。则本例中，公式变为 $W=mg$。在地球上，g 的值为 $9.8m/s^2$。在月球上，为 $1.63 m/s^2$。因此，一个质量为 70 千克的人在地球上的重力为 686 牛，而在月球上的重力大约是这一数值的 1/6。因此，虽然东西的质量无法改变，但重量却可以改变。

牛顿第三定律

每一个作用力，总是有一个与其大小相等的反作用力；或者说，两个物体间的相互作用力总是大小相等、反向相反的。

如果我告诉你，地球的引力一直在作用于你，这并不是什么伟大的启示。毕竟，正是因为有引力的存在，我们才能脚踏实地。但是牛顿第三定律告诉我们，一定会产生一个大小相等的（且方向相反的）力。应用这一定律需要多个物体参与。在一个人站着不动的情况下，人和地面之间适用牛顿第三定律。另一个简单易懂的例子是开枪。子弹以极快的速度射出，反过来，枪支也会产生后坐力。为了防止枪身移动，开枪的人必须施加一个大小相等的力。

盲从一种理论并不是一种智力上的美德，而是一种智力犯罪。

伊姆雷·拉卡托什（Imre Lakatos, 1922—1974），匈牙利科学哲学家

推荐阅读

Oxford Dictionary of Science, Oxford University Press, Oxford, 2010.

"University of Cambridge Local Examinations Syndicate question papers, timetable, grace, regulations and notices, 1858".

"University of Cambridge Local Examinations Syndicate First Annual Report, 1859".

Nineteenth-Century Women Poets. Oxford University Press: Oxford, 1996.

Benfey, Theodor. "The Biography of a Periodic Snail." *Bulletin of the History of Chemistry*, Vol. 34, No. 2.

Bizony, Piers. *Atom*. Icon Books: London, 2007.

Brock, Claire. *The Comet Sweeper*. Icon Books: London, 2007.

Bruce, Susan. *Three Early Modern Utopias*. Oxford University Press: Oxford, 1999.

Bynum, W. F., and Roy Porter. *Oxford Dictionary of Scientific Quotations*. Oxford University Press: Oxford, 2005.

Campbell, Lewis and William Garnett. *The Life of James Clerk Maxwell*. Macmillan and Co.: London, 1882.

Carey, Nessa. *The Epigenetics Revolution*. Icon Books: London, 2011.

Chalmers, A. F. *What is this thing called Science?*. Open University Press: Milton Keynes, 1999.

Cheater, Christine. "Collectors of Nature's Curiosities." *Frankenstein's Science*. Ashgate: Aldershot, 2008.

Clegg, Brian. *Inflight Science*. Icon Books: London, 2011.

Clerk Maxwell, James. *Theory of Heat*. Longmans, Green, and Co.: London, 1902.

Cruciani, Fulvio, Beniamino Trombetta, Andrea Massaia, Giovanni Destro-Bisol, Daniele Sellitto and Rosaria Scozzari. "A Revised Root for the Human Y Chromosomal Phylogenetic Tree: The Origin of Patrilineal Diversity in Africa." *American Journal of Human Genetics*, Vol. 88, No. 6 (2011).

Darwin, Charles. *A Naturalist's Voyage Round the World*. John Murray: London, 1913.

Darwin, Charles. *On the Origin of Species*. Penguin Books: London, 2009.

Davies, B. "Edme Mariotte 1610 - 1684." *Physics Education*, Vol. 9, No. 275 (1974).

Ellegård, Alvar. *Darwin and the General Reader*: 1859 - 1872. Göteborg: Stockholm, 1958.

Elsdon-Baker, Fern. *The Selfish Genius*. Icon Books: London, 2009.

Engels, David. "The Length of Eratosthenes's Stade." *American Journal of Philology*, Vol. 106, No. 3 (Autumn, 1985).

Fara, Patricia. *Scientists Anonymous*. Wizard Books: London, 2005.

Feynman, Richard. *Six Easy Pieces*. Penguin Books: London, 1995.

Flood, W. E. *Scientific Words*. The Scientific Book Guild. 1961.

Graham, Jr, C. D. "A Glossary for Research Reports." *Metal Progress*, Vol. 71, No. 5 (1957).

Gregory, Andrew. *Eureka*. Icon Books: London, 2001.

Gullberg, Jan. *Mathematics: From the Birth of Numbers*. W. W. Norton & Company: New York, 1997.

Haile, N. S. "Preparing Scientific Papers." *Nature*, Vol. 268 (1977).

Hannam, James. *God's Philosophers*. Icon Books: London, 2009.

Hanson, Norwood Russell. *Patterns of Discovery*. Cambridge University Press: Cambridge, 1965.

Haynes, Clare. "A Natural Exhibitioner: Sir Ashton Lever and his Holophusikon." *British Journal for Eighteenth-Century Studies*, 24 (2001).

Hazen, Robert M. and James Trefil. *Science Matters*. Anchor Books: New York, 2009.

Henry, John. *Knowledge is Power*. Icon Books: London, 2002.

Henry, John. Moving *Heaven and Earth*. Icon Books: London, 2001.

Hogg, Thomas Jefferson. "Shelley at Oxford." *New Monthly Magazine* (1832).

Huxley, Leonard. *Life and Letters of Thomas Henry Huxley*— Volume 1. MacMillan and Co.: London, 1903.

James, Arthur M. and Mary P. Lord.

Macmillan's Chemical and Physical Data. The Macmillan Press: London, 1992.

Jones, Bence. *The Life and Letters of Faraday*. Longmans, Green, and Co.: London, 1870.

Kipperman, Mark. "Coleridge, Shelley, Davy, and Science's Millennium." *Criticism*, Vol. 40, No. 3 (1998).

Summer Knight, David. "Humphry Davy the Poet." *Interdisciplinary Science Reviews*. Vol. 30, No. 4 (2005).

Knowles, Elizabeth, ed. *The Oxford Dictionary of Quotations.* Oxford University Press: Oxford, 1999.

Kuhn, Thomas S. *The Structure of Scientific Revolutions*. University of Chicago Press: Chicago, 2012.

Kumar, Manjit. *Quantum*. Icon Books: London, 2008.

Ladd, Everett Carll, Jr. and Seymour Martin Lipset. "Politics of Academic Natural Scientists and Engineers." *Science*, Vol. 176, No. 4039 (1972).

Lamont-Brown, Raymond. *Humphry Davy*. Sutton Publishing: Stroud, 2004.

Mackay, Alan L. A *Dictionary of Scientific Quotations*. IOP Publishing: Bristol, 1991.

Masood, Ehsan. *Science & Islam*. Icon Books: London, 2009.

Mpemba, E. B. and D. G. Osborne. "Cool?" *Physics Education*, Vol 4 (1969).

Newton, Isaac. *The Mathematical Principles of Natural Philosophy*, Volume 1. Benjamin Motte: London, 1729.OECD. *Science, Technology and Industry Outlook*. Page 43 (2010).

Pickover, Clifford A. *A Passion for Mathematics*. John Wiley & Sons: Hoboken, 2005.

Poe, Edgar Allen. *Eureka*: A Prose Poem. Geo. P. Putnam: New York, 1848.

Pray, L. "Eukaryotic Genome Complexity." *Nature Education*, Vol. 1, 1 (2008).

Ragep, F. Jamil. "Copernicus and his Islamic Predecessors." *History of Science*, xlv (2007).

Rhys Morus, Iwan. *Michael Faraday and the Electrical Century*. Icon Books: London, 2004.

Ruston, S. *The Science of Life and Death in Frankenstein*. Bodleian Library Press: Oxford, 2021.

Sampson, F. *In search of Mary Shelley: The girl who wrote Frankenstein*. Profile Books: London, 2018.

Schrödinger, Erwin. "The Present Situation in Quantum Mechanics." Translated by Trimmer, John D. in *Proceedings of the American Philosophical Society*, Vol. 124, No. 5 (June 1980).

Secord, Jim. "Newton in the Nursery: Tom Telescope and the Philosophy of Tops and Balls, 1761 – 1838." *History of Science*, Vol. 23 (1985).

Snow, C. P. *The Two Culture*s. University of Cambridge: Cambridge, 1993.

Tange, Andrea Kaston. "Constance Naden and the Erotics of Evolution: Mating the Woman of Letters with the Man of Science." *Nineteenth-Century Literature,* Vol. 61, No. 2 (September 2006).

Tennent, R. M., ed. *Science Data Book*. Oliver & Boyd: Edinburgh, 1971.

Timbs, John. *The Year Book of Facts in Science and Arts*, 1855. David Bogue: London, 1855.

Toyabe, S., T. Sagawa, M. Ueda, E. Muneyuki and M. Sano. "Experimental demonstration of information-to-energy conversion and validation of the generalized Jarzynski equality." *Nature Physics*, Vol. 6, No. 12 (2010).

Waller, John. *The Discovery of the Germ*. Icon Books: London, 2002.

Weber, R. L. and E. Mendoza eds. *A Random Walk in Science*, IOP Publishing: London, 1973.

Weber, R. L. ed. *Droll Science*. Humana Press: Clifton, 1987.

Weber, R. L. ed. *More Random Walks in Science*. IOP Publishing: London, 1982.

Weber, R. L. ed. *Science with a Smile*. IOP Publishing: London, 1992.

White, William. *The Illustrated Hand Book of the Royal Panopticon of Science and Art*. John Hotson: London, 1854.

索引

A

《阿罗史密斯》 174
阿波罗10号登月舱 139
阿波斯托洛斯·佐克西亚季斯 107
阿道司·赫胥黎 82
阿尔法（α）粒子 155, 165
阿尔弗雷德·丁尼生爵士 198
阿伏伽德罗 13
阿伏伽德罗常量 13
阿基米德 211
阿加西斯 52
阿米塔夫·高希 174
阿什顿·利弗爵士 18–21
阿维森纳 206
阿西莫夫 64, 199
埃德加·爱伦·坡 96
埃德加·朗曼 92
埃德蒙·马里奥特 105
埃德温·J.古德温 178
埃拉斯托·姆彭巴 7, 76–7
埃拉托色尼 107
艾达·弗伦德 171
艾丽丝·鲍尔 171
艾伦·莱特曼 172
艾米莉·沙特莱 136, 170
《爱因斯坦的梦》 172
爱德华·O.威尔逊 132
爱因斯坦 23, 74, 125, 135, 142, 144–7, 151, 165, 169, 196, 213
安德烈娅·巴雷特 173
安德鲁·格雷戈里 165
安德鲁·怀尔斯 113
安德鲁·兰 10
安托万·拉瓦锡 67
《奥西曼迭斯》 34–5
奥卡姆的威廉 22, 23
奥卡姆剃刀 22–3
奥勒·罗默 134
奥托·西奥多·本菲 92

B

《巴特勒法案》 184–5
巴氏消毒法 162–3
巴斯德 69, 162–3
百年翻译运动 206
拜伦 110
保罗·埃利希 153
保罗·狄拉克 97
保罗·费耶阿本德 196
保罗·梅 116
北极光和南极光 209
贝克汉姆 114
贝克勒尔 157, 158
贝塔（β）粒子 155
必需元素 56
毕达哥拉斯 113, 118, 210
表观遗传学 132–3
《濒危物种红色名录》 58
波粒二象性 166
玻尔 125, 156, 166, 168
玻尔兹曼 74, 125, 212
玻色子 88–9
玻意耳 100, 102, 105
玻意耳定律 105
《博士的爱情算式》 174
不确定性原理 166
《布拉柴维尔的海滩》 172
布莱恩·克莱格 106
布朗 165
布朗运动 144, 165

C

C.D.格雷厄姆 64–5
C.P.斯诺 72, 174
查尔斯·E.罗宾逊 111
查尔斯·F.里克特 30
查尔斯·巴贝奇 198
查尔斯·伯恩 20
查尔斯·兰姆 181
超越数 24, 178
尺度/衡量 14–15, 80, 130–1
《船热》 173
茨威格 87

D

D.G.奥斯本 77
D.H.劳伦斯 142
达尔文 7, 12, 50–3, 66, 106, 179
大恶臭 114–15
大型强子对撞机说唱 94–5
代数 81, 206
戴维·M.劳普 59
戴维·莱维特 175
戴维·洛奇 173
丹尼尔·凯曼 173
《当我聆听博学的天文学家的讲座时》 97
道尔顿 165
德布罗意 166, 213
德谟克利特 164
地球
　地球周长 202–3
　地球演变 33
地震 30–1
地质时钟 33

狄更斯 194, 197
迪克西·李·雷 157
笛卡尔 77, 102
第谷 42–3, 118, 195
第零定律 74, 75, 199
电报 139
电池 111
电磁辐射 124, 136–7, 155, 166
电磁相互作用力 88
电子 86, 88–9, 165–7, 208
丢番图 112
动量 105, 166
都灵撞击危险等级 62–3
对数 211
多罗西·霍奇金 171

E

厄休拉·勒古恩 169
恩利克·费米 159, 160
恩斯特·马赫 23
儿童文学 180–1
二进制 28–9

F

F.贾米尔·拉格普 207
法拉第 67, 82–3, 114–15
法兰克·德雷克 128
范式转移 150–1
非洲夏娃 85
菲利普·斯图尔特 92
腓特烈·摩斯 104
斐波那契数列 46–7
沸点 106
费迪南德·冯·林德曼 178
费曼 25, 70, 97
分贝 80
分离定律 179
分类 57
分类学 57
《弗兰肯斯坦》 108–11
弗兰克·戴森爵士 146
弗朗西斯·达尔文 144
弗雷德里克·波尔 169
弗里德里希·恩格斯 103
伏特 111
辐射 154–60
福特T型车 139
复数 24
傅科 135
富兰克林 171

G

伽马（γ）粒子 155
伽马射线 137
概率谜题 10–11
戈瑞 157
哥白尼 42, 43–4, 151, 206–7
歌德 6
《格列佛游记》 101
古斯塔夫·基尔霍夫 124
光
　光谱 136–7
　光速 124, 134–5, 137, 140–1
光电效应 125, 144
光年 96
广岛 158, 160
国际天文学联合会 126

H

哈里·汤普森 173
海因里希·威廉·奥伯斯 96
汉弗莱·戴维 67, 82, 111, 186
航天飞机 190–1
核反应堆 159
赫莎·埃尔顿 171
赫胥黎 50–2, 100
《黑暗之物》 173
黑暗时代 206
黑体 124, 151
亨利·庞加莱 191
衡量响度 80
红外辐射 136–7
花刺子米 81, 206
花青素 105
皇家科学与艺术展览馆 20
黄金比例 46–7
黄金角 47
惠特曼 97
婚姻的利与弊 12

J

J.J.汤姆森 86, 165
机器人原则 199
基因 84–5, 132–3, 179
基因组 84
济慈 97
伽利略 42–5, 134, 146
《加尔各答染色体》 174
加文·莱兰兹·德贝尔 51
简·马舍特 170
教皇乌尔班八世 44
杰克·塞普科斯基 59

220

《金壳虫变奏曲》 172
《进化的情欲》 26-7
进化 50-3, 179

K

《科学赞》 8
《卡罗琳·赫歇尔的来信》 7, 122
卡尔·波普尔 196
卡尔·弗里德里希·高斯 29
卡尔·杰拉西 174
卡尔·萨根 128
卡雷尔·恰佩克 199
卡罗琳·赫歇尔 7, 120-3
卡洛琳·帕克 171
《开普勒》 174
开尔文 74, 78, 96
开普勒 23, 43, 96, 117, 118-19, 196
凯瑟琳·曼斯菲尔德 7
凯特·麦卡尔平 94
康拉德·沃丁顿 133
康普顿 159
康斯坦丁·齐奥科夫斯基 212
康斯坦斯·内登 26-7
考试委员会 54-5
柯南·道尔 213
柯伊伯带 126
《科学求爱》 27
科赫法则 163
科莱特 7
科学博物馆 139
科学词汇的词源 37
科学黑话 64-5
科学家的政治 152
克拉伦斯·达罗 184
克拉伦斯·亚比亚他·沃尔多 178
克莱尔·克莱尔蒙特 110
克劳德·贝尔纳 26
克雷格·杰克逊 48-9
克里斯蒂安·哥德巴赫 107
克洛德·列维-斯特劳斯 84
夸克 87, 88-9

L

"蜡烛的化学史" 82-3
莱斯特广场 18-21
劳拉·巴斯 170
勒·柯布西耶 47
里氏震级 30-1
理查德·P. 宾采尔 62
理查德·鲍尔斯 172
理查德·欧文 51

理查德·泰勒 113
丽贝卡·戈德斯坦 175
利奥·西拉德 79, 159
利奥波德·克罗内克尔 22
莉泽·迈特纳 171
粒子物理 86, 88-9
《两种文化》 72
量子物理 87-9, 125, 137, 151, 166, 168-9
列文虎克 103
琳达·萨尔兹曼·萨根 128
卢克莱修 165
卢瑟福 165-6
路德维希·密斯·凡德罗 23
路易吉·伽尔瓦尼 110-11
罗宾·米拉尔 71
罗伯特·胡克 102, 103, 105
罗伯特·科赫 162-3
罗伯特·骚塞 67
罗杰·培根 7
罗纳德·罗斯 36
罗素 23

M

马克·阿肯赛德 8
马克·吐温 124
马里奥特定律 105
马修·博尔顿 153
玛格丽特·卡文迪许 102-3
玛丽·安宁 170
玛丽·居里 171
玛丽·沃尔斯通克拉福特 108, 110
玛丽·雪莱 108-11
玛丽-安妮·保尔兹-拉瓦锡 170
玛丽莲·T. 科赫尔 169
玛丽·米切尔 170
迈克·本顿 60
迈克尔·诺斯 200-1
迈克尔逊 124, 135, 147
麦克斯韦 25, 74, 78-9, 137, 212
曼哈顿计划 160
《美国鸟类》 66
门捷列夫 92
蒙蒂·霍尔问题 10-11
孟德尔 179
米利都的留基波 164
蜜蜂 132
灭绝 59
冥王星 126-7
摩尔/鼹鼠/痣/间谍 13
模式 60-1
摩氏硬度 104

默里·盖尔曼 87
姆彭巴效应 7, 76-7
木星 42, 128, 129, 134

N

纳绥尔丁·图西 207
"囊括自然的一切" 18-21
内莎·凯里 132
内维尔·西摩·黑尔 34-5
能量 70-1
尼加拉瓜邮票 210-13
年度分子 32
年度突破 32
牛顿 23, 105, 136, 144, 145-6, 150, 151, 181, 211
  纪念碑 183
  罪过 182-3
牛顿摆 105
疟疾 36
《诺贝尔的囚徒》 174
诺伍德·罗素·汉森 196

O

欧几里得算法 81
欧拉 25, 107, 112, 176
欧拉恒等式 25

P

pH 标度 38-9
培根 77, 98-101
皮埃尔·德·费马 25, 112-13
拼字游戏中的得分 37
珀西·比希·雪莱 34-5, 108, 110, 111, 186-9
"葡萄干布丁"模型 165
普朗克 124-5, 137, 151
普朗克常数 125, 137

Q

气压 106
强相互作用力 89
乔纳森·斯威夫特 101
乔赛亚·韦奇伍德 153
乔瓦尼·阿尔迪尼 110-11
青霉素 139
轻子 88

R

热力学定律 72, 74-5, 78-9, 125

人体, 必需元素 56
日食 40-1, 144, 146
弱相互作用力 89

S

萨尔瓦多·达利 47
塞缪尔·巴特勒 132
塞缪尔·哈特利布 100
塞缪尔·泰勒·柯勒律治 67, 108, 181
塞缪尔·威尔伯福斯 51
"三位一体" 160
瑟伦·瑟伦松 38
沙利度胺 69
生物大灭绝 59
生物多样性 58
失温症 161
"诗人科学家" 7, 67
《实验之心》 175
实数 24
  时钟 33
史蒂夫·塞尔文 10
世界核协会 156
世界自然保护联盟 58
手性 68-9
《守护神之子》 67
书籍
  最佳非小说书籍 204
  儿童文学 180-1
  最昂贵的书 66
  科学图书奖 148-9
  虚构作品中的科学 172-5
数字 24, 112-13, 210
  数列 46-7
  筛法 107
水 48-9
  沸点 106
斯蒂芬·格林布拉特 165
斯蒂芬森的火箭号机车 139
苏珊·伯尼 18
素数 107, 112
算法 81
索菲亚·柯瓦列夫斯卡娅 171

T

《塔中情人》 173
太阳系 42-5, 118-19, 126-9, 151, 206-7
泰晤士河 114-15
炭疽 162-3
汤米·库珀 209
汤姆·莱勒 16-17
特蕾西·雪佛兰 173
"天体音乐" 118

221

天王星 120
图西双圆 207
土星 129
兔子繁殖 46
托勒密 42, 43, 207
托马斯·哈代 173
托马斯·杰斐逊·霍格 186–9
托马斯·库恩 150–1
托马斯·斯普拉特 101
脱氧核糖核酸 84, 132
 双螺旋 139
 线粒体 85

V

V2 火箭发动机 139

W

W.S. 吉尔伯特 113
瓦尔特·能斯特 74
瓦特 67, 153
外消旋混合物 69
威尔·巴拉斯 94
威廉·L. 劳伦斯 160
威廉·博伊德 172
威廉·布龙克尔 101
威廉·葛德文 108
威廉·哈维 98
威廉·赫歇尔 120–1, 122, 136
威廉·亨利·布拉格 162
威廉·华兹华斯 67
威廉·吉尔伯特 86
威廉·卡文迪许 102
威廉·伦琴 138
威廉·佩蒂 100
威廉·齐默尔曼 77
威廉·詹宁斯·布赖恩 184
微波（炉）140–1
维恩位移定律 124
温度 192–3
 麦克斯韦妖 78–9
 姆彭巴效应 76–7
 决定性别 132–3

X

X 射线 138, 139, 155
西德尼·拉尼尔 35
西芙·塞德林 7, 122–3
西蒙·普雷布尔 105
《希波克拉底誓言》 200–1
希尔德加德 123
希格斯玻色子 88, 89
希拉里·曼特尔 20
希沃特 157
昔兰尼的埃拉托色尼 107, 202–3
席勒 6
细胞分化 133
细菌致病论 162–3
先锋10号 128–9
现代图书馆 204
腺苷三磷酸 85
线粒体 DNA 85
相对论 135, 142, 144–7, 151, 196
"香蕉等效剂量" 154
香芹酮 68
《想……》 173
小川洋子 174
小行星 62–3
《心身问题》 175
辛克莱·路易斯 174
《新人》 174
《新亚特兰蒂斯》 98–100
《薛定谔的猫的故事》 169
薛定谔 166
 薛定谔的猫 168–9

Y

Y 染色体 85
Y- 亚当 85
亚当斯 28
亚里士多德 23, 77
亚历山大·伊萨科维奇·基泰戈罗茨基 193
亚历山大城的希帕蒂娅 123
亚瑟·爱丁顿 74, 196
烟花 208–9
"研究报告术语表" 64–5
谣言 48–9
药物合成 69
一氧化二氢 67
一氧化二氮 48–9
伊本·艾西尔 207
伊本·白图泰 35
伊恩·哈金 151
伊恩·麦克尤恩 173
伊拉斯谟斯·达尔文 153
伊莱·马奥尔 25
伊斯兰学者 206–7
疫苗 163
因数 81
《印度职员》 175
英国皇家学会 67, 98–103, 105, 111, 146
 第一位造访皇家学会的女性 102
 皇家学会科学图书奖 148–9
铀 158
有理数 24
《愚蠢或独特的分子名称》 116–17
《舆论的四个阶段》 52
《与化石打交道的女孩》 173
宇宙射线 155
《元素》 16–17
元素周期表 90–2
 歌曲 16–17
元素周期蜗牛 92
原子 164–7
 粒子 86, 88–9
 宇宙中 29

Z

原子弹 158, 160
原子核 165
原子量 165
圆周率 176–8
约翰·T. 斯科普斯 184
约翰·埃勒特·波得 120
约翰·奥布里 98
约翰·班维尔 174
约翰·亨特 20
约翰·洛克 31
约翰·弥尔顿 44
约翰·内皮尔 211
约翰·纽伯瑞 180–1
约翰·纽伯瑞儿童文学奖 180–1
约翰·威廉·波利多里 110
约翰·沃利斯 29
约翰·詹姆斯·奥杜邦 66
约瑟夫·巴泽尔杰特 114
约瑟夫·普里斯特利 67, 153
运动定律 181

詹姆斯·B. 科南特 159
詹姆斯·布莱德利 134–5
詹姆斯·乔伊斯 87
詹尼弗·罗恩 175
《丈量世界》 173
《这个世界中还有许多世界》 103
蒸汽机 139
整数 24, 107, 112–13
证伪主义 196
质子 86, 88–9
中微子 86, 88, 135, 196
中子 86, 88–9
重力/引力 89, 144, 145–6, 203, 211
"著名物理学家的聚会" 205
《追日》 173
紫外辐射 136–7
《自然的神殿》 153
自动计算引擎 139
自然数 24, 107
自然选择 50–1, 53
《罪恶的幻觉》 198